全国优秀畅销书

21世纪应用型本科金融系列规划教材

个人理财

Personal Finance

（第六版）

黄祝华 韦耀莹 孙开焕 主编

东北财经大学出版社 大连
Dongbei University of Finance & Economics Press

图书在版编目（CIP）数据

个人理财 / 黄祝华，韦耀莹，孙开焕主编．—6版．—大连：东北财经大学出版社，2023.1（2025.5重印）
（21世纪应用型本科金融系列规划教材）
ISBN 978-7-5654-4722-8

Ⅰ.个…　Ⅱ.①黄… ②韦… ③孙…　Ⅲ.私人投资-高等学校-教材　Ⅳ.F830.59

中国版本图书馆CIP数据核字（2022）第235521号

东北财经大学出版社出版
（大连市黑石礁尖山街217号　邮政编码　116025）
网　　址：http://www.dufep.cn
读者信箱：dufep@dufe.edu.cn
大连永盛印业有限公司印刷　　东北财经大学出版社发行

幅面尺寸：148mm×210mm　字数：340千字　印张：11.25　插页：1
2023年1月第6版　　2025年5月第3次印刷

责任编辑：田玉海　　责任校对：孙　平
封面设计：张智波　　版式设计：原　皓

定价：32.00元

教学支持　售后服务　　联系电话：（0411）84710309

如有印装质量问题，请联系营销部：（0411）84710711

第六版前言

本书出版以来，得到了众多读者的肯定与支持，被许多高校选作教学用书，反响良好，多次再版、重印。随着经济社会的发展，国内个人理财市场日新月异，为更好地满足教学需要，编者根据理论与实践发展和教学反馈，进行了本次修订。

教材是知识的载体，更是育人的载体，集中体现党和国家意志。2021年8月，国家教材委员会印发了《习近平新时代中国特色社会主义思想进课程教材指南》，要求将课程思政融入教材中。作为教师，我们不仅要传授专业技能，还要立德树人，从精神上培养社会主义建设者。因此，本次修订，特别进行了思政建设，各章新增了“思政课堂”栏目，以加强教材的立德树人属性。

本书分为十一章，其中第一、二章主要介绍个人理财的基本概念、原理以及基本的财务知识；第三至十一章依次介绍了个人理财理念和技术在现金规划、储蓄规划、消费信贷规划、金融投资规划、房地产投资规划、保险规划、税收筹划、子女教育金规划、退休规划和遗产规划中的应用。

本书的主要特点是实用性、知识性、新颖性和通俗性。每章均附有介绍相关知识背景、理财技巧和案例的资料，同时尽量利用直观的图表来讲述深奥复杂的理财知识，使之通俗化，并且着重理财知识学习的系统性和逻辑性。在每章后都配备了本章小结和复习思考题以便复习。最后还以附录的形式提示了理财规划信息来源和常见的理财规划认证考试的内容。

期盼本书能为您带来全新的个人理财视野和理财技巧，帮助您成为财富的主人，实现幸福的生活！

本书由黄祝华、韦耀莹、孙开焕任主编，第一、二章由韦耀莹执笔，第三至八章由黄祝华执笔，第九至十一章及附录由马明明执笔。孙开焕负责对全书进行了修订工作，撰写了全书的思政栏目，更新了重要利率、税率等内容，尤其对第九章进行了大幅更新。

书中引用了大量案例材料，参考了许多书目，在此对原作者表示诚挚的谢意，并期待广大读者不吝赐教！

编　者

2023年元月

第一版前言

司马迁在《史记》中写道："贫富之道，莫之夺予，而巧者有余，拙者不足。"这是古人对理财意义的朴素认识。而21世纪的现代人应通过财务策划来弥补生活现状与预期目标之间的差距，制定合理利用财务资源、实现个人人生目标的程序，有效运用自己的财富提升生活品质，丰富生活内涵。

"个人理财"作为一门新兴的课程已经进入大学课堂，本书借鉴最权威的注册理财规划师考试教程的基本内容，结合国内实际情况，以及通过多次课堂教学实践的总结编写而成，力求能比较系统地介绍个人理财的知识体系，突出实用性。

本书分为十一章，其中第一、二章主要介绍个人理财的基本概念、原理以及基本的财务知识；第三至十一章依次介绍了个人理财理念和技术在现金规划、储蓄规划、消费信贷规划、金融投资规划、房地产投资规划、保险规划、税收筹划、子女教育金规划、退休规划和遗产规划中的应用。

本书的主要特点是实用性、知识性、新颖性和通俗性。每章均附有介绍相关知识背景、理财技巧和案例的资料，同时尽量利用直观的图表来讲述深奥复杂的理财知识，使之通俗化，并且着重讲述理财知识学习的系统性和逻辑性。在每章后都配备了本章小结和复习思考题以便复习。最后还以附录的形式提示了理财规划信息来源和常见的理财规划认证考试的内容。

期盼《个人理财》能为您带来全新的个人理财视野和理财技巧，帮助您成为财富的主人，实现幸福的生活！

本书由韦耀莹任主编，黄祝华任副主编。本书第一、二章由韦耀莹执笔，第三至八章由黄祝华执笔，第九至十一章及附录由马明明执笔。书中引用了大量案例材料，参考了许多书目，对原作者表示诚挚的谢意，并期待广大读者真诚赐教！

编　者

2007年7月

目　录

第一章

个人理财概述

第一节　个人理财的基本知识

一、个人理财的定义

人们美好生活的需要日益增长，但显然需要努力付出、科学规划。要满足这些需求，必须具备一定的财务条件。因此，必须认识理财的重要性，制订一套适合自己的理财计划，来达成自己的生活目标。

个人理财的本质可以用公式“个人理财=人＋钱”来表示，我们每个人的一生，从生到死都要与钱打交道。钱是我们生活的必需，人的衣、食、住、行都离不开钱，我们每天都在自觉或不自觉地运用和处理着钱财，其实这就是在进行个人理财。

需要指出的是，在前述公式中，人是居于主动地位的，即个人理财的研究重点是人如何作出选择，因此个人理财要围绕着人来进行，强调个性而非共性，这也是个人理财发展成为一门独立的科学的原因所在。

关于个人理财的定义，目前业内有不同的界定。美国理财师资格鉴定委员会的定义是：个人理财是指如何制定合理利用财务资源、实现个人人生目标的程序。中国金融理财标准委员会将个人理财服务称为金融理财，认为个人理财是一种综合金融服务，是指理财专业人士通过收集客户家庭状况、财务状况和生涯目标等资料，与客户共同确定理财目标及优先顺序，明确客户的风险属性，分析和评估客户的财务状况，为客户量身制订合适的理财方案并及时执行、监控和调整，最终满足客户人生不同阶段的财务需求的综合性金融服务。简单来说，金融理财强调以下四点：

（1）金融理财是综合性金融服务，而不是金融产品推销；

（2）金融理财是由专业理财人士提供的金融服务，而不是客户自己理财；

（3）金融理财是针对客户一生的长期规划，而不是针对客户某个时间段的规划；

（4）金融理财是一个过程，而不是一个产品。

本书认为，个人理财是为了实现个人的人生目标和理想而制订、安排、实施和管理的一个各方面总体协调的财务计划的过程，通俗地讲，就是个人如何处理日常的钱财。个人理财的目标是建立一个财务安全、健康的生活体系，实现人生各阶段的目标和理想，最终实现财务的安全和自由。

现代意义的个人理财不是单纯地储蓄、投资或者消费，它不仅包括财富的积累，还包括财富的保障和安排。按照理财需求的层次，个人理财可以进一步细分为生活理财和投资理财。

生活理财是指帮助个人设计一个将整个生命周期考虑在内的终身生活及财务计划，将未来的职业选择、子女及自身的教育、购房、保险、医疗和养老、遗产及事业继承以及生活中个人所面对各方面的事宜进行妥善安排，使个人在不断提高生活品质的同时，即使到年老体弱以及收入锐减的时候，也能保持自己所设定的生活水平，最终达到终生的财务安全、自主、自由。生活理财的核心在于根据个人的消费性资源状况和消费偏好来实现个人的生活目标。

投资理财则是指在个人基本生活目标得到满足的基础上，将资金投向各种投资工具，在保证安全性和流动性的前提下，追求最优回报，加速个人或家庭资产的增长，提高生活水平和质量。投资理财的核心在于根据个人的投资性资源状况和风险偏好来实现个人的生活目标。

资料 1-1

理财就是投资吗?

理财和投资的关系是：理财活动包括投资行为，投资是理财的一个组成部分。理财的内容要广泛得多。在理财规划中，不仅要考虑财富的积累，还要考虑财富的保障，即对风险的管理和控制。在人生的旅途上要面临各种各样的风险和意外，在我们的经济生活中也存在各种系统性风险。

根据经济学上的定义，投资是指牺牲或放弃现在可用于消费的价值以获取未来更大价值的一种经济活动。投资活动主体与范畴非常广泛，但一般意义上所描述的投资主要是家庭投资，或叫个人投资。我们举例来解释这句话：若你手上现有1 000元闲钱，你可在周末带全家出游后到饭店吃上一顿大餐，大家可以过个愉快的周末。你也可存入银行，一年后可获得利息收入；或者买入股票或基金，等待分红或涨升；或者从古玩市场买入字画，等待增值；或者参股朋友所开的小店，分得利润。前面一种情况就是花掉金钱（价值），进行消费，获得全家的享受。后面几种情况就是放弃现在的消费，在未来获得更多的金钱，这就是投资。再简单些说，使本金在未来能增值或获得收益的所有活动都可叫投资。消费与投资是一个相对的概念。消费是现在享受，放弃未来的收益；投资是放弃现在的享受，获得未来更大的收益。

投资的资本既可以通过节俭的手段获得，如每个月工资收入中除去日常消费等支出后的节余，也可以通过负债的方式获得，如借入贷款等方式，还可以采用保证金的交易方式以小博大，放大自己的投资额度。从理论上来说，投资额度的放大是以风险程度提高为代价的，它们遵循“风险与收益平衡”的原则，即收益越高的投资风险也越大。所以说，任何投资都是有风险的，只是大小程度不同而已。

具体来说，家庭投资主要包括金融市场上买卖的各种资产，如存款、债券、股票、基金、外汇、期货等，以及在实物市场上买卖的资产，如房产、金银珠宝、邮票、古玩字画等，或者实业投资，如个人店铺、小型企业等。

所以说，理财和投资的关系是：理财活动包括投资行为，投资是理财的一个组成部分。

资料来源：佚名. 什么叫理财？到底什么才是理财？什么叫投资？[EB/OL]. [2015-07-13]. http：//www.mymoneymaster.com.

本门课程帮助人们对财富进行科学管理，科学安排家庭财务战略规划和实施步骤，如短期和长期的收入和开支状况，多少年后要购买住房，每年的投资计划，对通货膨胀率因素和利率因素的预测，如何实现自己设定的某项目标等。

二、个人理财和公司理财的区别

（一）理财的目标不同

个人理财是以提高个人生活质量，规避个人财务风险，保障终生的生活为目标；而公司理财通常是通过资金的筹措与合理使用，来达到规避公司财务风险、实现企业价值最大化的目标。

（二）风险承担能力不同

个人的风险承担能力相对较弱，在进行风险、收益权衡时，安全性一般放在收益性前面考虑；而公司理财则不一样，因拥有相对雄厚的财力，为了追求较高的利润，能够承担较高的风险。

（三）关注的时间长短不同

个人理财是以个人的生命周期为时间基础的，关注的时间一直到生命的终结；公司理财则往往有一个持续经营的假设，即公司在可以预计的将来不会停止营业。

（四）依据的法律法规不同

个人理财依据的主要是个人所得税、社会保障及保险、金融等方面的法律法规；公司理财遵守的是公司法、证券法以及税收与会计等方面的法律法规。

（五）行业管理方式不同

成熟的个人理财市场往往会成立有专门的行业组织，规定行业准则，负责职业培训，组织职业资格考试，颁发从业资格证书等，如1990年成立的国际注册财务规划师理事会；而公司理财通常是企业内部行为。

（六）主要内容不同

个人理财包括现金规划、储蓄规划、投资规划、保险规划、税收筹划、退休规划以及遗产规划等内容；而公司理财包括的主要内容有预算、筹资、投资、控制、分析等。

三、个人理财的作用

（一）平衡现在和未来的收支

在我们的一生中，常会面临的一个矛盾就是收入与支出不相匹配，一方面收支的时间可能不相匹配，月初要花钱但月末才发薪的情况并不少见；另一方面收支的数量可能不匹配。无论是短期的年度收支计划，还是长期的退休养老计划，如何实现其间的收支平衡，都是个人理财要研究的问题。个人理财可以帮助人们合理安排和管理现金流，以保证满足个人的日常消费支出。

（二）提高生活水平

平衡一生的收支只是个人理财的基本目的。个人理财可以帮助人们通过投资行为保值增值个人资产，积累充分的财富以供支配，满足人们追求更高层次生活的需要。

（三）规避风险

个人所面对的风险主要有两类：一类是微观风险，如失业、疾病伤残、意外死亡等；另一类是宏观风险，一般是无法控制的，如通货膨胀、金融风暴、政治动荡等。这些风险给我们的财务安全带来不同程度的冲击。个人理财可以帮助人们事先采取有针对性的财务防范措施来达到保障的目的，以转移风险，应对突发事件造成的财富损失。

第二节　个人理财的内容

一、个人理财的基本原则

（一）量入为出原则

量入为出原则要求在自己的经济承受能力之内进行消费。正确理解这一原则，就是既不滞后消费、又不超前消费，既不人为抑制消费、又不盲目攀比，做理性的消费者。量入为出是指使消费与个人收入相适应，合理进行消费。不能把量入为出理解为手里有多少钱就花多少钱，量入为出是一种计划消费行为，包括在基本生活资料得到满足的情况下，通过储蓄有计划地安排生活。适度消费提倡勤俭节约的精神，勤俭节约不能简单地理解为省着花钱，而是指与自己的实际需要和收入水平相当的合理消费。反对超前消费和适度消费原则上是一致的，但是，判断消费行为是否超前，不能仅仅局限在现有收入上。有人现有收入虽高一些，但收入增长能力低，在消费上回旋余地不大；反之，有人尽管现有收入低一些，但收入增长能力高，在消费上有较大的回旋余地。如果对自己收入能力的判断符合实际，能够按时还清贷款和分期付款，采用贷款消费形式就是一种合理消费而不是超前消费；如果过高地估计了自己的收入能力，或者明知自己无力消费却与别人进行盲目攀比，就是超前消费。

（二）经济效益原则

在进行个人理财规划的时候，特别是进行投资规划的时候，应当注意讲究经济效益，因为理财的目的总的来说就是实现资金的保值和增值。衡量经济效益可以从以下两个方面来看：

1.绝对值

利润=收入−成本

2.相对值

投资收益率=利润÷投资额×100%

（三）安全性原则

收益总是伴随着风险的，我们不能只追求收益而忽视由此带来的风险。本原则要求进行个人理财时应该注意寻求收益和风险的平衡，进行组合投资，分散风险，不要把全部鸡蛋放在同一个篮子里，也不要把全部担子挑在一个肩膀上。

（四）变现原则

天有不测风云，人有旦夕祸福。个人财产的形式有很多，我们要关注其流动性，归根结底我们的财产都是以现金来换算和衡量的，因此在进行理财规划的时候，要注意财产变成现金的能力，避免出现周转困难、难以为继的情况，导致生活陷入困境。

（五）因人制宜原则

个人理财没有必胜的万能公式，也没有适合每一个人的技巧。前面说过，理财是研究人如何运用自己的钱财达到目标，因此个人自身的情况才是关键。不同的环境、个性、偏好、年龄、职业和经历等都会导致个人对待事物的态度有所不同，面对同样的理财机会采取的策略也会迥异，所以应该总结出适合自己的理财方式，而非生搬硬套别人的经验。

（六）终生理财原则

个人理财是一个过程，一个漫长的贯穿人生始终的过程。一个人一生不同时期理财的需求是不一样的，因此必须考虑阶段性和延续性。

（七）快乐理财原则

个人理财的根本目的是生活得更美好，拥有快乐的心情和健康的身体。理财是件愉快的事情，是我们生活的一部分，看着自己的财务状况被管理得井井有条，怎会不让人快乐？即使某些阶段理财活动遭遇了挫折，但是从中吸取教训，在未来的理财活动中加以避免，又何尝不是件幸事。总而言之，保持快乐轻松的心态，才能够充分发挥聪明才智，作出最正确的理财决策。

（八）提高素质原则

天下没有不劳而获的事情，理财作为一门综合性的新兴科学，涉及众多的知识学科。因此在追求利润目标的同时，应该增强理财管理能力、资金运筹能力、风险投资意识，充实经济金融知识，提高自身综合素质。

二、个人理财的基本内容

个人理财包括现金规划、储蓄规划、消费信贷规划、金融投资规划、房地产投资规划、保险规划、税收筹划、子女教育金规划、退休规划、遗产规划等内容（图1-1）。其中，现金规划、储蓄规划和消费信贷规划属于资金管理规划的内容，金融投资规划和房地产投资规划属于资金增值规划的内容，保险规划属于风险管理规划的内容，税收筹划属于成本规划的内容，子女教育金规划、退休规划和遗产规划则属于未来规划的内容（图1-2）。总体而言，这些理财规划的内容涵盖了我们一生的财务活动，贯穿着我们一辈子的生活，因此了解和掌握这些内容实质上就是帮助我们规划自己的一生。

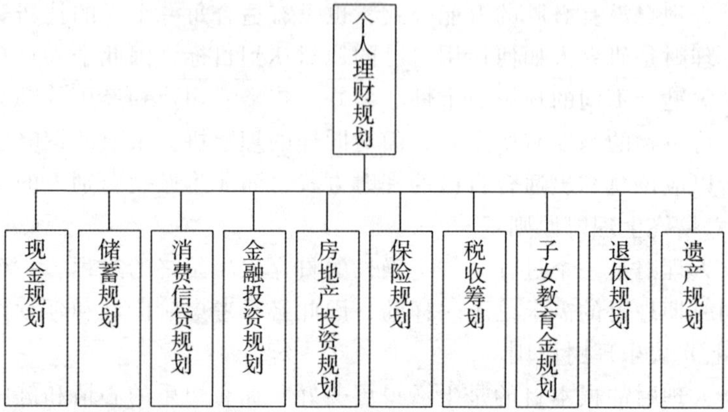

图 1-1　个人理财规划的内容

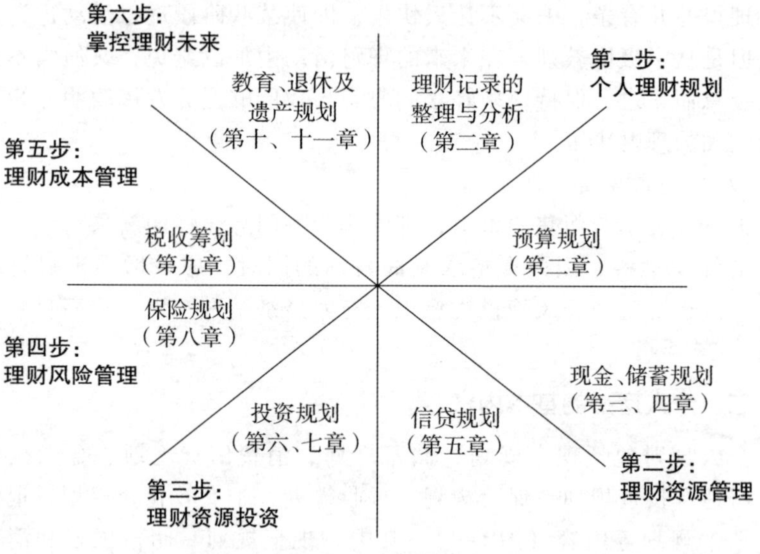

图 1-2　个人理财规划的组成要素

（一）现金规划

现金是理财工具中流动性最强的，我们的日常生活时刻都离不开它，特别是在当前，现金消费还是很多人重要的支付方式。虽然近几年无现金支付突飞猛进，但有的支付实际上使用的是账户中的现金余额，这等同于理财意义上的现金。持有足够的现金当然方便，但是现金没有收益性，因此我们需要在现金的支付方便性和由此丧失的收益之间进行权衡，找到持有现金的最佳数量，使之既能满足我们的日常支付需要，又能在我们发生紧急情况的时候提供及时的帮助，现金规划的意义正在于此。

（二）储蓄规划

储蓄是所有个人理财规划的源头，储蓄规划对于个人来说既有盈利的目的，更有安全、方便、备用和保值方面的需要。公民个人存款储蓄作为一种投资行为，对国家经济发展有着重大意义：有利于调节市场货币流通；有利于人们培养科学合理的生活习惯、建立文明健康的生活方式。对现金管理而言，储蓄规划不仅要满足开支的需求，而且要建立一套有效的储蓄计划。因为储蓄规划不仅能缓冲财务危机，而且能为实现未来的财务目标提供积累资金的工具。

（三）消费信贷规划

负债在以前被认为是很不光彩的事情，常常与贫穷、困难之类的字眼联系在一起。但是，随着观念的更新，大家认识到借债本身并不可怕，它代表着提前使用自己未来的收入，只要能够在约定的期限之前归还就没有问题。于是通过贷款，大家能够把自己预期的未来收入提前在当期使用。但是问题随之而来，有效利用信贷能帮助人拥有更多的商品，得到更多的享受，而滥用信贷会导致欠款、破产乃至失去信用。消费信贷规划能够帮助人在决策之前认清自己的还贷能力，选择适合自己的信贷方式，充分地享受信贷给生活带来的乐趣。

（四）金融投资规划

投资是个人获取财富的主要手段，不同的金融投资工具有不同的特点，包括股票、债券、基金、期货、外汇以及黄金等。对于我们来说，单一品种的投资工具很难满足资产流动性、回报率以及风险等方面的特定要求，而且我们往往也不具备从事金融投资的专业知识和信息优势。金融投资规划要求个人在充分了解自身风险偏好与投资回报率需求的基础上，通过合理的资产分配，使投资组合既能够满足流动性要求与风险承受能力，又能够获得充足的回报。

（五）房地产投资规划

“衣食住行”是人最基本的四大需要，其中“住”又是四大需要中期间最长、所需资金数额最大的一项。在个人理财中，与“住”相对应的是房地产投资规划，对于一般的消费者来说，房产主要代表了自己的住所。事实上，房地产投资作为一种长期的高额投资，除了用于个人消费，它还具有显著的投资价值。投资者购买房产主要出于四种考虑：自己居住、对外出租、投机获利和减免税收，而针对不同的投资目的，投资者在选择具体房地产品种时也会有不同的考虑。在房地产投资规划中，要重视两方面的问题：一方面，应当对房地产法律法规（包括交易规则、税收政策等）和影响房地产价格的各种因素有比较深的了解；另一方面，由于房地产单位价值高且多是终身投资，因此房地产投资必须十分谨慎，在作出投资决策之前，必须详细了解自己的支付能力，以确定合理的房地产购置计划。

（六）保险规划

人生很可能会面对一些不期而至的风险，比如意外的人身伤害、疾病、火灾等。为了规避这些风险，在现实生活中人们通过购买保险来满足自身的安全需要。保险除了具有基本的转移风险、减小损失的功能之外，它还具有融资、投资功能。在个人理财中，经常用到的保险产品包括人寿保险、意外伤害保险、健康保险、财产保险、责任保险等。保险由于其品种多、条款复杂，对于普通投资者来说，在选择时往往会感到力不从心。保险规划的目的即在于通过对个人经济状况和保险需求的深入分析，选择适合自己的保险产品，并确定合理的期限和金额。

（七）税收筹划

依法纳税是我们每个人应尽的法定义务，国家通过制定各种税收法律法规来规范税收的征缴，任何违反税收法律的行为都将受到法律的制裁。然而，纳税人出于对自身利益的考虑，往往希望将自己的税负合理地减到最小。因此，如何在合法的前提下尽量减少税负就成为每一个纳税人都十分关注的问题。税收筹划即是在充分了解税收制度的前提下，通过运用各种税收筹划策略，合法地降低税负。在税收筹划中比较常用的基本策略包括收入分解转移、收入延期、投资于资本利得、注意资产销售时机、杠杆投资、充分利用税负抵减等。与前面所述的几种规划相比，税收筹划要面对更多的风险，尤其是法律风险，这些风险包括反避税条款、法律法规变动风险及经济风险等。2019年，个人所得税专项附加扣除开始实施，个人的税收筹划空间更大。

（八）子女教育金规划

教育投资是一种智力投资，它不仅可以提高人的文化水平与生活品位，还可以使受教育者增加人力资本。教育投资可以分为两类：自身的教育投资和对子女的教育投资，本书讨论的是后者。对子女的教育投资可以分为基础教育投资和高等教育投资，对子女的高等教育投资通常是所有教育投资项目中花费最高的一项，但父母出于对子女未来的殷切期望，往往会在子女的高等教育投资上不惜血本。进行子女教育金规划时，首先要对个人的教育需求和子女的基本情况（例如，子女的年龄、预期的受教育程度等）进行分析，以确定当前和未来的教育投资资金需求；其次要分析个人的收入状况（当前的和未来预期的），并确定子女教育投资资金的来源（例如，教育资助、奖学金、贷款、勤工俭学收入等）；最后要分析教育投资资金来源与需求之间的差距，并在此基础上通过运用各种投资工具（包括常用的投资工具和教育投资特有的投资工具）来弥补教育投资资金来源与需求之间的差额。应当特别注意的是，由于教育投资本身的特殊性，它与其他投资相比更加注重投资的安全性，因此在选择具体投资工具时要特别慎重。

（九）退休规划

退休规划是指为保证将来有一个有尊严、自立、有水准的退休生活，而从现在开始制定实施关于如何筹措和管理退休以后的生活资金，以及如何安排退休后收支的一系列财务活动方案的过程。如何在退休后保持一定的生活水平是每个人迟早都要面对的现实问题，现实生活中普遍存在的通货膨胀也在不断地侵蚀个人的财富，如不及早计划必然会导致退休后生活水平的急剧下降。退休规划是一个长期的过程，不是简单地通过在退休之前存一笔钱就能解决，个人在退休之前的几十年就要开始确定目标，进行详细的规划，为将来退休做准备。当前，一对独生子女夫妇要赡养4位老人，其负担可想而知。所以，提早做好退休规划不仅可以使自己的退休生活更有保障，而且可以减轻子女的负担，意义尤其突出。

（十）遗产规划

遗产的继承是人财产生活需要妥善安排的最后一个重要事项。遗产规划的目标是高效率地管理遗产，并将遗产顺利地转移到受益人的手中。这里的高效率包括两方面的内容：一方面，遗产安排要花费一定的时间，应该在最短的时间完成遗产规划；另一方面，处理遗产需要花费一定的成本，如很多国家都开征了遗产税，遗产规划可以帮助个人减少遗产处理过程中的各种税费。

第三节　个人理财的一般步骤

我们每天都会作出几十上百个决定，大多数的决定简单而无必然逻辑联系。但在进行理财规划的时候，首先必须经过细微和缜密的思考、分析和计算。因此个人理财规划的一般步骤包括：（1）明确个人现在的财务状况；（2）了解个人的投资风险偏好；（3）设定理财目标；（4）制订并实施理财计划；（5）评估和修正理财计划。其具体如图 1-3 所示。

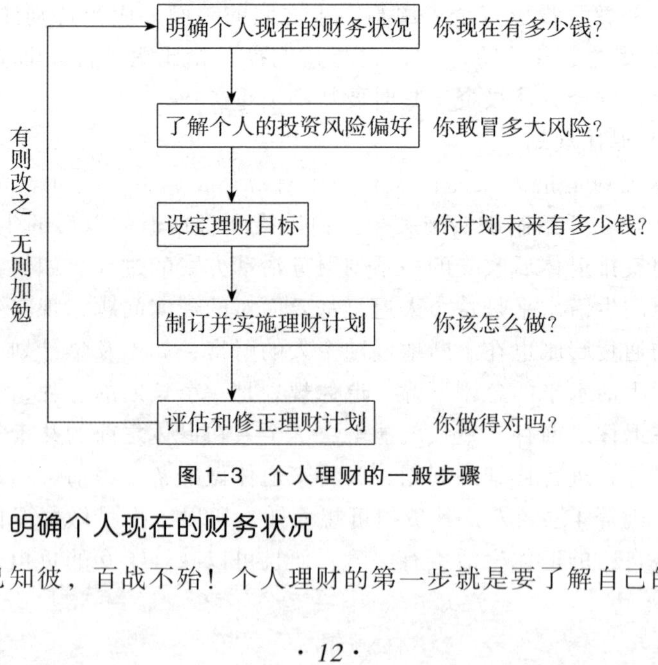

图 1-3　个人理财的一般步骤

一、明确个人现在的财务状况

知己知彼，百战不殆！个人理财的第一步就是要了解自己的财务状况，包括收集个人财务信息和整理个人财务信息两个阶段。回顾自己的资产状况，包括存量资产和未来收入及支出的预期，知道自己有多少钱财可以打理，这是最基本的前提。

个人财务信息是进行理财规划的首要基础，因此个人理财的首要任务是收集整理个人相关财务信息。对一个从未开始做理财规划的人而言，财务信息的收集并不是一项简单的工作。这些信息包括：你了解自己的月收入和支出情况吗？你知道你在哪家银行有多少存款吗？你知道自己目前拥有的股票和基金的现值吗？你知道你的贷款什么时候能还清吗？你购买了哪些保险？等等。如果你不清楚以上的问题，那么你根本无法开始进行理财规划，而这些信息需要你平时的记录和关注。有了平时的积累，进行理财规划之前就不用耗费大量的时间去收集这些财务信息了。

在收集了完整的个人财务信息之后，接下来要对这些零散的信息进行整理分析。可以采取的方法是类似企业财务报表的一系列个人财务报表，将零散的信息归类到各类表格中。通过这些个人财务报表，可以很直观地了解自己的财务状况，以此为基础进行相应的理财规划。本书第二章将会介绍这些内容，通过学习，你能够了解到相关知识。

二、了解个人的投资风险偏好

一个人随着年龄的增大，对风险承受能力降低，会逐渐失去从一项巨大投资失败中恢复过来的能力，所以了解自己的风险偏好是非常重要的。风险偏好就是人对风险的态度，是对一项风险事件的容忍程度。风险偏好与个人的客观情况、生活经验、性格爱好等因素密切相关，它将对个人理财中的各个具体规划起着重要的指导作用。不要做不考虑任何客观情况的风险偏好的假设，例如，有的人因为自己偏好于风险较大的投资工具，把钱全部放在股市里，而没有考虑到父母、配偶、子女，没有考虑到家庭责任，这个时候他的风险偏好偏离了他能够承受的范围。

资料 1-2

投资偏好调查问卷

1.你的朋友会用下列哪个句子来形容你？（　　）

A.能够承受很大的风险

B.经详细分析后，你会愿意承受风险

C.一个小心谨慎的人

D.不愿意承受风险

2.假设你参加了一个电视游戏节目，获奖了，可选择以下其中一项，你会选择（　　）。

A.当场获得1 000元现金。

B.有50%的机会赢取3 000元现金

C.有25%的机会赢取8 000元现金

D.有5%的机会赢取50 000元现金

3.你刚刚有足够的储蓄实现自己一直梦寐以求的旅行，但在出发前3个星期，你忽然被解雇。你会（　　）。

A.取消旅行

B.选择另外一个比较普通的旅程

C.依照原定计划，因为你需要充足的休息来准备寻找新的工作

D.延长旅程，因为这次旅行可能成为你最后一次豪华旅行

4.如果你突然有20 000元可用于投资，你会（　　）。

A.将它存入银行

B.投资到一些比较安全及高素质的债券或债券基金

C.投资到股票或股票基金

5.根据你自己的经验，你对于投资股票或基金放心吗？（　　）

A.不完全放心　　B.有少许不放心

C.非常放心　　D.说不清

6.对于“风险”一词，你第一个感觉是（　　）。

A.损失　　B.不明朗

C.机会　　D.兴奋

7.专家估计一些资产，如黄金、珠宝、收藏品和房屋（实质资产）的价格会上升，而债券的价格会下跌，但他们认为政府债券相对比较安全。如果你现时持有大量政府债券，你会：（　　）。

A.继续持有

B.卖掉债券，然后把得来的资金一半投到货币市场，另一半投到实物资产

C.卖掉债券，然后把所有得来的资金投到实物资产

D.卖掉债券，除了把所有得来的资金投到实物资产，并向别人借钱来投实物资产

8.以下4个投资选择，你个人比较喜欢（　　）。

A.好的情况下会赚取200元，最差情况下损失0元

B.好的情况下会赚取800元，最差情况下损失200元

C.好的情况下会赚取2 600元，最差情况下损失800元

D.好的情况下会赚取4 800元，最差情况下损失2 400元

9.如果你现在得到一笔1 000元的现金，并要求你必须再选择以下其中一项，你会选择（　　）。

A.再额外多赚500元（即肯定得到1 500元）

B.50%的机会额外多赚1 000元，50%的机会维持已有的1 000元现金

10.如果你现在得到一笔2 000元的现金，并要求你必须再选择以下其中一项，你会选择（　　）。

A.从2 000元中损失500元（即肯定得到1 500元）

B.50%的机会损失1 000元，50%的机会维持已有的2 000元现金

11.假设你继承了10万元遗产，你必须把所有遗产投资以下其中一项，你会选择投资（　　）。

A.一个储蓄账户或货币市场基金

B.一个拥有股票和债券的基金

C.一个拥有15只蓝筹股票的投资组合

D.一些保值的投资产品，如金、银或石油

12.如果你拥有2万元可投资，有下列组合。低风险投资包括债券和债券基金；中风险投资包括股票和股票基金；高风险投资包括期货和期权。你会选择（　　）。

A.低风险占60%，中风险占30%，高风险占10%

B.低风险占30%，中风险占40%，高风险占30%

C.低风险占10%，中风险占40%，高风险占50%

13.你的朋友和邻居连同一位知名的地质学家组成一个勘探金矿的研究小组，一旦勘探成功，回报可高达50至100倍；但如果失败，将血本无归。你的朋友估计这项计划的成功率约为20%。假设你有足够的资

金，你是否会投资？（　　）

A.不会　　　　　　　　　　B.会，少量参与

C.会，将手头的闲钱都投入　D.会，尽量筹集资金全额投入

附件一　风险承受能力计分表

序号	A	B	C	D
1	4	3	2	1
2	1	2	3	4
3	1	2	3	4
4	1	2	3	/
5	1	2	3	/
6	1	2	3	4
7	1	2	3	4
8	1	2	3	4
9	1	3	/	/
10	1	3	/	/
11	1	2	3	4
12	1	2	3	/
13	1	2	3	4

附件二　客户投资偏好类型和风险承受能力评估

风险偏好	得分下限	得分上限
非常进取型	36	47
温和进取型	30	35
中庸型	24	29
温和保守型	19	23
非常保守型	13	18

附件三 **风险偏好分析表**

风险偏好	具体表现	性格特征
非常进取型	高度追求资金的增值，愿意接受投资大幅度的波动	在个性上非常自信，追求极度成功，常常不留后路
温和进取型	专注于投资的长期增值，并愿意为此承受较大的风险	具有很强的商业创造技能，知道自己要什么并甘于冒风险去追求，通常不会忘记给自己留条后路
中庸型	渴望有较高的投资收益，但又不愿承受较大的风险；可以承受一定的投资波动，但是希望自己的投资风险小于市场的整体风险	在个性上，有较高的追求目标，而且对风险有清醒的认识，但通常不会采取激进的办法去达到目标。而总是在事情的两极之间找到相对妥协、均衡的方法
温和保守型	稳定是重要的考虑因素，希望投资在保证本金安全的基础上能有一些增值收入。但常常因回避风险而最终不会采取任何行动	在个性上，不会很明显地害怕冒风险，但承受风险的能力有限
非常保守型	保护本金不受损失和保持资产的流动性是首要目标。通常不太在意资金是否有较大增值	在个性上本能地抗拒冒险，不抱碰运气等侥幸心理，追求稳定

通过资料1–2的个人投资风险偏好问卷可以对自己的风险偏好有初步的了解，这里要指出的是，各种风险偏好仅代表个人的选择，并无优劣高低之分，关键在于对自己有清晰的了解。表1–1是针对不同风险偏好的个人理财模式建议，仅供参考。

三、设定理财目标

个人理财目标就是在一定期限内，给自己设定一个个人净资产的增加值，即一定时期的个人理财目标，同时有计划地安排资产种类，以便获得有序的现金流。

表 1-1 **不同风险偏好的理财模式**

理财模式	理财建议
保守型	适合收入水平低、闲置资金少、家庭负担大、抗风险能力较差的家庭，如无固定工作家庭和年龄较大的退休家庭，回避投资风险是保守型理财的最主要目标，因此应首选银行储蓄、国债等风险较小的理财品种
稳健型	适合有一定经济基础、有可靠的工资收入来源，具备基本的风险承受能力的家庭，如人到中年的工薪家庭。注意风险防范，追求稳定收益，将金融储蓄和金融投资相结合是稳健型理财的特点，家庭资金的大头以银行储蓄为主，其余部分则可尝试进行股市和汇市的投资，争取实现家庭理财有较好的回报
积极进取型	适合经济实力强、收入丰厚、闲置资金充裕、抗风险能力较强的家庭，如城市白领、中产阶级家庭，以及企业经理阶层，获取高收益回报是积极进取型理财的主要目标，家庭理财安排上可以考虑以债券、汇市、基金等投资性金融产品为主
冒险型	适合财务目标较高、家庭负担不大、愿意承担较大风险并且希望能够尽快改善财富状况的家庭，如正处于创业期的年轻家庭。进行高风险投资以期获得较大投资收益是冒险型理财的特点，家庭理财可以考虑以股票、期货、基金等较高风险金融品种为主进行组合投资

（一）理财目标的分类

（1）按时间长短，理财目标可分为短期目标、中期目标、长期目标。即使是同一个人，目标也会有长期、中期和短期之分。短期目标通常预计在1年之内达成，如出国旅游、购置高档音响；中期目标通常预计在3到5年内完成，如买车、整修房子等；长期目标一般则预计在5年以后完成，如筹措买商品房基金、退休等。不论短期、中期或长期目标，设定时都必须明确而不模糊，见表1-2。

（2）按人生阶段，理财目标可分为单身期、家庭形成期、家庭成长期、子女上大学期间、家庭成熟期和退休期目标，见表1-3。理财是一生都进行的活动，由于不同生命阶段的生活重心和所重视的层面不同，设定的理财目标必须与人生各阶段的需求配合。

表 1-2　　　　　　　　**常见的理财目标**

个人状况	短期目标（1年左右）	中期目标（3～5年）	长期目标（5年以上）
单身	完成大学学业	结婚	购买一套商品房
	购买单反相机	偿还教育贷款	积累退休收入
	国内旅游	攻读研究生学位	出国旅游
已婚夫妇（无子女）	每年度假	重新装修住房	购买退休住房
	购买新车	构建股票投资组合	积累退休收入
父母（有年轻子女）	增加人寿保险额度	提高投资额度	积累子女大学教育金
	增加储蓄	购买新车	购买更大面积的住房

表 1-3　　　　　　　　**人生各阶段理财目标**

人生阶段	阶段特征及理财内容
阶段一：单身期 参加工作到结婚前：2～5年	该时期的特点：收入低，花销大 理财顺序是：意外保险＞节财计划＞资本增值
阶段二：家庭形成期 结婚到孩子出生前：1～5年	该时期的特点：收入增加且稳定。为提高生活质量往往要投入一大笔家庭建设开支，如高档生活用品、供房等 理财顺序是：购房供房＞家庭硬件＞健康和意外保险
阶段三：家庭成长期 孩子出生到上大学：9～12年	该时期的特点：家庭成员不再增加，但年龄都在增加。家庭最大的开支是子女教育费、医疗费。同时，随着子女的自理能力增强，父母精力充沛，又积累了一定的工作经验和投资经验，投资能力大大增强 理财顺序是：子女教育基金＞健康和意外保险＞建立养老金＞资本增值＞特殊基金规划

续表

人生阶段	阶段特征及理财内容
阶段四：子女上大学期间 孩子上大学以后：4~7年	该时期的特点：子女的教育费和生活费用猛增 理财顺序是：子女教育基金>债务规划>资产增值规划>应急基金
阶段五：家庭成熟期 子女参加工作到父母退休前：约15年	该时期的特点：这一阶段里，自身的工作能力、工作经验、经济状况都达到高峰状态，子女已经完全自立，债务已经逐渐减轻，理财的重点是增大养老计划和资产增值规划 理财顺序是：养老规划>资本增值>特殊目标规划>应急基金
阶段六：退休期	该时期的特点：主要是安度晚年，投资和花费通常比较保守 理财顺序是：养老规划>遗产规划>避税规划>其他特殊目标规划

（二）如何制定理财目标

有一个方法可以帮你做较好的目标设定，那就是明确地写下来。表1-4是一投资基金客户的理财目标。

表1-4　　**某投资基金客户的理财目标表**

1.目标	退休（养老规划）
2.达成时间	2035年1月25日
3.所需年数	12年
4.所需金额	50 000元
5.现有金额	3 000元
6.现有金额应以8%增长	8 000元
7.尚需金额	42 000元
8.每年需增加金额（投资收益率8%）	2 200元

其中百分比都是以年率表示，第5项“现有金额”是指现在已经准

备要当作退休金的金额，而不问你现在有多少钱。另外，第8项是一种估计，是依据复利表从第7项估算出来的；第6项是根据第5项算出来的，只要查表就可得到。必须强调的是，由于每个人想追求的生活和自身所处的情况（如年龄、工作及收入、家庭状况等）不同，所以不同的人设定的目标会不相同。

个别的目标设定后，最好依各个目标达成的优先顺序列个总表，时时提醒自己，哪一个目标要先采取相应的理财措施。表1-5就是一个简单的例子。

表1-5　**理财目标、理财措施优先顺序表**

优先顺序	具体理财目标	所需资金	基金投资品种
1	紧急备用金	10 000元	货币市场基金
2	买房首付款	350 000元	债券型基金或股票型基金
3	买车	100 000元	股票型基金或债券型基金
4	子女上大学学费	50 000元	混合型基金
5	退休	40 000元/年	混合型基金或货币市场基金

在理财规划的目标中，应包含3个层面的内容。

首先是安排好当前的生活，将目前的资产和产生的现金流做合理的安排和配置，为家庭安排适当的保障，从而使自己和家人能够有一个安心、健康的生活。

其次是为未来的人生目标和理想在财务上做好安排，未雨绸缪。比如孩子未来的大学教育费用、自己的养老问题等都需要尽早做好安排。

最后是通过理财规划最终建立一个终生的现金流渠道，足以保障自己和家人过上无忧无虑的生活，不用再为金钱而工作，这就是所谓的财务自由的境界。

（三）设定理财目标的原则

（1）明确性。理财规划目标的内容、希望达成的时间都必须明确，如前表1-2所示。

（2）量化目标。将理财目标用实际数字表示，含糊不清的目标没有意义。

（3）现实可行性。理财目标应该建立在收入和生活状况的基础上，脱离实际去追求遥不可及的理财目标可能会危及整个理财活动。

（4）排列优先顺序。给目标设置优先顺序是必需的，因为你可能无法达成最初设定的所有目标。随着时间的推移，一些目标显示出不能达到的迹象时，应该立刻调整，如前表1-5所示。

（5）内部一致性。各个分目标之间是相互关联的，不要互相矛盾。

四、制订并实施理财计划

个人理财计划就是当个人理财目标制定好后，应根据目标制订相应的个人理财计划和实施步骤。个人理财计划即理财目标的细化、理财投资步骤的落实。一份理财计划包括两个方面：首先是设想出可能的行动方案，然后是选择出适合自己的方案，即实现理财目标的执行计划，包括时间、具体步骤，根据理财要求确定匹配资金来源，选择理财投资工具。

根据自身的条件、能力、素质，选择适合自己的投资工具进行个人理财投资，将会产生良好的投资回报。如果盲目跟随别人投资，或选择自己不熟悉的投资工具，将会给资产带来很大的风险。

目前国内主要的个人理财投资工具见表1-6。

表1-6　**国内主要投资工具表**

投资工具	储蓄	保险	债券	基金	外汇	股票	期货	房产	金银	收藏
风险性	低	低	低	中	高	高	高	中	中	中
收益性	低	低	中	中	高	高	高	中	中	中
兑现性	高	低	中	中	高	高	高	低	低	低

比如，要制订一份养老退休理财计划，可以通过储蓄、保险、基金投资等多种产品与渠道，理财计划中应该给出明确的措施，同时，理财计划还应该制订定期检视的时间表。

另外，个人的理财规划往往受到许多因素的影响，这些因素的总和构成了制订理财计划的环境，一般可以将这些因素分为三大部分见表1-7。

表1-7　　影响理财计划的因素

经济因素	社会变化因素	个人因素
国内经济情况	人口结构和人口寿命	年龄
利率	社会结构的变化	婚姻情况
失业率	家庭模式	收入
国际收支和汇率	其他因素	性格爱好
财政收支		亲朋好友

五、评估和修正理财计划

任何一个理财计划都仅仅适合当时的市场环境及个人状况，随着经济等环境的变动，如战争、政治事件、重大经济改革以及金融市场上的投机活动等，投资者都会面临各种各样的风险。个人理财的投资计划也应当以规避风险为宗旨，及时进行调整，保证家庭资产的保值和增值。因此，在制订了一个比较满意的个人理财计划后，还要不断地了解市场信息，获取有效的资源，适时调整自己的投资策略，以充分适应市场变化。所以整个理财过程是一个循环的、动态的过程，需要定期对自己的理财计划进行评估和修正。

第四节　个人理财的产生和发展

一、个人理财的起源及发展

个人理财最早在美国兴起，并首先在美国发展成熟，可以说美国个人理财的发展历史在一定程度上代表了世界个人理财的发展历史。

（一）萌芽期（20世纪30—60年代）

个人理财起源于20世纪30年代的美国，其萌芽仅仅是保险工作人员为兜售本公司产品而采取的一种全新策略。1929年10月，美国股市暴跌，当时严重的经济危机和股市大崩盘给人们的生活带来巨大的不确定性，保险的“社会稳定器”功能使保险公司的地位得到空前的提高，同时大危机使人们开始萌生对个人生活的综合设计和资产运用设计方面的需求。在这种背景下，一些保险推销员在推销保险商品的同时，也提供一些生活规划和资产运用的咨询服务，这些保险营销员被称为“经济理财员”。这些服务就是财务规划的萌芽，其尽管不成熟但已显现出很强的生命力。随后，可以满足各种不同需求甚至为客户量身定制的金融产品逐渐为人们所关注。

（二）发展期（20世纪60—80年代）

随着第二次世界大战后经济的复苏和社会财富的积累，个人理财业务也从初创期进入了扩张期。社会、经济环境的变化逐渐使富裕阶层和普通消费者无法凭借个人的知识和技能，通过动用各种财力资源实现自己短期和长期的生活、财务目标，真正意义上的理财概念和理财资格制度是20世纪60年代末期以后才确立的。1969年是美国理财业发展的标志性年份，这一年美国创立了首家理财团体机构——IAFP（International Association for Financial Planning），它是一家以普及理财知识、促进理财发展为目的的社会团体。1972年，美国创立了理财教育机构——College for Financial Planning，并创立了CFP（Certified Financial Planners）制度。1973年，该校的首批42名毕业生获得了CFP资格证书，并由该批毕业生设立了旨在建立和维护理财的专业权威性、在世界上推广理财资格活动的团体ICFP（Institute of Certified Financial Planners）。1985年，ICFP在社会各界的支持下，设立了IBCFP（International Board of Standards and Practices for Certified Financial Planners），后改为CFP（Certified Financial Planners Board of Standards，CFP Board）。

经过20世纪70和80年代的发展，美国开始出现真正意义上的理财业和较为完善的理财制度。另一方面，个人财产管理、运用的时代背景发生了重大变化，突出表现在个人金融资产膨胀、金融自由化浪潮兴起、老龄化社会来临等方面。这一系列因素促使人们对理财的需求急剧增加，作为金融自由化改革的结果，金融商品迅速增加、金融风险加大，人们迫切需要理财师的帮助，这样就推动了理财业的空前发展，理财业的地位不断提升。

（三）成熟期（20世纪80年代至今）

1987年10月19日的股灾使投资者的总损失达1万亿美元。理财师由于提出的投资方案遭到重创而丧失了信誉，理财师给人们留下了强烈的不信任感，社会地位直线下降，理财业迎来了最艰难的时期。尽管如此，其后的一段时间，理财业的热心者们开始考虑改革理财制度，将理财的工作重心转移到生活规划上来，如退休后养老年金的安排等。另外，CFP Board开始重视后续教育和严格遵守伦理规定的问题，这一点直到现在也没有改变。2000年1月，IAFP和ICFP合并，成立新的理财组织FPA（Financial Planning Association），其目的是为理财提供一个有机的活动空间，使理财业朝着健康的方向发展。美国的理财业经过1987年低谷后的调整恢复，目前已成为认知度和社会地位相当高的专门职业，可以说美国的理财业进入了成熟期。

从世界范围来看，20世纪70年代以来，全球商业银行在金融创新浪潮的冲击之下，个人理财业务获得了快速发展。从发达国家银行个人理财业务的发展趋势看，个人理财业务具有批量大、风险低、业务范围广、经营收益稳定等优势，在商业银行业务发展中占据着重要位置，贴身的个人理财服务也成为近年来银行业竞争的主要焦点。

二、我国个人理财的现状和发展

我国的个人理财服务出现在20世纪90年代后期。1996年，中信实业银行广州分行率先挂出了“私人理财中心”的牌子，我国银行的个人理财业务正式起步。1998年，中国工商银行的上海、浙江、天津等5家分行，根据总行的部署，分别在辖区内选择了一些软硬件条件符合要求的营业网点进行“个人理财”的试点。当时商业银行、保险公司和证券公司根据自身业务的特点和对个人理财的认识，推出了具有鲜明行业特点的理财服务，其中银行以优化组合各项个人银行业务为主，主要是根据客户的要求提供组合式的个人银行服务；保险公司主要以推广投资连结型的保险产品为主；证券公司则以提供代客理财和证券咨询服务为主。经过多年的发展，目前我国个人理财业务积累了越来越多的积极因素。麦肯锡2006年的调查显示，在1995年至2005年，中国个人理财市场每年的业务增长率达到18%，并预测其后的理财市场增长率将以每年10%～20%的速度突飞猛进。个人理财的前景非常广阔，需求旺盛，正在成为我们生活中的重要组成部分。

虽然我国个人理财市场潜力巨大，但由于种种原因，个人理财业务尚处于发展中的初级阶段，具体表现在：

1.金融业分业经营的现状制约了个人理财业务发展的空间

在分业经营管理的体制下，我国银行、证券、保险三大市场相互割裂，个人理财业务发展空间受到限制，银行、证券公司和保险公司提供的个人理财服务均以本行业的业务为主，这导致个人理财业务只能在较低的层面进行操作，基本上停留在咨询、建议或投资方案设计等层面上，还不算是真正意义上的理财。

2.投资市场的不完善阻碍了个人理财业务的良性发展

我国资本市场投资品种单一，几乎只有股票可供投资者选择，公司债、国债市场极不发达。另外，由于我国实行较严格的外汇管制政策，国内个人投资者难以参与国际投资市场。金融投资市场可供投资的范围和品种较少，投资收益低甚至亏损，个人投资理财的操作空间有限，在相当程度上挫伤了广大居民参与投资理财的积极性。

3.各金融机构的软硬件建设与个人理财的需求尚存在较大差距

目前，国内银行、保险公司和证券公司的机构设置、考核机制、信息系统、人员培养、服务机制等各方面主要还停留在以业务线条为中心、以业务指标为目标的传统模式上，尚未真正建立以客户为中心、以综合效益为目标的模式，而实现这一转变是复杂而艰巨的系统工程，不可能在短时间内一蹴而就。

4.缺乏高素质的个人理财人员

理财业务是一项综合性的业务，它要求理财人员必须具备渊博的经济和法律知识，全面了解银行、证券、保险、房产、外汇、税务、教育、法律等方面相关知识，要求理财人员拥有丰富的金融从业经验，具有优良的职业操守、良好的人际交往能力和组织协调能力。专业和称职的个人理财人员的匮乏是制约我国个人理财市场发展的主要瓶颈。

总之，居民个人财富的增长、金融市场的变化和监管制度的改革构成了我国个人理财业务发展的强劲动力，但市场基础要素的缺陷和不足制约了个人理财业务的快速发展，我国的个人理财业务正处于市场呼唤发展、机遇与挑战并存的发展阶段。

“十四五”期间，百姓“钱袋子”鼓起来的机会

【思政元素】“十四五”规划。

2021年3月通过的“十四五”规划和2035年远景目标纲要中明确：“十四五”期间，居民人均可支配收入增长与国内生产总值增长基本同步。

规划纲要中透露出了很多极具“含金量”的信息。今后5年，伴随中国经济的脉动，你我“钱袋子”鼓起来将有哪些机会？“新华视点”记者采访了两会代表委员和专家。

※收入：“提低扩中”，促进不同群体共同富裕

规划纲要提出，坚持居民收入增长和经济增长基本同步、劳动报酬提高和劳动生产率提高基本同步，持续提高低收入群体收入，扩大中等收入群体，更加积极有为地促进共同富裕。

近年来，我国政策惠民力度不断加大，千方百计促进居民增收，已经形成了4亿多中等收入群体。2020年，全国居民人均可支配收入为32 189元，我国城乡居民人均收入比2010年翻一番的目标如期实现。

“提低扩中”如何进一步发力？规划纲要推出一系列政策组合拳：

——拓展居民收入增长渠道。健全工资决定、合理增长和支付保障机制；完善按要素分配政策制度；完善国有企业市场化薪酬分配机制；改革事业单位薪酬制度；规范劳务派遣用工行为，保障劳动者同工同酬……

——扩大中等收入群体。实施扩大中等收入群体行动计划，以高校和职业院校毕业生、技能型劳动者、农民工等为重点，不断提高中等收入群体比重……

——完善再分配机制。加大税收、社会保障、转移支付等调节力度和精准性；规范收入分配秩序，保护合法收入，合理调节过高收入，取缔非法收入……

全国人大代表、福建师范大学经济学院院长黄茂兴认为，规划纲要针对高校毕业生、技术工人、农民、小微创业者等不同群体的特点，打

造了不同的增收“方案”。

特别值得一提的是，科技人员有重要政策赋能。规划纲要提出，探索赋予科研人员职务科技成果所有权或长期使用权，提高科研人员收益分享比例。

※就业：扩容提质，让“钱袋子”更安稳

就业是百姓增收的基础。规划纲要里强调“实施就业优先战略”，提出健全有利于更充分更高质量就业的促进机制，扩大就业容量，提升就业质量，缓解结构性就业矛盾。

“十四五”时期，城镇调查失业率将控制在5.5%以内。规划纲要中透出诸多就业机会：

——完善高校毕业生、农民工、退役军人等重点群体就业支持体系；

——建立促进创业带动就业、多渠道灵活就业机制，全面清理各类限制性政策；

——统筹城乡就业政策，积极引导农村劳动力就业；

——完善小微创业者扶持政策，支持个体工商户、灵活就业人员等群体勤劳致富；

……

区域经济将推动部分地区劳动力市场活跃。全国政协委员、民进中央委员徐丽桥认为，京津冀、长三角、珠三角、成渝经济圈等城市群将创造出更多的优质就业岗位，吸引更多劳动力。

随着乡村振兴的步伐加快，农民在家门口就业迎来更多机遇。规划纲要提出，发展县域经济，推进农村一二三产业融合发展，延长农业产业链条，发展各具特色的现代乡村富民产业。

在千方百计稳定和扩大就业的同时，规划纲要还兼顾保障劳动者待遇和权益，明确提出：健全劳动合同制度和劳动关系协调机制，完善欠薪治理长效机制和劳动争议调解仲裁制度，探索建立新业态从业人员劳动权益保障机制。

※养老：规范发展养老保险，呵护“白发群体”

规划纲要中有多项举措呵护老年人的“钱袋子”：

——健全养老保险制度体系，促进基本养老保险基金长期平衡；

——实现基本养老保险全国统筹，放宽灵活就业人员参保条件，实现社会保险法定人群全覆盖；

——完善划转国有资本充实社保基金制度，优化做强社会保障战略储备基金；

——逐步提高城乡居民基础养老金标准；

……

规划纲要提出的规范发展第三支柱养老保险引发热议。当前，我国已初步形成国家基本养老、企业补充养老和个人补充养老相结合的三大支柱养老保障体系。但发展不平衡问题仍然存在。

“应调动各类金融机构积极性，丰富养老金融产品供给。”全国人大代表、中国太保寿险上海分公司副总经理周燕芳认为，探索建立养老金第三支柱专属账户体系，将银行、保险公司、基金公司等发行的养老产品账户打通，进行投资管理等统一归集，激发居民个人积累养老金的动力并满足差异化需求。

※理财：多渠道增加城乡居民财产性收入

对想要投资理财的人来说，规划纲要中的一些政策信号值得关注：

——多渠道增加城乡居民财产性收入；

——提高农民土地增值收益分享比例；

——完善上市公司分红制度；

创新更多适应家庭财富管理需求的金融产品。

实际上，财产性收入在“钱袋子”中地位越来越高。国家统计局数据显示，2019年全国居民人均财产净收入为2 619元，这个数字在2013年还是1 423元。与此同时，财产净收入占全部可支配收入的占比，也从7.7%提升到了8.5%。

中国人民大学公共管理学院教授许光建说，提升居民财产性收入，是提升消费水平、形成强大国内市场、构建新发展格局的重要途径。

在多位代表、委员看来，金融市场伴随中国经济不断升级，居民可以配置的金融产品增多，也有意愿进行多元化资产配置。“十四五”期间，这个趋势还会不断加强。

如何提升农民的财产性收入？“十四五”期间的农业农村领域将有一些值得期待的改革：通过“资源变资产、资金变股金、农民变股东”，让农民更多分享产业增值收益。

资料来源：刘慧，吴雨，谭谟晓，等.透过“十四五”规划纲要草案，能看到哪些百姓“钱袋子”鼓起来的机会？［EB/OL］．［2021-03-06］．http：//www.gov.cn/xinwen/2021-03/06/content_5591014.htm.此处有修改.

本章小结

1.个人理财是为了实现个人的生活目标和理想而制订、安排、实施和管理各方面总体协调的财务计划的过程，通俗地讲就是如何处理日常的金钱。个人理财包括现金规划、储蓄规划、消费信贷规划、金融投资规划、房产投资规划、保险规划、税收筹划、子女教育投资规划、退休规划、遗产规划等内容。

2.个人理财和公司理财的区别在于理财的目标不同、风险承担能力不同、关注的时间长短不同、依据的法律法规不同、行业管理不同、主要内容不同等6个方面。

3.个人理财的作用包括平衡现在和未来的收支，提高生活水平和规避风险、灾害。

4.个人理财应遵循的基本原则包括量入为出原则、经济效益原则、安全性原则、变现原则、因人制宜原则、终生理财原则、快乐理财原则以及提高素质原则。

5.个人理财规划的一般步骤包括：（1）明确个人现在的财务状况；（2）了解个人的投资风险偏好；（3）设定理财目标；（4）制订并实施理财计划；（5）评估和修正理财规划。

复习思考题

一、不定项选择题

1.按照理财需求的层次，个人理财可以进一步细分为（　　）。

A.生活理财　　　　B.储蓄理财

C.收支理财　　　　D.投资理财

2.个人理财的作用包括（　　）。

A.平衡现在和未来的收支　　　　B.提高生活水平

C.增强自信心　　　　D.规避风险和灾害

3. 以下不属于个人理财规划内容的是（　　）。

A. 保险规划　　B. 健康规划

C. 退休规划　　D. 储蓄规划

4. 个人理财起源于（　　）。

A. 中国　　B. 英国

C. 美国　　D. 法国

二、简答题

1. 如何理解个人理财？个人理财的意义是什么？

2. 个人理财与公司理财有什么区别？

3. 个人理财应遵循哪些原则？为什么？

4. 个人理财规划包括哪些内容？这些内容的影响如何？

5. 个人理财规划的一般步骤是什么？

6. 请列举一些达到理财目标的常见行动。

7. 你建立理财目标了吗？你打算如何去实现？

第二章

财务与预算规划

第一节　个人财务记录

一、个人财务管理活动

（一）概况

在体育比赛中，为了便于观众和参赛各方了解比赛情况，各类比赛都设立记分系统。个人理财活动同样需要类似的记分系统，以便于个人能够了解自己的财务情况，从而作出相应的决策，这就需要财务记录。各种财务记录可以揭示你目前的财务状况，帮助你了解和分析存在的问题，最后通过制定收支预算，让你能有效地管理和控制理财活动。

（二）具体内容

个人财务管理活动可以按照时间划分为如图2-1所示的3个方面的内容。

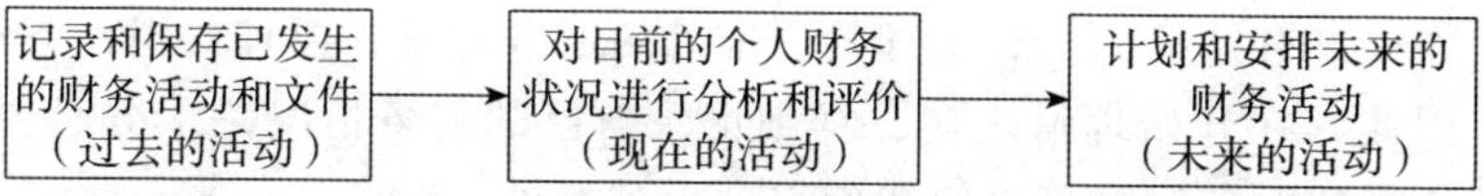

图2-1　主要的个人财务管理活动图（记录、评价、预算）

1.记录和保存个人财务记录和文件

个人财务记录主要是记录过去的各种财务活动以及在这些活动中所产生的各种财务信息，这些信息是了解现在和预期未来的基础。这些记录是多种多样的，既包括商业交易，也包括财产，还有法律事件的书面文件。有效的财务管理应首先从这些第一手的、原始的个人财务信息的保存和记录入手。

2.进行财务分析

对目前的财务状况进行分析，找出健全的方面和指标，也找出不健全的方面和指标。通过这种分析能够衡量自己的财务状况，评价自己在财务方面的进展；或找出问题之所在，发现出现问题的环节及原因。

3.制定财务规划

在已有财务记录和分析的基础上，即在掌握过去和现在的财务状况的基础上，对自己的未来进行规划和计划。这种计划既有长时段的，即长期规划和预算；也有短时段的，即短期规划和预算。

个人财务管理活动的3个方面存在密切的关系，从时间的轴线上可以非常清楚地看出这一点。对个人财务信息的掌握是分析现状和把握未来的基础，如果没有很好地做到对自己的信息进行分门别类的记录，就难以规划好现在和未来。同样，对目前状况的分析以及找出原因，也是预期未来的基础。因为只有对现状进行分析，以及总结归纳不足及其原因，才能在预算中去芜存菁；同时，好的预算也是未来良好财务活动的基础。

二、个人财务记录的作用

要进行理财，首先要清楚自己的财务状况，包括总资产是多少、负债是多少、净资产是多少，每月收入多少、支出多少、剩余多少，等等。财务状况是否合理等问题是在理财时必须清楚的，而财务记录可以帮你轻松弄清楚这些烦琐的问题，所以个人财务记录是理财的第一步。那么，如何迈出这关键的第一步呢？首先要记录自己的财务情况。

如果没有持续的、有条理的、准确的财务记录，要理好财是不可能的。因此，在开始理财之初，详细记录自己的财务情况是十分必要的。一份清晰的财务记录可以使我们得到下列好处：

（1）帮助我们安排日常商业事务，比如按时偿付账单，包括及时偿付信用卡和及时交纳公共事业费等。

（2）对财务活动和财务过程进行监控，衡量接近目标所取得的进步。

（3）掌握日常收支情况，有效改变不合理的消费行为，成为一个理性的消费者，减少消费的冲动性和盲目性。

（4）保留理财活动的信息，为以后需要的各种报告提供基础信息，如提供缴纳个人所得税的收入材料、去银行贷款时需要提供的资产材料等。

（5）了解自己的财务状况，方便进行各种财务决策。

三、个人理财记录的类型和分类

随着经济社会的分工和发展，日常生活中涉及的个人理财文件和记录的种类越来越多，我们可以做一番归纳整理，见表2-1。

四、如何进行个人财务记录

个人财务记录包括两个阶段，分别是收集和整理。

（一）个人原始财务信息的收集

有效的财务管理应首先从这些第一手的、原始的个人财务信息的保存和记录入手。

原始的个人财务信息记录分两种类型：一种是记录个人财务信息的文件，包括身份证、金融机构开户资料；另一种是记录理财行为过程的文件，比如购物发票、纳税证明、银行存取款凭条等。

原始财务信息的保存和记录是非常必要的，它是大多数非原始信息的基础，又不完全反映在非原始信息中，比如产权文件、合同文书、商品保修单等就不能反映在数量化了的非原始信息中，但对于理财却是至关重要的，这往往被人们所忽略。原始财务信息的保存记录可以像图书馆对图书的处理一样，首先分门别类，如分为个人消费记录、金融记录、房产和汽车记录、投资记录等；然后按时间顺序记录，每一个类别存放于不同的文件夹，再为所有资料做一个目录，以方便查阅。

表2-1　　理财文件和记录的类别

记录类别	相关文件
个人和职业记录	身份证、户口簿、结婚证、出生证明、学历和学位证书、工作证、奖状、成果、劳动合同、社会保险文件、最新简历、推荐信、实习证明等
资金管理记录	最新预算、最近个人财务报表（资产负债表、现金流量表等）、理财目标列表、保险箱内容清单等
纳税记录	工资单、个人所得税完税证明、应税收入证明、抵扣税项文件等
理财服务记录	银行卡、存折、存单、支票、银行结算单、开户资料、保险箱信息等
信用记录	信用卡、收据、银行每月对账单等
个人消费记录	购物发票、保修卡、使用手册、说明书、保证书等
房产记录	购房合同、不动产权证、契税完税证明、按揭文件、房屋装修文件、租房合同等
保险和健康记录	保险单证、保险费收据和到期日列表、医疗信息（健康记录、处方药信息）、索赔记录等
投资记录	股东卡、开户证券公司的联系方式、证券（股票、债券、基金）买进和卖出记录、交割单等
退休和遗产记录	养老金计划信息、退休账户结算单、财产公证书、遗嘱等

（二）非个人原始财务信息的记录

就像每本书都有目录一样，种类繁多的原始财务信息也需要通过后期加工编制目录，即通常意义上的记账。非原始财务信息是自己进行了简单的提炼和综合后的信息，可以对每笔收入和支出都记录，即记流水账。收入应分类别登记，比如工资、奖金、稿费等。支出应进行详细登记，因为不管对于个人还是家庭来说，相对于企业，主要还是消费单位，不能把企业的记账模式完全照搬，所以支出登记要分门别类，比如购置生活用品的支出、大件消费品的支出、交通工具维修支出、购买金融产品支出等，要详细具体，落实到何年何月何事支出多少，这样就可以对自己的支出情况有一个清晰的概念，便于对支出情况进行监督，及时总结经验教训和进行调整。

通过以下5个步骤，我们能轻松建立有序的财务生活。

1.挑出重要的个人财务文件

经常有人会找不到一些重要的个人财务文件，这是因为我们往往有太多的个人财务文件及资料，又不可能把它们全部保存下来。所以首先我们要做的就是学会识别哪些是我们需要的文件，而对那些不需要的文件则可以处理掉。为了防止一些个人信息被别人恶意使用，最好将那些含有个人姓名、身份证号码等个人信息的文件销毁。

2.找到合适的系统或方法存放

我们可以将所需保存的文件分为三类，对不同的文件采取不同的存放方法。

一是当前年度的相关文件，比如当前年度的银行或投资对账单、信用卡账单及各种费用收据等，将之放在方便取阅的地方。

二是近期不需要但将来需要的文件，如往年的银行或投资对账单、完税凭证的复印件、保险合同及其他我们认为将来可能用到的财务文件。

三是不可替代的文件，将那些不易补办的文件放在保险箱内，如出生证、结婚证、护照、股东卡等。

我们也可以将主要财产资料拍照以及录入电子文件，保存在电脑上，如图2-2所示。

3.制作一个清单

最好将所有的银行、保险及投资账户的账号、密码及中介的联系方式一并记录下来，把这份清单放在亲戚或可信任的好友那里，或者以电子文档的形式放在电脑里安全的地方，以备将来需要的时候亲戚或朋友可根据指示找到它。

4.留意收到的邮件

除了办公业务和广告等，我们的电子邮箱大多塞满了信用卡账单。因此最好有个分类处理的方法，并将之融入日常事务中，比如采用电子付款系统等。即使我们不用电子付款系统，也最好在收到账单的时候将

家庭档案

1. 个人和职业记录	2. 资金管理记录
3. 纳税记录	4. 理财服务记录
5. 信用记录	6. 个人消费记录
7. 房产记录	8. 保险和健康记录
9. 投资记录	10. 遗产和退休记录

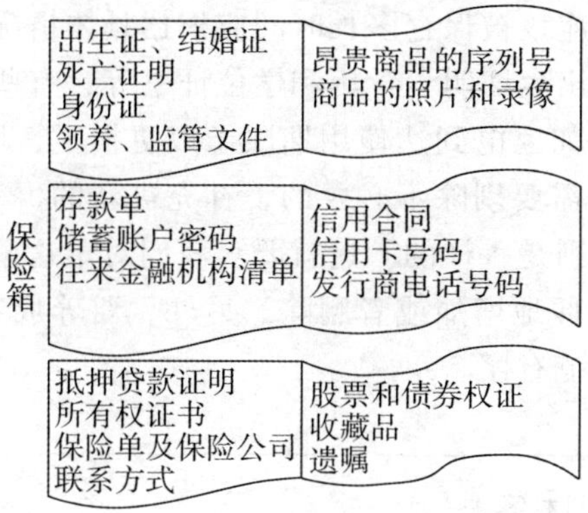

个人计算机体系

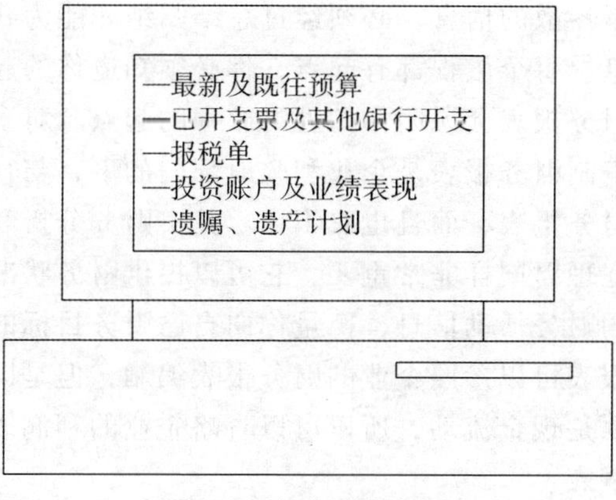

图 2–2 保存财务记录

它们记录在日历上，并在还款日期上标注数量及收款方，以免将来有任何遗漏。

5.充分利用现代信息技术

现代信息技术可以使我们大大减少必须保存的纸质财务文件。比如，将一些重要文件扫描起来存放在电脑里，或使用电子付款系统及自动还款系统，当然我们还可以使用各种理财软件。它们不但能使我们节省花在处理这些纸质文件上的时间，而且能确保我们及时付款，甚至提前告知我们账户上是否有足够的钱还款。

这些理财记录应该被保存多长时间应根据具体情况加以区别，有些需要永久保存，如出生证明、学历和学位证书等；有些则需要按照财产的状态进行调整，如家电到达使用期限予以更换了，则相应的保修卡、发票就不需要了，需要剔除不必要的，补充进新的。对于其他的记录，如投资记录等，原则是一样的。这就要求我们对于这些记录的保存有固定的载体，便于方便地增加或者删除。另外，要养成定期整理的习惯，保持理财记录的规范有序。

第二节　个人财务报表

理财记录是零散的信息，必须经过总结归纳才能为我们的理财活动提供有效的信息。每个旅程都有起点，你必须知道你的起点，然后才能启程，而个人财务报表会说明你的理财旅程的起点。对多数人来说，进行财务分析和编制财务报表是企业和政府部门的事，与自己无关，自己不仅不会编制财务报表，而且也看不懂。其实财务分析和财务报表的编制对个人和家庭理财同样非常重要，它可以提供财务状况和收入支出的信息，记录你的财务活动信息，衡量你向自己财务目标的进展。

个人财务报表可以参照企业的财务报表编制，但是因为个人或家庭的财务活动主要是现金流动，所以可以省略企业的利润表，只做资产负债表和现金流量表。

一、个人资产负债表

（一）含义

个人资产负债表是指报告个人在某一时点的资产和负债状况的财务

报表，又称净资产表。资产负债表说明你某一时点（如1月1日、3月31日等）的财务状况如何，是个存量指标，它并不揭示你的资产和负债是如何形成的，只是告诉你目前的结果，所以资产负债表显示的是静态数据。

资产负债表的作用在于：一是反映资产及其分布状况；二是表明所承担的债务及其偿还时间；三是反映净资产及其形成原因；四是反映未来财务状况发展趋势。

（二）计算公式

对于个人，资产的计算公式为：

资产余额（你的所有资产）–负债余额（你的债务）=净资产（你的财富）

如果你的资产是10 000元，负债是6 000元，那么你的净资产就是4 000元。

编制资产负债表就是要确定资产、负债和净资产这三项，并且把相应的项目归类到三者中的某一项中去的工作。对于资产负债表，以上的等式是永远成立的，由这个等式而来的数据可以确定个人目前的财务状况。

（三）资产负债表的编制

个人资产负债表包括三大块，即资产、负债和净资产，所以个人资产负债表的编制可以分三步，如图2–3所示。

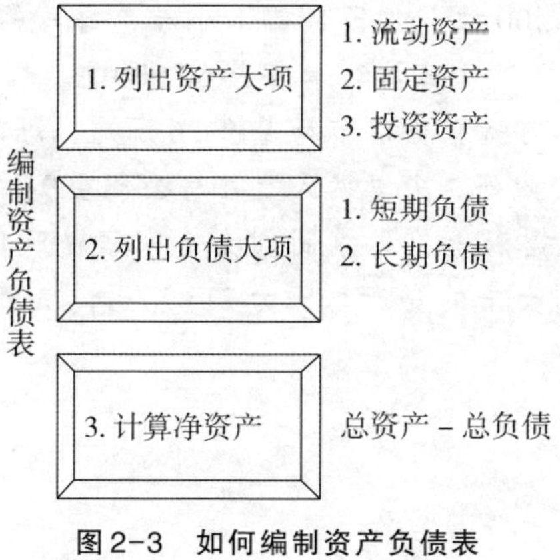

图2–3　如何编制资产负债表

第一步，列出资产大项，按资产的流动性分类，包括流动资产、固定资产、投资资产。具体地，流动资产项目下可以包含现金、银行存款等；固定资产包含住房、汽车、耐用消费品（如家电、家具）等；投资资产包含股票、基金、债券等。当然，也可以按照现金及现金等价物、其他金融资产、个人资产等来分类。要注意的是，资产的价值并非一成不变，会随着时间推移和市场的波动而发生变化，所以应该按照编制资产负债表当时的实际价值计算。

第二步，列出负债大项，以一年为界，分为短期负债和长期负债。短期负债包含应交公共事业费、应付信用卡等；长期负债则包括汽车贷款、住房贷款等。

第三步，计算净资产，净资产是总资产减去总负债所剩余的部分。负债包括房贷、车贷、信用卡未还的金额等。净资产的重要性在于，让每个家庭在了解了自己拥有多少可支配的财产以后再实施投资计划。家庭净资产的规模是个人理财的出发点，净资产规模是实现购房、教育、退休、旅游等计划的基础。所以每个人都要像定期对汽车或身体进行检查一样，定期（如每半年）了解自己家庭的净资产及其增长情况，这对个人成功理财是有力的保证。

【例2-1】刘女士今年38岁，与丈夫同在某单位工作。家庭月收入为9 200元，丈夫每季度有6 000元至8 000元的奖金，年终奖为10 000元左右。每月家庭支出主要为日常衣食3 000元、交通费1 000元、通信费300元、医药费200元。儿子目前上小学，每月的教育费支出约500元。每年计划旅游一次。家庭现有存款60 000元、国债50 000元、信托产品50 000元。目前持有货币市场基金26万元、短期债券基金6万元、股票基金16万元。此外，夫妻两人有住房公积金9万元，住房一套，现价约140万元。根据以上信息编制刘女士家庭资产负债表，见表2-2。它表示的是目前刘女士的资产总额为213万元，负债总额为0，净资产为213万元。

表 2-2　　　　　　　　刘女士家庭资产负债表　　　　　　　　单位：元

资　产		负债及净资产	
项目	金额	项目	金额
现金及活期存款	60 000	负债	0
国债	50 000	净资产	2 130 000
信托产品	50 000		
货币市场基金	260 000		
短期债券基金	60 000		
股票基金	160 000		
住房公积金	90 000		
住房	1 400 000		
合计	2 130 000	合计	2 130 000

（四）个人资产负债表分析

资产说明的是个人现在占有和能够使用的资源，但是净资产的理论含义是个人将其所有资产出售和所有债务偿还后的现金价值，因此净资产比资产更能说明个人当前的财务状况。

资产、净资产和负债之间的关系可以有几种不同的表述方式，分别代表了不同角度的认识：

资产-负债=净资产　　　　（公式 2-1）

资产=净资产+负债　　　　（公式 2-2）

负债=资产-净资产　　　　（公式 2-3）

公式 2-1 考虑的是个人拥有资源的规模，强调的是这些资源的所有权的归属。

公式 2-2 揭示的是个人的经济规模，即目前拥有的资源总量，而不管这些资源的来源。

公式 2-3 揭示的是在个人目前正在使用的资源中，哪些是不属于自己的。

事实上，这 3 个角度对于认识个人财务状况都是有益的。

如果净资产是负数，就意味着资不抵债，处于破产状态（我国目前还没有个人破产制度）。需指出的是，要把超前消费和破产区分开。通过借贷超前消费时，个人的净资产可能是负数，但只要其未来的收入能够偿还债务，则不存在资不抵债导致破产的情况。

增加净资产的主要方法就是开源节流，包括：增加储蓄、减少消费、增加投资及其他物品的价值、减少负债。

资产负债表的评价指标主要是资产负债率，即负债与资产的比率，负债所占资产份额越低，说明资产质量越好。其公式为：

资产负债率=负债/资产

若比率=1，说明资产等于负债，此时净资产为0；

若比率<1，说明资产大于负债，此时净资产为正，可以考虑投资；

若比率>1，说明资产小于负债，此时净资产为负，资不抵债，存在财务危机。

在例2-1中，刘女士的资产负债率为0，没有任何负债，并且流动资产和投资资产占了很大比例，说明资产状况很好。

通过分析个人资产负债率，可以给我们一些启示：

①考查自己的收入水平、个人的收入负债比有多大，当收入与负债比超过一定范围时，应该引起注意，适当减少一些个人债务，以免形成债务压力。

②根据债务的偿还期限、偿还能力，尽量将自己的债务长中短期相结合，避免将还债期集中在一起，到时自己无力偿还。

③考查债务的用途、收益，高风险投入的债务以少为好，有稳定收益的可以多借些，没有收益、消费性的借债以长期为好。

二、个人现金流量表

资产负债表反映的是在某一固定时点的资产和负债情况，是一种静态情况的反映。它的编制可以一年一次，至于平时的动态反映，则通过一个月编制一次的现金流量表进行，它揭示了资产和负债是如何形成的。

（一）含义

现金流量表是指概括个人或家庭某段时间内现金收入和支出的财务

报表，又称现金收支表，如在一个月之内或是一年之内个人的现金流入和流出。编制现金流量表的目的是，揭示个人或家庭生成现金的能力和时间分布，以利于正确进行消费和投资决策。如果把现金看作日常财务活动的“血液”，那么现金流量表就好比“验血报告”。个人日常理财的好坏，从这份报告中可以有个初步判断。因为从其他财务报表中，只能掌握现金的静态情况，而现金流量表反映了现金的动态情况。

（二）计算公式

现金流量表的计算公式为：

既定时间段的现金流入-既定时间段的现金流出=净现金流量（结余）

（三）现金流量表的编制

和个人资产负债表一样，现金流量表也包含3块：总收入、总支出、净现金流量，其编制也可分为3步，如图2-4所示。

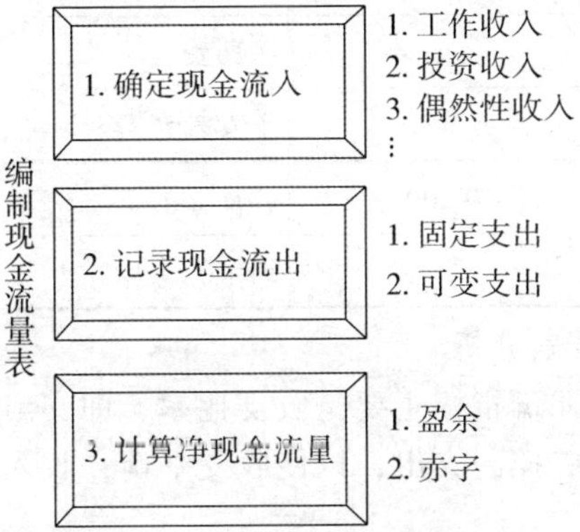

图2-4　如何编制现金流量表

第一步，确定现金流入（收入），包括工资、奖金、利息收入、股票分红等。

第二步，记录现金流出（支出），包括固定支出和可变支出。固定支出如房租、住房贷款月供、公共事业费、每月投资基金支出等，可变支出如买衣服的支出、购买礼品支出、购置家电支出等，支出因人而异，可以包含不同内容。

第三步，计算净现金流量，净现金流量等于现金流入减去现金流出。

若净现金流量>0，表示个人日常有一定的积累。

若净现金流量=0，表示个人日常收入与支出平衡，日常无积累。

若净现金流量<0，表示个人日常入不敷出，要动用原有的积蓄或借债。

根据例2-1中给出的情况，编制现金流量表见表2-3。

表2-3 **刘女士的现金流量表（月度）** 单位：元

收入		支出	
项目	金额	项目	金额
工资	9 200	衣食	3 000
		交通费	1 000
		通信费	300
		医药费	200
		子女教育费	500
合计	9 200	合计	5 000
		结余	4 200

（四）现金流量表分析

现金流量表的评价指标主要是收支比率，即支出与收入的比率，支出大于收入，说明应控制支出，以使收支平衡；收入大于支出，说明可以进行投资。

通过现金流量表，我们可以了解个人某段时期的财务状况，对于个人收支平衡的控制，有以下途径：

（1）增加收入的来源和渠道，即“开源”。

（2）减少盲目消费和不合理消费，即“节流”。

三、资产负债表和现金流量表的关系和应用

资产负债表和现金流量表分别说明了个人某个时点和时期的财务状况，实际上两者之间是互为结果的。两个时点之间资产负债表净资产变动的原因，正是通过该时期现金流量表来揭示的。例如，在1月1日、6月30日和12月31日分别编制资产负债表，这些时点的现金流量表能记

录你的实际消费和储蓄，如图2–5所示。

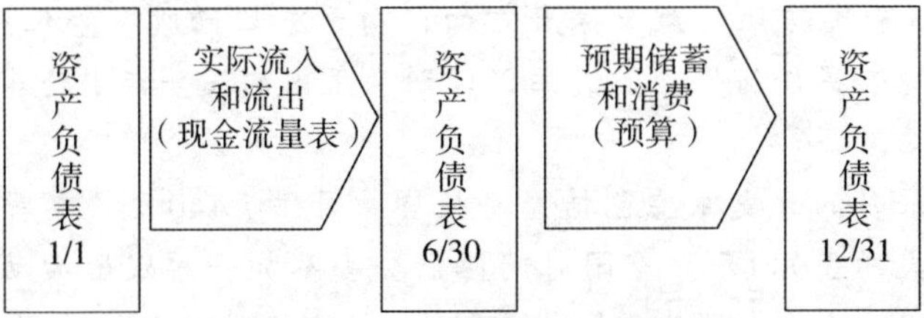

图2–5 利用资产负债表和现金流量表进行规划

净资产的变化是现金流入和流出相互作用的结果。当现金流出大于现金流入时，必须动用储蓄或者举借债务。这时，资产减少（储蓄）或负债增加（信用）将导致净资产缩小。流入大于支出时，将现金存入银行或者偿还债务会增加净资产。所以，现金流量表和资产负债表之间的关系可以用表2–4表示。

表2–4 **现金流量表和资产负债表的关系**

现金流量表	资产负债表
如果现金流入>现金流出	净资产增加
如果现金流入<现金流出	净资产减少

资料2–1

个人财务报表编制实例

一、个人财务状况

郭女士今年28岁，是某银行信贷部的副主任，虽然工作相对比较稳定，但是竞争日益激烈。她的爱人王先生任职于一家大型国企，尽管各方面的福利都很不错，但要想薪水再有大的提高也非常困难。

郭女士夫妇都是独生子女，郭女士每年的税后收入大约为8万元（基本工资和奖金），王先生每年的税后收入为10万元。双方的父母都已退休，且单位有较好的退休福利，均不需要郭女士夫妇有过多的照顾。

二人现在的住房购买时房款总额为140万元，首付100万元，其余40万元通过住房公积金贷款，贷款年限为5年，采用的是等额本息还款方式，每月还款额为7 440元，夫妇俩有3年期定期存款10万元，还有半年到期，活期存款5万元。另外夫妇俩还拥有10万元王先生公司的股票，3年内不能转让。商业保险方面，由于夫妇俩所在单位福利较好，所以自己均未买任何保险。夫妇俩计划两年内购买一辆小轿车，价位在15万元左右。

家庭每月的开支主要包括：房屋贷款月供7 440元，车费2 000元，其他费用大约3 000元。空闲时间他们会去参加一些娱乐活动，一年费用在10 000元左右，预期1年内没有什么大的开支。

根据以上资料，编制郭女士家庭资产负债表，见表2-5

表2-5 **家庭资产负债表** 单位：元

客户：郭女士和王先生家庭 日期：20×2-06-14

资产	金额	负债与净资产	金额
金融资产		负债	
现金与现金等价物		信用卡透支	
活期存款	50 000	住房贷款	400 000
定期存款	100 000	负债合计	400 000
现金与现金等价物小计	150 000		
其他金融资产			
股票	100 000		
保险理财产品			
其他金融资产小计	100 000		
金融资产小计	250 000	净资产	1 250 000
实物资产			
自住房	1 400 000		
实物资产小计	1 400 000		
资产总计	1 650 000	负债与净资产总计	1 650 000

二、财务状况分析

郭女士家庭属于中等收入家庭，控制支出的能力不错，但资产增值能力较低，不能有效地积累财富。另外郭女士和王先生尽管还没有小孩，但是都有年老的父母，应为自己购买足够的保险以转移风险，保障家人的生活。由于郭女士和王先生所在行业整体的薪酬变动并不大，因此建议积小钱成大钱。

根据上文资料，编制郭女士家庭现金流量表，见表2–7。

表2–7 **家庭现金流量表** 单位：元

客户：郭女士和王先生家庭 日期：20×1–06–14至20×2–06–14

年收入	金额	百分比	年支出	金额	百分比
工资和薪金			房屋按揭还贷	89 280	56%
王先生	100 000	56%	日常生活支出	60 000	38%
郭女士	80 000	44%	商业保险费用		
投资收入			休闲和娱乐	10 000	6%
			其他		
			其他支出		
收入总计	180 000	100%	支出总计	159 280	100%
年结余	20 720				

规划一：现金规划

郭女士在银行工作，对银行非常信任，但是也没有必要把大量的钱放在银行里存活期和定期，而且郭女士和她先生的收入都比较稳定，所以身边的现金够一个月开支就行，另外留两个月的支出备用，其余的钱可以以货币型基金的形式存在。

规划二：保险规划

郭女士夫妇的商业保险规划明显不足，需要再给夫妇俩购买一些保险，主要是寿险、重大疾病险和意外险。特别是郭女士在银行信贷科工作，不可避免地要经常陪客户，应酬较多，对身体的损害较大，而且经常在外边跑，不可预测的事情太多。因此，重大疾病险和意外险对于郭女士来说尤其重要。建议郭女士保费每年支出约为1.5万元左右，今年的保费由现有的活期存款支付。

规划三：消费规划

郭女士夫妇在银行有存款，又有贷款，这是非常不划算的。目前，5年期住房公积金贷款利率为3.25%，而活期存款利率为0.35%左右，郭女士把大量余钱以存款的方式存在银行，等于每年白白损失将近3%的利息。由于郭女士没有大额支出计划，选择提前还贷不失为一个明智的选择，至少可以少付大笔的利息，省得一方面在银行工作赚取工资，另一方面又给银行付那么多不必要的利息，为银行“白打工”。

对于夫妇俩的买车计划，由于目前贷款利率很高，所以建议郭女士夫妇在定期存款到期还清住房贷款之后，积累到购车款后再考虑买车。由于车款不是很多，可以采取一次付清的方式。

规划四：教育规划

郭女士所在的银行业竞争日益激烈，知识更新也很快，而且银行的盈利模式也正在慢慢发生转变，已经由存贷利差逐渐转向个人零售业务。为了能在职场上更顺利地发展，能走得更远，郭女士可以考虑进修，给自己充电。进修的方式有很多种，考虑到郭女士为银行信贷部的副主任，结合目前市场的情况，建议郭女士进一步学习相关业务知识，比如报一个国家理财规划师的培训班，花费1.2万元左右，这样一来，可以使自己学到很多的知识，一方面为自己服务，另一方面可以在以后为客户提供一些增值的服务，增强自己的竞争力。

规划五：投资规划

郭女士家庭承受风险的能力较强，因此，建议郭女士每月拿出3 000元通过定期定额方式投资偏股票型基金。因为偏股票型基金主要投资股票，其短期内波动相对较大，但从长期看是个不错的选择。在选择基金时，要注意选择具有一定品牌、以往业绩较好的基金公司，这样相对风险较小，又有机会获取较高的投资收益。

资料来源：董华香. 银行职员多“资”多“财”的生活之道［J］. 卓越理财，2006（7）：56-57. 此处有修改.

第三节 个人预算

一、个人预算规划的含义

记账只是起步，是为了更好地预算。预算是指根据个人生活和财务目标，制订投资理财的计划，将财务安排提前确定。个人预算规划就是对个人的开支、消费、投资的目标达到什么样的状况进行统筹安排。通过制订良好的计划及实施，可以达到最有效地利用财务资源的效果。由于家庭收入基本固定，因此家庭预算主要就是做好支出预算。支出预算又分为可控制预算和不可控制预算，诸如房租、公用事业费用、房贷利息等都是不可控制预算。每月的家用、交际、交通等费用则是可控的，要对这些支出好好筹划，合理、有计划地花钱，使每月可用于投资的节余稳定在同一水平上，这样才能更快捷高效地实现理财目标。

不少人认为投资规划和收支预算是有钱人的事情，这其实是错误的看法。无论是贫穷还是富有，都需要用积极的态度和办法控制自己的收入与支出，改善自己的财务状况。有了个人预算管理，才能谈得上理性的、系统的个人理财，才能谈得上个人资本的快速扩张。所以不要认为自己钱少而忽视预算管理，相反，正是预算管理才能使人较快地摆脱钱少的窘境。

二、个人预算的意义

预算是成功理财的第一步。做预算的主要作用是帮助我们做到收支平衡，避免负债，同时实现理财目标，准备应急之需以及培养良好的理财习惯。另外，预算能把常见的财务问题（如滥用信用、缺乏常规储蓄规划等）的发生概率降至最低。预算的意义有以下几个方面：

（1）实现收支平衡。通过制定预算，能够将未来的收入与支出进行合理安排，在实现之前就做到收支平衡。

（2）理智消费，建立约束机制，避免盲目性和随意性，提高财务资源的效率。

（3）提供理财目标和实施步骤。预算能将实现理财目标的过程具体化，将财务资源分配及目标达成时间一一细化，为我们实现个人理财目标提供切实可行的操作指示。

（4）为经济紧急事件做好准备。未来难以预测，紧急情况随时可能发生，在进行预算的时候就考虑到这一点，制订应急财务计划，留足紧急备用金，以备不时之需。

（5）养成良好的财务管理习惯。预算的实质是一个较为详尽的财务计划。监控各项收支，未雨绸缪，提前做好计划并随时进行监督，能够培养个人理财的良好习惯，为将来作出正确的理财决策打下坚实的基础。

做预算只是第一步，根据所做预算，我们可以划出自己“必要”的开支、“可有可无”的开支和“不该发生”的开支。对于必要的开支心中有数了，以后就能分出部分收入进行储蓄或投资；“可有可无”的开支尽量减少，坚决杜绝“不该发生”的开支。

三、编制个人预算的步骤

在编制个人预算时应遵循以下3个原则：（1）先满足基本生活需要；（2）储蓄和保险必不可少；（3）注重增长性。在这3个原则的约束下可编制出切实可行的预算方案。

预算规划流程可以如图2-6所示。

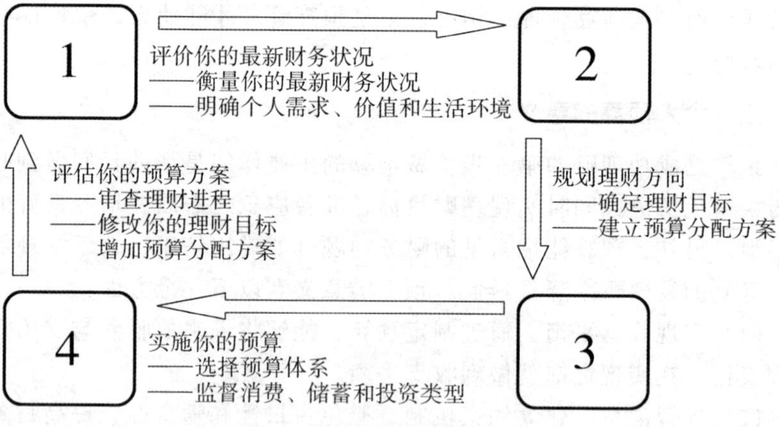

图2-6　预算规划的流程图

具体来说，编制个人预算包括以下7个步骤（编制实例请参看表2-8）。

表 2-8 **月预算计划表** 单位：元

理财目标	预算金额	完成比例 (%)	实际金额	差异
预期收入				
工资	5 000	100	5 000	0
其他收入	0	0	0	0
总收入	5 000	100	5 000	0
预期流出（资金分配）				
定期存款	200	7	200	0
投资储蓄	300	10	400	+100
紧急备用储蓄	200	7	150	−50
其他储蓄	0	0	0	0
总储蓄	700	24	750	+50
固定支出				
租金	1 250	8	1 250	0
抵押贷款	750	25	750	0
保险支出	300	10	300	0
固定支出总额	2 300	43	2 300	0
可变支出				
食物	750	8	850	+100
公用支出	120	4	150	+30
服装	200	7	150	−50
交通费	80	3	80	0
教育	150	5	100	−50
休闲娱乐	100	3	200	+100
其他支出	100	3	120	+20
可变支出总额	1 500	33	1 600	+100
总流出	4 500	100	4 650	+150

第一步：确定理财目标（→ 理财目标）

第二步：预测收入来源，并将收入在各种流出项目中进行分配（→ 总收入）

第三步：分配紧急备用金、定期支出以及理财目标等资金（→ 储蓄各项）

第四步：为必须支出的费用预留资金（→ 固定支出各项）

第五步：各种家庭和生活费用等支出的预留费用（→ 可变支出各项）

第六步：记录实际资金流出和流入，将实际金额与预算金额进行比较计算（→ 差异）

第七步：评估是否需要修改消费和投资计划（→ 总流出差异）

1. 确定理财目标

对未来的规划对理财方向起着重要的影响。理财目标是对未来活动的规划，它要求对消费、储蓄和投资进行计划。第一章中我们已经详细阐述了理财目标应如何设定，资产负债表和现金流量表能帮助了解目前的财务状况，确定切实可行的理财目标。

2. 预测收入

通常预算收入的时间是一个月，因为许多支出都是每月结清的。在确定可支配收入时，应该只计算那些肯定能得到的收入，各种分红、礼品或意料之外的收入在没有实际收到之前不应考虑在内。如果你每月得到一次收入，那么计算比较容易，但是如果每月取得多次收入，则必须规划每次收入应该支付哪些费用。如果收入根据季节不同而有变化，那么可以按照过去一年的状况来对未来一年的情况进行预测。在预测时采取相对保守的方式要更稳妥一些，这样可以避免对财务资源作出过于乐观的估计，从而因支出过度而陷入财务困境。

3.规划紧急准备金和储蓄

为了应付未预测到的支出和保证未来的财务安全，在预算中要准备储蓄和投资项目，同时手中应该保留一部分的备用现金。专家建议，手中的备用现金应该能够应付3~6个月的生活费用支出。当然备用金的数量可以根据个人的生活状况和就业稳定性程度而有所变化。3个月的备用金对拥有稳定工作和收入的人是适用的，但是对只拥有临时性工作的人，则应该有足够应付6个月生活支出的备用金。

4.固定开支预算

对固定开支的估算是预算的一个重要组成部分，通常个人的固定支出包括房租、纳税、借款偿付、保险费等项目。

5.可变开支预算

对变动支出的预算相对困难一些，变动支出随家庭状况、时间、健康、经济条件以及其他因素的变化而波动。当然，要一分钱也不花费、完全没有娱乐，那是不可能的，如果这样，一个正常的人也会变成呆子的。所以预留一定的消遣费用是很重要的。这一部分的支出占个人支出的比例往往对理财有重大影响。

6.记录消费金额

明确消费计划之后，要对实际的收支情况进行记录，将实际发生的数据填到预算计划表相应的位置。通过对实际消费与预算金额的比较将直观地了解自己理财的效果。收入差异应该是支出差异的相反数。收入小于预期会发生赤字，收入大于预期会出现盈余。某个项目的超支可以用减少另一个项目的消费或储蓄的减少来平衡，不过或许应该修改预算和理财目标。如果出现了赤字的话，就显示该月的收入不足以全数缴付所有支出。不必对此大为惊恐，因为预算的目的正是要找出这些理财的关口，预防入不敷出时的窘困。如果哪个月份入不敷出，可以考虑一下削减其他的支出，或把已经有的投资套现，或通过借贷来弥补有关的赤字。如果全年的预算是一个平衡预算或盈余预算，一时的赤字可视为暂时的现象，待日后支出恢复正常时，财务将再度平衡或出现盈余。

7.定期检查并修订预算计划

和大多数决策活动一样，预算是持续的、循环往复的过程，必须定期检查并根据实际情况修改消费计划。预算的结果很简单，要么账户里有多余的现金，要么没能及时支付账单，或者是其他情况。不过简单的结果有时并不是显而易见的，有时必须对那些实际消费与预期存在差异的部分进行检讨和总结。总结能帮助了解可能需要改变预算的地方，检查对成功的短期资金管理和长期理财安全都至关重要。

那么，当预算出现短缺时应该缩减哪方面的开支呢？不同的家庭环境带来的答案也不一致，最常见的超支项目是娱乐和饮食开支，特别是外出旅游或者就餐。调整预算的常见手段包括购买价格略低的品牌商品、购买高质量的二手产品、租借而非购买某些使用频率不高的高档商品，等等。回顾预算时，可能需要修改理财目标，此时建立有效的节约方法可能是最关键的。

在表2-8的预算编制实例中我们可以看到，其实际收入与预算相符，但在支出方面就超出了预算，主要原因是没能控制住可变支出，致使超支150元。总体来说，该月度的预算执行情况还算不错，超支数额不大，下个月少出去聚餐一两次就能弥补这一赤字。

另外，在编制预算的过程中，还应考虑以下几点：

第一，生活成本的变化，应注意消费物价指数的变化。货币的购买能力会随着时间的变动而发生变化，在通货膨胀的情形下，消费者购买同样数量的物品未来要比现在花费更多的钱。

第二，生活成本的变化也随居住在何处以及购买何种物品而变化，居住在不同的地区，生活费用支出的比例是不一样的。同时，购买不同的物品，价格的变动也是不一样的。以中国的情形而言，耐用消费品的价格呈现逐步下降的趋势，如电视机、汽车的价格等；但是服务的价格，如理发，则呈现逐渐走高的趋势；房屋租金也是在逐步上涨的。

四、成功预算的要求

拥有财务预算并不能解决财务问题，但是能够对财务资源及资源的流向做到心中有数，一项预算只有在按其执行时才能够真正发挥作用。

收入、支出、目标的变化都需要在财务预算中有所反映。好的预算应具有以下的特征：

（1）良好的计划性。好的预算需要对未来有所计划，立足于现实，了解和预期切实可用的财务资源，在做预算时需要所涉及的人参与其中，这样做出来的预算才能够真正起到指导的作用。

（2）现实性。预算是建立在现实的基础之上的，预算的目的不是阻止享受生活，而是帮助在现有资源条件的限制之下，最大限度地去利用好这些资源。所以既不要因为做预算而有意地去削减正常的生活开支，也不要超出自己资源的限制，将预算的目标定得过高。如果只有中等收入，那么就不要将购买昂贵的汽车或出国旅游列入预算之中。

（3）灵活性。预算是对未来的财务计划，而未发生的事情总是存在变动的可能性，存在一定程度的不确定性。因此预算要留有一定的余地，能够随着生活支出的变化进行调整和修订。对于某些事件要有所预期，同时要有一定的措施，如疾病的发生就需要增加额外的费用。

（4）充分的沟通。在家庭范围内，预算的制定和执行都不是某一个人的事情，要和预算所涉及的人进行充分的沟通，只有大家都认同才执行该预算，否则预算是无法执行的。

另外，预算务必付诸书面，置于明显的地方，并持续追踪执行情况。如果将编好的预算锁在抽屉里，则一点也起不了作用。

思政课堂

培养良好的财务习惯

【思政元素】健康的财务生活习惯。

科学管理你的财务不是一件容易的事情，而且需要假以时日，你可以通过设置以下这些小目标帮助自己一步一步形成良好的财务习惯：

1.尝试每个月减少一项大额支出的5%～10%，比如，停止开车上下班，改为乘坐地铁或者公共汽车，一个月下来可以节省不少汽油费及停车费；或者减少订外卖的次数，这样不仅可以减少用餐的支出，而且更健康。

2.设置一个储蓄账户，为未来的大额支出储蓄一些钱，比如每个月发薪之后，固定存入薪水的1/10，日积月累就是一笔不小的钱，当发生大额支出时，这些储蓄金就会派上用场，不会打乱你的预算。

3.只有当你能确认每月有能力偿还时，才去使用信用卡支付。有的人会觉得刷卡时不会有付现金那样“我在花钱”的感觉，但请牢牢记住，刷卡之后是要付账单的，信用卡本身并不能让你变得富有。

4.信用卡是一种小额无抵押贷款，有一定的免息还款期，但如果你一直只偿还最低还款额，那么你就要付出更多的利息，长久下去你的财务可能会有麻烦。只有当你确定你的支付能力提升后再申请提升信用额度，并制订相应的还款计划。

5.避免被“推销”，不要因为打折或者“买一送一”就去购买便宜、但你并不需要的东西。当你用60元购买了原价100元的商品，并不是节省了40元，而是多花了60元。

6.坚持关注你的每一项花费和收入，量入为出，确保自己不会陷入债务。

7.如果想要改善自己的经济状况，除了“节流”之外，“开源”也是很重要的，你可以努力工作提高薪水，或者找一份收入更高的工作，或者卖掉自己不需要的物品。

8.阶段性奖励自己。坚持财务管理是一件长期的艰巨的工作，也是一项伟大的成就。每当你坚持达成一个目标，不妨给自己买一样小礼物鼓励自己的进步，譬如一个期待已久的手袋，或者一件T恤。

资料来源：佚名. 珍视信用系列之三形成良好的财务习惯［EB/OL］.［2009-11-11］. http://money.sohu.com/20091111/n268130634.shtml.此处有删减.

本章小结

1.个人财务管理活动主要有3个方面的内容：记录和保存个人财务记录和文件、根据记录的总结对目前的财务状况进行分析、在已有财务记录和分析的基础上对未来进行规划。

2.如果没有持续的、有条理的、准确的财务记录，要理好财是不可能的。因此，在开始理财之初，详细记录自己的财务情况是十分必要的。理财记录包括原始财务信息的保存与记录和非原始财务信息的记录。

3.理财记录是零散的信息，必须经过总结归纳才能为我们的理财活动提供有效的信息。个人财务报表可以提供有关现在的财务状况和收入支出的信息，记录财务活动信息，衡量向财务目标的进展情况。常见的个人财务报表包括资产负债表和现金流量表。

4.个人资产负债表是指报告个人在某一时点的资产和负债状况的财务报表，又称净资产表。个人资产负债表说明某一时点的财务状况如何，是个存量指标，它并不揭示资产和负债是如何形成的，只是告诉目前的结果，显示的是静态数据。个人资产负债表包括三大块，即资产、负债和净资产，所以个人资产负债表的编制可以分为三步：列出资产、列出负债、用资产减去负债得到净资产。个人资产负债表的评价指标主要是资产负债率，即负债与资产的比率，负债占资产份额越低，说明财富质量越好。

5.现金流量表是指概括个人某段时间内现金收入和支付的财务报表，又称现金收支表，如在一个月之内或是一年之内个人的现金流入和流出。现金流量表包含总收入、总支出和净现金流量三项内容。编制也可分为三步：列出收入、列出支出和计算净现金流量。现金流量表的评价指标主要是收支比率，即支出与收入的比率，支出大于收入，说明应控制支出，以使收支平衡；收入大于支出，说明可以进行投资。

6.预算是指根据个人生活和财务目标，制订投资理财的计划，将财务安排提前确定。个人财务预算就是对个人收入的开支、消费、投资的目标达到什么样的指标进行统筹安排。通过良好的预算及实施，可以达到最有效地利用财务资源的效果。在编制个人预算时应遵循先满足基本生活需要、储蓄和保险必不可少和注重增长性这3个原则。

7.编制个人预算包括确定理财目标、预测收入、规划紧急资金和储蓄、固定开支预算、可变开支预算、记录消费金额和定期检查并修改预算计划7个步骤。

复习思考题

一、简答题

1.保持理财记录和文件的有序存放有什么好处？

2.你对建立一个理财记录系统有什么建议？

3.保留理财记录和文件的时间长度受哪些因素的影响？

4. 编制个人财务报表的主要目的是什么？

5. 个人资产负债表如何揭示财务状况？

6. 如何利用个人资产负债表进行理财规划？

7. 现金流量表提供了什么信息？

8. 为什么要做个人预算？

9. 应如何编制个人预算？你做的预算是否成功？

二、案例分析题

1. 30岁的赵先生是一名会计，月工资4 700元。赵先生的奖金年底一次发放，4万元左右。赵先生的夫人是一家外贸公司的文员，月收入4 000元。两人四年前结婚，小孩于两年前出生。

夫妻俩年终奖合起来有6万元左右，年投资收益5 000元左右，家庭每月日常花销约4 500元，年家庭保险费用4 000元，其他费用3 000元。

二人有一套住房，市场价100万元，买入时没有贷款，对亲戚朋友还有20万元的欠款，需要未来的3年内还清，无须支付利息。

赵先生夫妇目前有活期存款2万元，基金市值3万元左右（本金投入4万元）。赵先生的夫人有一份10万元的重大疾病保险。

理财目标：

（1）夫妻二人对于基金的投资收益非常不满意，不想再购买基金了。

（2）如果有适合长线投资的股票，夫妻俩愿意尝试。

（3）希望换一套大一点的住房，总价在140万元左右，但不知何时换购比较合适。

（4）希望孩子的抚养教育费用有保障。

结合以上提供的情况回答以下问题：

（1）试编制赵先生的家庭资产负债表和年度现金流量表。

（2）对赵先生的家庭财务状况进行分析并作出评价。

（3）针对赵先生的理财目标，试提出理财建议并制订预算方案。

2. 张先生今年28岁，本科学历，有5年工作经验，有吸烟嗜好，父母均有退休金和医疗保障，身体健康，短期内无须照顾。此外，张先生最近正在谈恋爱，爱情开销较大。

基本财务状况：在一家外企从事财务工作，月平均收入6 000元，活期存款2 000元，5年期银行定期存款6 000元，股票市值40 000元，年终奖有10 000元左右。日常生活开销每月1 800元，交际费用每月3 200元。单位有社会养老保险和医疗保险，60岁时每月可领取1 200元退休金。无商业保险。

近期生活目标：打算两年后结婚，结婚时出国旅游，3年后要小孩。

投资偏好：风险偏好型。

（1）请完成下列张先生的资产负债表（表2-9）和现金流量表（表2-10）。

表2-9 **张先生的资产负债表** 单位：元

资产	金额	负债	金额
银行存款		负债总计	
股票			
资产总计		净资产总计	

表2-10 **张先生的现金流量表（年度）** 单位：元

年收入	金额	年支出	金额
工资		日常生活	
年终奖		交际费用	
收入合计		支出合计	
		结余	

（2）请对张先生的财务状况进行理财分析，并提出理财建议。

第三章

现金规划

第一节　现金规划的基本知识

一、现金的概念

在金融活动中，现金的含义实际上有广义和狭义两种。广义的现金通常包括狭义现金和现金等价物。狭义的现金一般包括持有的现金以及可以随时用于支付的存款。现金等价物则是指期限短、流动性强、易于转换成已知金额现金、价值变动风险较小的投资，一般包括支票账户、储蓄账户、货币市场账户、其他短期投资工具等。从本质上看，现金最重要的特征就是流动性强、方便支付，因此只要满足这一本质要求，能无损失或损失很少价值地转换为现金的，就可以视为现金。

在本章中只讨论狭义现金的规划，严格来说只针对个人持有的一般意义上的现金，至于存款、储蓄等现金等价物的规划，将放在以后的章节来学习。

二、现金规划的概念

现金规划是为满足个人或家庭短期需求而进行的对日常的现金及现金等价物及短期融资活动进行管理和安排的过程。

现金规划的目的在于确保有足够的资金来支付计划内和计划外的费用，并且使消费模式运行在预算之内。

从现金规划的内容来看，主要包括现金收入预算和现金支出计划，前者关注现金流入，而后者关注现金流出，其实质是保持流畅的个人或家庭现金流，避免出现周转不灵的现象。

在个人或家庭的理财规划中，现金规划既能够使所拥有的资产保持一定的流动性，满足个人或家庭支付日常费用的需要，又能够使流动性较强的资产保持一定的收益。一般来说，在现金规划中有这样一个原则，即：短期需求可以用手头的现金来满足，而未预期的或者将来的需求可以通过各种类型的储蓄或者短期投融资工具来满足。

一般来说，现金规划源于个人或家庭对资产流动性的需求，而流动性需求来源于3个动机，即交易动机、预防动机和投资动机，见表3-1。

表3-1 **持有现金的动机分析**

动机	含 义	影响因素
交易动机	为维持日常生活需要而持有现金	收入水平、消费偏好
预防动机	为应付紧急情况而持有现金	1.风险承担能力 2.举债能力 3.对现金流量预测的准确性
投资动机	为把握投资机会获得较大受益而持有现金	1.投资机会 2.风险偏好
说明	持有的现金总额并不等于各种动机相加，前者往往小于后者	

三、现金规划的作用

在个人理财规划中，现金规划有助于满足日常现金需要，作为商品经济社会不可或缺的重要元素，人们在生活中离不开现金。

现金规划同时可以满足计划外现金消费——紧急备用金的提留。紧急备用金作为家庭的现金流的缓冲池，为应付失业、生病等不时之需，紧急备用金一般为月支出的3～6倍。

现金规划有助于提高资金利用率。现金的持有确实能给生活带来许多便利，但也不是持有越多越好，持有现金的比例越大，资金盈利的机会成本就越高。

四、持有现金的机会成本

放在桌上的现金（cash on the table），是西方经济学家最常使用的隐喻，它喻指人们错过获利的机会。对于金融资产来说，通常流动性和回报率是反方向变化的。现金具有很高的流动性，因此它必将伴随着一定的机会成本。现金的机会成本在金融资产里一般被看作进行活期储蓄的所得。如果持有现金，在满足流动性需求的同时就意味着放弃收益。因此要对资本的流动性和收益性进行权衡。

第二节　货币的时间价值

人们常常说，现在的1元钱和1年后的1元钱的经济价值是不相等的，前者要大于后者，原因在于现在的1元钱在1年之后可以变成1元以上。因为如果把这1元钱用于投资，那么会有一个收益，这个收益就是时间价值。如果从投资者的角度看，投资就是将现时的消费推迟为未来的消费，而把1元钱用于投资而不是用于现时消费是要求报酬的，即1年之后用于消费的货币要多于现在用于消费的货币，其差额就是货币的时间价值。

一、货币的时间价值

所谓货币的时间价值，是指货币经历一定时间的投资和再投资所增加的价值。也就是说，货币用于投资并经历一定时间后会增值，其增值部分就是货币的时间价值。

资料3-1

时间的价值

陈小姐和张先生年纪相同，陈小姐在25岁即开始每年投资5 000

元，年均回报率假设为8%。陈小姐连续投资10年后，不再继续投资，但也没有取出任何投资资金，直至60岁，陈小姐投资本金总额为50 000元，而60岁时复利回报总金额为496 054元（投资年数35年）。

张先生在35岁才开始投资（晚了10年），同样每年投资5 000元，年均回报率也假设为8%。张先生持续投资25年从未间断，总本金投入125 000元，张先生60岁时其总复利回报为365 529元。两者相比，陈小姐只投入50 000元，总投资回报金额比张先生多出130 525元。这就是我们所说的“时间的价值”。

货币之所以有时间价值，有3个方面的原因：

（1）货币可用于投资，获得利息，从而在将来拥有更多的货币量。

（2）货币的购买力会因通货膨胀的影响而随时间改变。

（3）一般来说，未来的收入预期具有不确定性。

二、利率

（一）概念

利率是资金的使用价格，是因使用货币而支付（或挣到）的货币。利率常以百分率（%）、千分率（‰）或万分率（‱）表示，其计算公式可表示为：

$$利率=\frac{利息}{本金}\times 100\%$$

计算利息有3个基本要素：本金、利率和时间。利息的多少与这3个要素成正比关系：本金数量越大、利率越高、存放期越长，则利息越多；反之，利息就越少。

（二）单利与复利

单利是指只计算本金在投资期限内的时间价值（利息），而不计算利息所产生的利息。

复利是指在每经过一个计息期后，都要将所生利息加入本金后再计算下期的利息。这样，在每一计息期，上一个计息期的利息都要成为生息的本金，即以利生利，也就是俗称的“利滚利”。

其计算公式可表示为：

单利：$S=P(1+ni)$

复利：$F = P(1+i)^n$

式中：S为单利终值；F为复利终值；P为本金；I为利率；n为利率获取时间的整数倍。

例如，老王的存款账户上有100元，现在的年利率为3.06%，按单利计算，第1年末账户上的钱应该是：

S_1=100×（1+0.0306）=103.06（元）

第2年末，账户上的钱应该是：

S_2=100×（1+0.0306×2）=106.12（元）

依此类推，第n年年末的存款账户总额为：

S_n=100×（1+0.0306×n）

若将上述实例按复利计算，第1年末，账户上的钱是：

F_1=100×（1+0.0306）^{1}=103.06（元）

第2年末，账户上的钱应该是：

F_2=100×（1+0.0306）^{2}=106.21（元）

依此类推，第n年年末的存款账户总额为：

F_n=100×（1+0.0306）^{n}

如果有一笔利率是3%的10 000元存款，一年计息一次，那么你知道到期的单利与复利相差多少吗？有关比较请见表3-2。

表3-2 **单利、复利的比较** 单位：元

时间	单利	复利
1年	300	300
2年	600	609
3年	900	927.27
⋮	⋮	⋮
50年	15 000	33 839.06

资料3-2

神奇的复利

如果你现在30岁，投入股市10万元，假如每年赚20%，到60岁时你能拥有多少金钱？

答案是：2 373万元！

有这么多吗？你可能觉得惊讶。就是这么多！

怎么会呢？答案是：因为神奇的复利的力量。

复利，就是“利生利”“利长利”的意思。复利看起来很普通，很平常，但真正了解它在财务上的意义，真正理解它的真谛的人并不多。这不奇怪。一位世界闻名的大师，都深感震撼地评价道，复利是“前所未有的数学大发现”。这位大师不是股市投资专家，而是伟大的爱因斯坦。

复利产生力量的源泉有两个：一是收益率，收益率越高越好。同样是10万元，同样投资20年，如果每年赚10%，到期后金额是67.28万元；如果每年赚20%，到期后金额是383.38万元。可见差额巨大。如果收益率很低，比如3%或4%，那复利的效应要小得多。二是时间，时间越长越好。同样是10万元，按每年赚24%计算，如果投资10年，到期金额是85.94万元；如果投资20年，到期金额是738.64万元；如果投资30年，到期金额是6 348.20万元。可见，时间越长赚得越多。

了解了复利的神奇力量后，我们能得到哪些启示呢？

（1）要进行投资。收益率太低会大大影响复利的效应，所以，保持比较高的收益率是关键。怎么办呢？要进行投资，唯有进行投资才可能有比较高的收益率。

（2）要尽早投资。时间越长，复利的效应越大。我们要利用这种效应，就应该尽早地进行投资，而且越早越好。正确的做法是，如果有条件，从有了工资收入开始，就应该有投资理财的计划。

（3）要保持持续稳定的收益率。复利的原理告诉我们，保持适当的常年收益率，假以时日，就能够投资致富。多少收益率合适呢？通常来说，把目标设定为20%比较理想。根据市场行情，这个目标可做相应调整。个人投资者经过努力，这个目标是能够实现的。

（4）要防止大的亏损。复利的收益只有连续计算才有神奇的效应。这期间，如果有一两年收益平平还不要紧，就怕严重亏损。如果出现严重亏损，不但前功尽弃，而且复利的效应戛然而止，一切都得从头开始。要想利用复利的原理致富，就要谨记，千万不能有大的亏损。

资料来源：苏闻. 神奇的复利［N］. 经济日报，2005-09-20.

（三）利率的种类

1.名义利率和实际利率

名义利率是指借贷契约或有价证券载明的利率。实际利率是指名义利率减去通货膨胀率后的利率。实际利率通常有两种计算方法：一种是事后的实际利率，等于名义利率减实际的通货膨胀率；一种是事前的实际利率，即名义利率减去预期的通货膨胀率。

2.长期利率和短期利率

这种划分方式的依据是信用行为的期限长短。长期利率是指期限在一年以上的利率；短期利率是指期限在一年以内的利率。利率高低与期限长短、风险大小有直接的关系，一般而言，期限越长，风险越大，利率越高；反之利率越低。

3.年利率、月利率和日利率

这是根据计算利息的时间单位划分的。年利率是以年为时间单位计息，俗称“分”；月利率是以月为时间单位计息，俗称“厘”；日利率以日为时间单位计息，俗称“毫”。年利率、月利率和日利率之间的换算关系为：月利率乘12为年利率；日利率乘30为月利率。可按照这种换算关系，将年利率换算为月利率、月利率换算为日利率。

4.固定利率和浮动利率

其划分依据为借贷期内是否调整利率，固定利率是指在整个借贷期内，不随借贷资金供求变化而调整的利率，一般用于短期借贷；浮动利率是指在借贷期内随市场利率变化而定期调整的利率，一般由双方协商，一方在规定的时间依据某种市场利率进行调整，一般调整期为半年。浮动利率一般适用于长期贷款以及市场利率变动较为频繁的时期。

5.市场利率和官定利率

其划分依据为利率是否按市场规律自由变动。市场利率是指由借贷资金的供求关系决定的利率，这种利率与供求关系成反比。官定利率是由政府金融管理部门或者中央银行确定的利率，是政府实现宏观调节目标的一种政策手段。我国目前以官定利率为主。

三、现值和终值

终值又称将来值，是现在一定量现金在未来某一时点上的价值，俗称本利和，通常记作F。

现值又称本金，是指未来某一时点上的一定量现金折合到现在的价值，通常记作P。

单利计息方式下，利息的计算公式为：

$$I=Pni$$

单利计息方式下，终值的计算公式为：

$$F=P(1+ni)$$

单利现值与单利终值互为逆运算，其计算公式为：

$$P=F/(1+ni)$$

复利终值的计算公式为：

$$F=P(1+i)^n$$

式中，$(1+i)^n$简称“复利终值系数”，记作$(F/P,i,n)$。

复利现值与复利终值互为逆运算，其计算公式为：

$$P=F(1+i)^{-n}$$

式中，$(1+i)^{-n}$简称“复利现值系数”，记作$(P/F,i,n)$。

表3-3列示了不同投资方案的现值比较。

表3-3　**现值计算方法的应用：不同投资方案现值比较**　单位：元

甲方案			乙方案		
年份	每年年初投资额	现值	年份	每年年初投资额	现值
1	5 000	5 000.00	1	1 000	1 000.00
2	500	454.55	2	1 000	909.09
3	500	413.22	3	1 000	826.45
4	500	375.66	4	1 000	751.31
5	500	341.51	5	1 000	683.01
6	500	310.46	6	1 000	620.92
7	500	282.24	7	1 000	564.47
8	500	256.58	8	1 000	513.16
9	500	233.25	9	1 000	466.51
10	500	212.04	10	1 000	424.10
合计	9 500	7 879.51	合计	10 000	6 759.02

第三节　现金规划的内容

一、现金规划的基本思路

具体预留多少现金，每个家庭都会不同，主要根据是：

（1）风险偏好程度。风险偏好低的家庭，可以预留较多现金；反之则可预留较少现金。

（2）持有现金的机会成本。有些家庭有较好的理财渠道，持有现金所放弃的机会成本较高，则可以少预留一些现金。

（3）现金收入来源及稳定性。家庭中工作人数较多，工作稳定性佳，有其他收益并较稳定，如房屋租金等，则可以少留现金。

（4）现金支出渠道及稳定性。如果家庭开支稳定，意外大项支出较少，也可以少留现金。

（5）非现金资产的流动性。如果一个家庭除了现金外，其余大多是房产或实业投资等变现周期长的、变现价格不确定性高的、流动性差的资产，则需要多留一些现金。

我们可以通过进行现金流量分析来掌握现金收支的情况，这一般是通过编制现金流量表来实现的，该部分内容在第二章中已经进行了介绍。

我们有两种现金管理的备选策略：一种是建立较高的现金头寸，获得流动性，但牺牲一些收益；另一种是现金预留较少，如有需要，则通过变现其他类资产来获取现金。

无论采取何种策略，每个家庭都应至少预留够3～6个月使用的现金以应付日常生活开支。

二、现金财务比率衡量指标

一般而言，资产的流动性与收益性是反方向变化的。个人或家庭为了满足日常开支和预防突发事件，有必要持有足够的流动性较强的资产，但过强的流动性无疑会降低资产的收益能力。个人或家庭该留多少流动资产，我们可以通过一些财务指标更直观地进行衡量，其中最重要的是流动性比率。

流动性比率是个人或家庭的流动性资产与每月支出的比率，它反映个人或家庭支出能力的强弱。流动性资产是指在急用情况下能迅速变现而不会带来损失的资产，比如现金、活期存款、货币基金等。流动性比率的计算公式为：

$$流动性比率=\frac{流动性资产}{每月支出}$$

一般而言，流动性比率应保持在3~6为宜，即流动性资产可以满足3~6个月开支。如流动性比率过低，则意味着已出现财务危机的迹象，也就是常说的资金“断流”；流动性比率过高，则表明这个家庭中的闲置资金过多，不利于资金的保值增值，影响家庭理财收益的提高，也表明该家庭打理闲置资金能力的不足。

对于工作和收入比较稳定、相关福利和保险保障较为充分的个人或家庭而言，可以保持较低的流动性比率，将更多的流动性资产用于扩大投资、获取收益，反之则需保持较高的流动性比率。

三、根据收入来源进行规划

（一）受雇者（内勤上班族）

1.收入特点

上班族的收入特点是：收入稳定且稳步增长，但额外收入较少，福利保障较为充分。

2.理财策略

（1）开源节流，严格控制现金流量。因其收入较为稳定，所以主要精力应放在控制支出方面，同时在可能的条件下通过兼职等途径来开源。

（2）不能超负荷购置资产和负债，以免落入债务陷阱，最终导致资不抵债乃至破产。

（3）持有现金不宜过多，充分利用定额定期方式积累投资资产，获取长期的稳定收益。

（二）自营+受雇者（外勤创收族）

1.收入特点

这类人群的收入特点是：以佣金为主，受环境影响很大，收入波动大。

2.理财策略

（1）拟定不同收入状况下的收支和储蓄模式，增加防御能力。

（2）尤其应安排好紧急备用金。

（3）进行组合投资，在规避风险的同时尽可能获取收益。

（4）理财规划时注意职业生涯规划顺序。

（三）一般自营者（小本开店族）

1.收入特点

一般自营者的收入特点是：收入取决于经营状况，变动因素大。

2.理财策略

（1）科学选择投资项目，进行科学的财务规划。

（2）保持流畅的现金流，加快存货和应收账款的周转。

（四）专业自营者（医生、律师等）

1.收入特点

这类人群的收入特点是：收入较高，但不一定稳定。

2.理财策略

对于此类人群，最合适的理财策略为：维持高收入的同时积极理财，居安思危。

（五）小型私营业主

1.收入特点

小型私营业主的收入特点是：收入取决于经营状况，经营风险大。

2.理财策略

（1）严格区分企业与个人资金，尽量做到不互相占用。

（2）充分利用财务杠杆作用，有效防范风险。

（3）保持流畅的现金流，加快存货和应收账款的周转。

（六）大型私营业主

1.收入特点

大型私营业主的收入特点是：收入丰厚。

2. 理财策略

（1）由专业顾问进行理财规划。

（2）节税规划和遗产规划为重点规划内容。

（3）以信托方式理财。

（七）失业者

1. 收入特点

失业者的收入特点是：只有国家最基本生活保障。

2. 理财策略

（1）制订合理的家庭消费计划，严格控制消费支出。

（2）以持有现金或者活期储蓄的方式为主，增强资产流动性，以应付日常开支。

（3）尽可能安排好紧急备用金，以备不时之需。

（4）提升人力资本，创造再就业机会。

四、对支出去向的规划

对储蓄的累积而言，降低生活支出比增加工作收入的效果大。比如，对所得税边际税率为20%的人而言，增加1 000元的收入，税后只能增加800元，若支出不变，储蓄增加额则为800元。但若收入不变，支出减少1 000元，则储蓄就可以增加1 000元。可以下列方式降低生活支出：

（1）省吃俭用，少出外就餐，少买不必要的衣服，不买短期内用不着的东西。

（2）善用折扣，在打折时才购买，同样东西以较低价格取得。

（3）多用大众运输工具，如公交车、火车，可节省交通费。

（4）规定支出预算，大额消费或旅游应事先计划，按预算执行。

（5）使用公共资源，以逛公园、上图书馆的方式节省休闲支出。

现金的支出规划是满足生存、享乐、发展的需要。一般而言，可以结合上章的财务规划，将支出划分为可控的支出和不可控的支出。

应有收入=基础收入+购房贷款本息负担+退休金储蓄+教育金储蓄

基础收入=期待水准的生活费用需求×家庭人数

退休金储蓄=期待水准的生活费用需求×退休后生活年数

教育金储蓄=（未成年子女数×期待水准的教育费用）÷离子女上大学的年数×12

五、建立紧急备用金

紧急备用金是用来保障家庭发生的预料外支出。在有比较健全的保险保障的前提下，一般建议一个家庭预留3～6个月的生活开销作为家庭备用金。如果个人或家庭保险不足，套用这个公式就比较牵强了。但是仅仅考虑意外开销避免出现手头紧的话，预留6个月的生活开销作为家庭备用金基本上就可以了。

（一）紧急备用金的必要性

（1）应付失业或失能（因为意外身心遭受伤害，导致无法工作，在保险术语上称之为失能）导致的工作中断。我们每个人都会碰到意外收入突然减少，甚至中断，若没有一笔紧急备用金可以动用，则会陷入财务困境。例如，因为失业或失能导致收入中断，则会面临生活费用、买车或买房的月供款、房租等债务压力。

（2）应付紧急医疗或意外灾害导致的超支费用。因为紧急医疗或者意外灾害而导致的超支费用，这时也需要一笔紧急预备金来应付这些突发状况。

（3）应付短期资金流动性需求。假如有突发事件发生，需要大量资金，如果把资金都投入到收益较高的投资上去，而没有建立紧急准备金，就会导致我们不得不将投资变现，而将高收益投资临时变现将会付出巨大成本，并且大多投资还会损失掉大量的收益。因此，紧急备用金能够很好地防止这类损失的出现，保证自己在投资规划上的正常运作。

（二）如何建立紧急备用金

我们可以以两种方式来建立紧急备用金：一为流动性高的活期存款或短期定期存款；一为备用的贷款额度（如信用卡或典当）。其比较如下：

1.在机会成本方面的比较

以存款建立紧急备用金的机会成本是，因准备资金的流动性而可能无法达到长期投资的平均报酬率。以两者的报酬率差异5%计，这5%就是紧急备用金存款的机会成本。假设每个月固定支出为6 000元，准备5个月的支出为紧急备用金共30 000元，则一年5%的差异的机会成本为1 500元（30 000×5%）。若把所有的钱都拿去做长期投资，短期急用时抛售可能会有资本损失，因此以救急贷款来应付。若此时短期信用贷款的年利率为12%，额度亦为30 000元，则每月需付300元（30 000×12%÷12）的利息。因此若运用期达5个月，借款利息也达到1 500元。以存款作准备的机会成本是相对的，若当时投资环境不佳，持有现金才是上策，则机会成本可为0。若以贷款额度准备，一旦动用就要支付高利率的利息。当存款利率与短期信用贷款利率的差距越大时，以部分资金保留流动性，而以存款当紧急备用金的诱因就越大。因为紧急备用额度是支用才按日计息，因此利率虽高，但借用的日子不多，就可以用经常性收支余额还清，负担也不会太大。

2.两者搭配的方式

最好的方式是两者搭配，各作为紧急备用金的一部分。例如，月固定支出为5 000元，拟定的紧急备用金为6个月的固定支出30 000元，此时可以10 000元存为活期存款当作第一笔紧急备用金，另外再向银行设定紧急备用额度20 000元。可能有七成以上的机会，即使当月收入无法满足当月支出，10 000元的活期存款额度可以随时挪用应急，待有收支结余时再补回。也可能有三成以下的机会，一时的大笔支出连10 000元的存款余额也不够应付，此时就要用预先设定的备用额度，虽然支付较高的利息，但预料时间不会太长，整体来说此种搭配较为稳健。

资料3-3

现金规划实例

1.家庭基本信息

丈夫：32岁，私营业主，年收入约20万元，无任何保险。

妻子：28岁，小学教师，月薪5 000元左右，有社保，公积金1 000元/月。

支出情况：家庭日常支出4 500元/月，子女教育费用1 500元/月，养车支出1 500元/月。

资产状况：现金1万元，银行活期存款50万元，3年定期存款10万元，股票15万元，房产现市值75万元。轿车一辆15.2万元，无负债。

2.财务分析

现金规划是为了保证家庭的资金在具有较强的流动性的同时，其余暂时不需要的资金能够得到充分的运用。在个人或家庭的理财规划中，现金规划既能够使所拥有的资产保持一定的流动性，满足个人或家庭支付日常家庭费用的需要，又能够使流动性较强的资产保持一定的收益，甚至能明确地体现家庭收入和支出情况，同时达到合理规划家庭支出与收入之间的平衡。该家庭活期存款过多，收益性不强。

3.理财规划

（1）家庭生活费用支出规划。家庭每月支出共计7 500元，家庭一年的消费支出现金共计9万元左右，这一部分资金可以采用组合存款的方式，满足家庭每个月的现金支出，并保证了较强的流动性。建议的存款组合为：1万元现金+2万元活期存款+3万元3个月定期存款+3万元6个月定期存款。其中，1万元现金、2万元活期存款，至少可以满足家庭3个月的消费支出，配合以3个月、6个月的定期存款，保证了家庭现金流的连续，使其银行存款合理地运转起来。

（2）家庭紧急备用金规划。在满足了基本的家庭消费支出后，还需建立一个家庭紧急备用金账户。建议家庭紧急备用金预留3万元，采用货币市场基金形式，家庭在急需用资金的时候，可以通过赎回很快变现。同时单独设立妻子工资账户（每月5 000元），每年60 000元，作为家庭紧急备用金的补充。为了使应急备用金部分更为完善，可以办理一张银行信用卡，将每月的透支额度限定为5 000元。

（3）丈夫作为家庭经济支柱应该获得保险保障，建议视具体情况购买相应险种。

（4）将剩余的活期存款取出投入开放式基金，因为其可以随时赎回，在追求收益的同时能满足流动性需要。

第四节　其他规划对现金规划的影响

现金是理财的基础，现金规划是理财规划中的核心环节，其他的规划都会对现金规划产生一定的影响。了解其他规划对现金规划的影响，有利于现金规划的正确制定。

一、保险规划对现金规划的影响

购买保险要每月或每年交纳一定的保费，会带来一定的现金支出，但在发生意外情况时所获得的保险赔款有利于减轻财务危机的程度，如没有保险则需要动用很大一部分紧急备用金。表面看来两者所需的投入可以基本持平，只是投入时间有差异，但购买保险是一种预期支出，紧急备用金是一种波动性很大的意外支出。因此，购买保险可以通过保险理赔为现金规划节省很大一部分紧急备用金。

二、投资规划对现金规划的影响

不论投资的结果如何，都会对现金规划带来影响。现金规划的本质是对流动性进行规划，避免因手头流动资金不足导致损失；投资规划追求的是资金的增值，所以二者存在冲突。因此应该综合衡量风险和收益，择优选择。

三、税收筹划对现金规划的影响

税收筹划的成功与否会影响现金的支出，如果税收筹划比较成功，则可以降低收入支出表中的税务支出部分；如果税收筹划不成功甚至失败，则不会降低支出甚至还会增加支出（当被罚款的时候就会增加额外支出）。

还有其他一些规划，如房产规划、教育规划以及退休规划，它们也与现金规划紧密相关。对于一定的收入如何在房屋贷款、教育基金以及退休基金之间进行分配，是需要慎重考虑的重要问题。

思政课堂

央行提出构建开放型数字人民币生态

【思政元素】国家金融政策。

对于我国这样地域广阔、人口众多、地区发展差异较大的经济体，要让数字人民币充分普惠、可得，最优选择就是构建开放型数字人民币生态。中国人民银行领导9月8日在“2022中国（北京）数字金融论坛”上作以上表示。实践证明，“双层运营”架构是构建开放型数字人民币生态的最优方案。

在构建开放型数字人民币生态的过程中，首先，需要建立可持续发展的机制，注重市场经济中的制度安排，推动形成兼顾各方的利益平衡与商业激励机制，持续调动各方积极性，保持我国在央行数字货币领域的先发优势。

其次，要在尊重市场规律、市场主体的基础上，更好发挥央行的作用，用政策引导市场预期，用规划明确发展方向，用法治规范市场行为。在市场实践中，需要各方切实发挥合力、携手攻坚克难。在制度建设和管理过程中，既要注重融合，又要支持创新。“试点本身也是探索的过程，要积极运用新理念，凝聚新共识，服务新发展格局，最终目的是给人民带来实惠和便利。”

再次，分散决策、风险分担是市场经济的重要制度安排，与激励机制相辅相成。数字人民币要运用好这个规则，在“双层运营”架构下坚持权责对等，一方面，强化激励约束，避免权责不对称引发的各类机构行为扭曲和低效；另一方面，要实现自主决策、自担风险，提升数字人民币生态的稳健性。

据介绍，近几年，数字人民币研发试点各项工作扎实开展，数字人民币在北京冬奥会舞台上实现了精彩亮相，全新升级的数字人民币APP在各大应用市场正式上架，软硬件钱包成功落地，智能合约、无障碍适老化产品等取得重大进展，多层次产品体系初步形成。

其中，数字人民币智能合约已在消费红包、政府补贴、零售营销、预付资金管理等领域成功应用，取得良好效果。9月8日，人民银行数字货币研究所在“2022中国（北京）数字金融论坛”上正式发布数字人民币智能合约预付资金管理产品——“元管家”，可在预付消费服务场景防范商户挪用资金、保障用户权益。

未来推进数字人民币智能合约应用要注意三个方面：在支撑数字经济发展、服务营商环境建设和提升数字化治理能力方面切实发挥作用；坚持开放包容、公平竞争，在央行中心化管理和“双层运营”架构的原则下统筹推进，避免形成新的信息壁垒；注意制度衔接和剩余风险防范。

此外，在推进数字人民币生态建设方面，受理环境和应用场景拓展亟待破局，其中标准的统一和规范是关键所在。为了实现数字时代的

"钱同币、币同形"，要从信息交互、业务流程、技术规范等维度加快推进数字人民币体系的标准化建设。"具体来讲，要推动数字身份、报文规范、蓝牙和NFC等方面规范和标准的统一，实现数字人民币体系与传统电子支付工具的互联互通，让消费者可以'一码通扫'，商户也不用增加成本即可支持各类支付工具。为避免用户信息泄露，消除数据安全隐患，也需要统筹组织各方对相关技术进行升级加固，提升安全防护水平，保障支付的安全便捷。"

截至2022年8月31日，15个省（市）的试点地区累计交易笔数3.6亿笔、金额1 000.4亿元，支持数字人民币的商户门店数量超过560万个。

资料来源：彭扬，欧阳剑环. 央行提出构建开放型数字人民币生态［N］. 中国证券报，2022-09-09.此处有修改.

本章小结

1.现金规划是对家庭或者个人日常的、日复一日的现金及现金等价物进行管理的一项活动。现金规划的目的在于确保有足够的资金来支付计划内和计划外的费用，并且使消费模式运行在预算之内。

2.现金的机会成本在金融资产里一般被看作进行活期储蓄的所得。如果持有现金，就意味着放弃收益。因此要在资本的流动性和收益性之间进行权衡。

3.货币的时间价值，是指货币经历一定时间的投资和再投资所增加的价值。也就是说，货币用于投资并经历一定时间后会增值，其增值部分就是时间价值。

4.复利产生力量的源泉有两个：一是收益率，收益率越高越好；二是时间，时间越长越好。

5.不同的家庭有不同的收入特点，现金规划应该根据家庭的收入特点来策划。

6.可以以两种方式来建立紧急备用金：一为流动性高的活期存款或短期定期存款；二为备用的贷款额度。

复习思考题

一、简答题

1. 为什么要做现金规划？

2. 人们持有现金有哪些动机？

3. 现金规划应该考虑哪些内容？

4. 为什么说货币有时间价值？

5. 复利发挥作用的源泉是什么？

6. 什么是紧急备用金？为什么要建立紧急备用金？

7. 如何建立紧急备用金？

二、案例分析题

任女士，27岁，月收入平均5 000元；丈夫王先生，28岁，月收入平均6 000元，年终奖金近2万元。两人刚结婚不久，没有孩子。但由于花钱无节制，每月经常入不敷出，有时还需要向老人伸手要钱。每月的基本开销是：交通、通信费1 200元；水电煤气费200元；餐费2 000元（其中很大一部分是花在外出就餐上）；宽带费150元；服装和娱乐方面的开销大约2 000元；朋友聚会、随礼等花费1 000元。夫妻俩近期有要孩子的打算了，有了孩子就需要大笔开支，因此打算开始攒钱。

请根据介绍给任女士夫妇提出现金规划建议。

第四章

储蓄规划

第一节　储蓄规划的基本知识

一、储蓄的概念

广义上的储蓄概念指的是一个国家或地区在一定时期内国民收入中未被消费的部分。当前收入中不用于消费的部分，即收入减去消费，如存入银行的存款、购买的有价证券、保存在手中的货币等，都被称为储蓄。储蓄是西方经济学中宏观分析理论的一个重要概念，也是凯恩斯收入与就业理论的前提条件之一。但是，储蓄也是一个不容易确定的概念，无论从它的来源还是用途方面看，均没有准确的数量限制。

狭义上的储蓄概念指的是居民个人在银行或者其他金融机构的存款。

任何种类的储蓄都有利息收入，这也是储蓄作为一种投资品种的根据。利息收入的大小主要是由存款类型、存款额、存期、利率等确定。

储蓄的基本原则是存期越长，利息收入越多。存款利率一般由中央银行确定。不同时期的利率水平是不一样的，国家有可能根据经济、金融形势进行相应的调整。图4-1为2001—2020年我国居民储蓄余额。

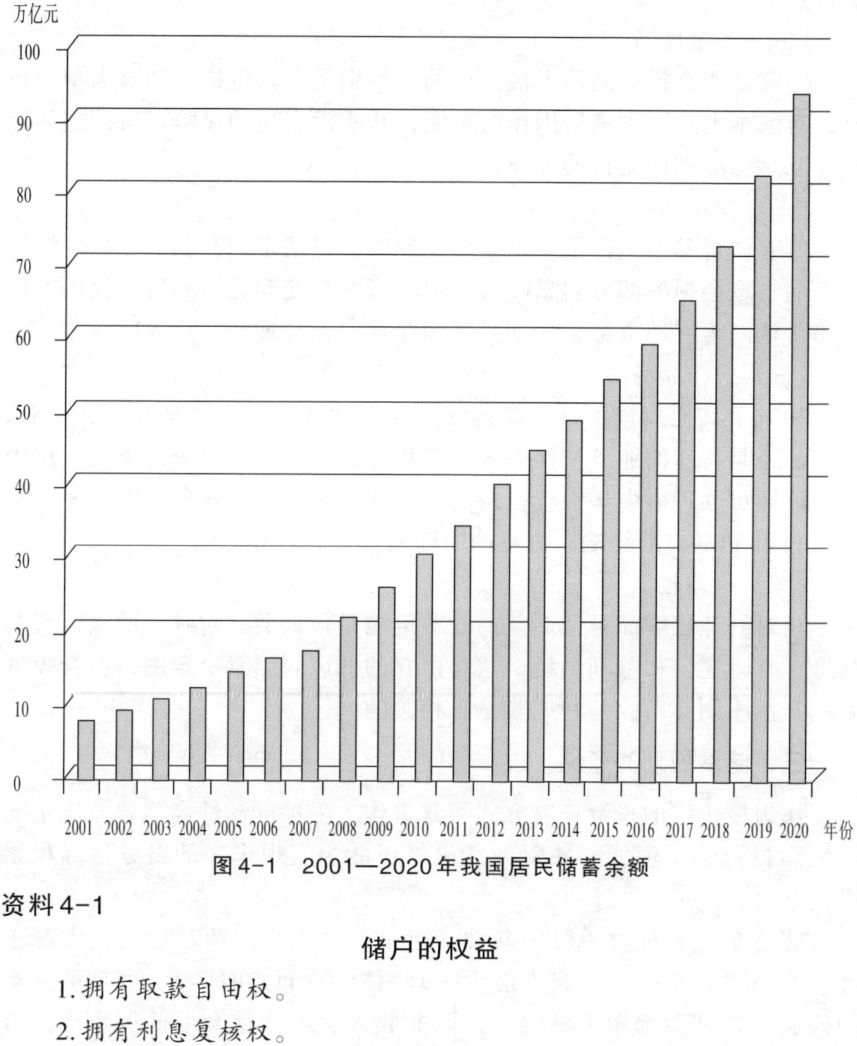

图4-1 2001—2020年我国居民储蓄余额

资料4-1

储户的权益

1.拥有取款自由权。

2.拥有利息复核权。

3.拥有存款保密权。

4.拥有储蓄利率、种类的获知权。

5.拥有储蓄机构违法行为举报权。

二、储蓄的特点

储蓄存款是个人和家庭理财品种中最稳妥可靠的投资工具，具有以下特点：

（一）安全性高

储蓄是所有投资品种中最安全的，特别是存款机构是国有大型银行时，其基本上是以国家信用作为担保，几乎没有违约风险。所谓违约风险，就是不能到期兑付的风险。

（二）变现性好

所有储蓄基本上都是可以立即变现的，包括定期存款。虽然定期存款提前支取会损失部分利息收入，但不影响其变现能力。所以我们可以把储蓄认同为流动资金，特别是活期存款，就与现金完全等同视之。

（三）操作简易

相对于其他投资工具，储蓄的操作非常容易。不管是开户、存取、销户，还是特殊的业务如挂失等，流程都比较简易。对个人来说，使用身份证即可办理。由于银行机构的网点比较多，存取业务非常方便，特别是利用ATM自助终端，更是随时随地都可办理业务。

（四）收益较低

相对其他投资品种，储蓄的收益可能是最低的。它唯一的收入就是利息，有时还须扣除利息税。这是由它的低风险因素决定的，符合投资第一基本原则，即收益和风险是正相关的。

三、储蓄规划的意义

作为最传统的投资理财方式，储蓄作为一项流动性高、收益固定的低风险投资，不但能缓冲财务危机，还能为实现未来的财务目标积累资金。

储蓄是所有理财手段的基础，也是一个人自立的基础。它来源于计划和节俭，是一个人自立能力、理财能力的最初体现，也是最基本的检验。连储蓄都做不到的人，除非收入达不到社会最低保障线，否则说明他缺乏自我控制的能力，不可能指望他在财富管理方面获得成功。

个人或家庭储蓄的原因主要包括为不测事件建立储备金、为自己的老年生活积累资金、为保证家属的生活，或为了其他某一具体目的等。个人或家庭储蓄也为商业资本投资提供了部分资金来源。影响个人或家庭储蓄水平的主要因素包括收入的多少、人们对未来收入的预期以及利息率的高低等。

具体来说，储蓄规划对于个人和家庭理财具有以下意义：

1.资金链优势

与保险公司或券商比较，银行的资金链优势非常明显，因为客户总是把钱放在银行才安心。一般人都有这样的想法："我不想告诉别人我有多少钱。"只有银行才更容易了解客户的资金状况，从而扮演"金管家"的角色来为客户打理资产。

2.信誉好、安全性高

任何客户在求助理财顾问的时候，最关心的问题就是资金的安全性。一般民众认为："由于国家对银行的审批非常严格，成立一家银行是很不容易的，所以银行的信誉较其他金融机构更高，更有安全感。"比如"银证通"就比"银证转账"更受欢迎，因为客户一般认为银行不可能破产倒闭，但证券公司却有可能。

3.网点众多，快捷便利

银行的网点数量众多，分理处、储蓄所、各级支行遍地开花，通存通兑给银行客户提供了很大便利。从银行角度看，网点众多确实也是开展理财业务的优势之一。

4.专业化服务

银行能够更专业、更客观、更中立地开展个人理财服务，更切合客户的实际需要。

在中国人的传统观念中，始终存在比较强的生活预防动机。如果一个人加入了当月挣的钱全部花光的"月光族"，往往被评价为"不会过日子"。人们需要防备未来生活出现变数，比如失业、收入减少、子女上学、老人有病等，都需要有一定的积蓄和储备，才能在出现意外情况的时候，能够有所接济。虽然从时间价值上看，5年以后100元的消费可能抵不上现在90元的消费，但是人们需要把钱暂时储蓄起来以备不时之需。这种因为"天有不测风云"而进行的储蓄被称为谨慎储蓄。

当然，还有很多人存钱是为了购置耐用消费品，如攒钱买电脑、攒钱买车、攒钱买房等，这些都可以归结为目标储蓄。

四、储蓄规划的原则

（一）留足支付日常开支的现金

储蓄的基础是闲置的收入和资金，因此应该留足日常开支使用的现金，在不影响日常支付的情况下安排储蓄。

（二）建立理财目标

储蓄是一项长期的投资规划，因此应该事先建立储蓄理财目标。通过制定自己近年内的储蓄数额目标，确定平时的储蓄数额。

（三）储蓄优先原则

在每月领到薪金后，首先将钱存入银行，这有利于抑制消费欲望，从而有效地控制支出。

（四）连续性和长期性原则

储蓄贯穿着人的一生，只要日积月累，就一定能有一笔可观的积蓄。当然，理财就意味着善用钱财，要根据自己的理财规划，做到适度消费，乐于享受钱财，乐于享受生活，去赢得身心的健康，去获取人生的乐趣。

（五）利率比较原则

要根据自己储蓄的用途和目的，按照各种储蓄利率的不同，采取“长短结合、统筹兼顾”的方法，尽量增加利息收益。例如，购买收益较高的国债，为子女上学存些利率较高的教育储蓄。

第二节　储蓄规划工具

现在，理财投资的方式越来越多，但要老百姓把钱都放到高风险的领域，可能大多数人都不会认同。储蓄一直给我们安全感，既不像炒股那样每天担心“下跌”，又有少量的利息回报，尽管微薄，但是稳定。储蓄利率下调并不意味着老百姓就可以不必储蓄，而且低息时期更要合理地进行储蓄组合，来锻炼理财能力，这就需要详细了解储蓄的种类。

一、我国的储蓄政策与原则

（一）储蓄政策

为了发展储蓄事业、保护储户的合法权益，国家对居民储蓄一贯实行鼓励和保护的政策。保护个人合法储蓄存款的所有权及其他合法权益，鼓励个人参加储蓄。

（二）储蓄原则

银行办理储蓄业务必须遵循“存款自愿，取款自由，存款有息，为储户保密”的原则。

（1）存款自愿，是指居民所持有的现金是个人财产，参加储蓄必须出于存款人的自愿，存与不存，什么时候存，存在哪家银行，存多少，存的时间长短，选择什么储蓄种类，都由储户自己决定，银行或储蓄单位不得以任何方式加以干涉。

（2）取款自由，是指储户提取存款时，银行必须照章付款，储户可根据需要取出部分或全部存款，银行不得以任何理由拒绝、为难或限制，更不应加以查问或干预。

（3）存款有息，是指银行按储户存款的期限长短和储蓄种类要支付相应的利息。银行必须按中央银行规定的存款利率计付利息，不能随意降低或提高利率，储户有取得利息的权利。

（4）为储户保密，是指储户的户名、账号、存款金额、期限、地址等均属个人隐私，任何单位和个人没有合法手续都不能查询储户的存款，银行必须为储户保密。如果因经济纠纷或案件涉及个人存款需要查询，有关单位和个人必须依照法律程序进行。

二、储蓄种类

储蓄存款一般可按期限分为活期和定期两种，然后又可以细分为具体的储蓄品种，如图4-2所示。

（一）活期储蓄

活期储蓄是指不约定存期，储户可随时凭存折（或银行卡）存取，存取金额不限的一种储蓄方式。活期储蓄以1元为起存点，多存不限。开户时由银行发给存折（或银行卡），凭折（卡）存取，每年结算一次利息。

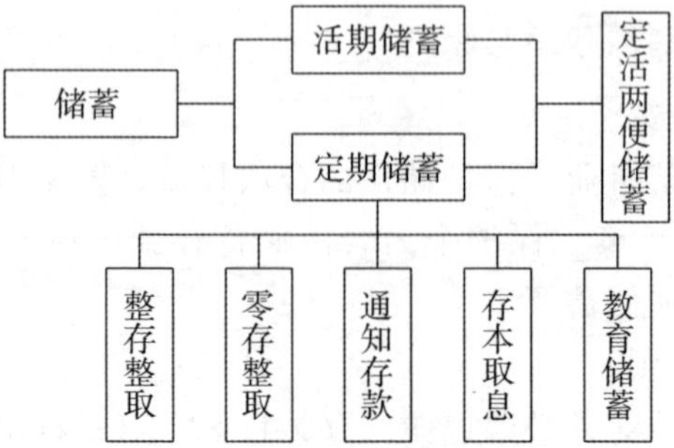

图4-2　常见的储蓄种类

活期储蓄存款是居民储蓄存款中最基本和最重要的一种形式，适应于居民小额的随存随取的生活零用节余存款，灵活方便，适应性强。参加这种储蓄大体有以下几种情况：①暂不用作消费支出的资金收入。②预备用于购买大件耐用消费品的积攒性资金。③个体经营户的营运周转货币资金，在银行为其开户、转账等问题解决之前，以活期储蓄的方式存入银行。

（二）整存整取定期储蓄

整存整取定期储蓄指开户时约定存期，整笔存入，到期一次整笔支取本息的一种个人存款。其特点是金额较大，存期较长，收益较高，存款稳定性较强。我国规定此类储蓄人民币50元起存，外汇整存整取存款起存金额为等值人民币100元的外汇。该储种只能进行一次部分提前支取。提前支取时必须提供身份证件，代他人支取的不仅要提供存款人的身份证件，还要提供代取人的身份证件。计息按存入时的约定利率计算，利随本清。整存整取存款可以在到期日自动转存，也可根据客户意愿，到期办理约定转存。人民币存期分为3个月、6个月、1年、2年、3年5个档次。外币存期分为1个月、3个月、6个月、1年、2年5个档次。

整存整取定期储蓄适用于生活节余较长时间不需动用的款项。在高利率时期，存期要“中”，即将5年期的存款分解为1年期、2年期、2年期，然后滚动存储，如此可因利生利而收益效果更好。

（三）零存整取定期储蓄

零存整取定期储蓄指开户时约定存期、分次每月固定存款金额、到期一次支取本息的一种个人存款。开户手续与活期储蓄相同，只是每月要按开户时约定的金额进行续存。储户提前支取时的手续比照整存整取定期储蓄存款有关手续办理。一般5元起存，每月存入1次，中途如有漏存，应在次月补齐。计息按实存金额和实际存期计算。存期分为1年、3年。利息按存款开户日挂牌零存整取利率计算，到期未支取部分或提前支取按支取日挂牌的活期利率计算利息。该储种利率低于整存整取定期储蓄（打六折），但高于活期储蓄利率，可使储户获得稍高的存款利息收入。该储种可集零成整，具有计划性、约束性、积累性的功能，适合收入稳定，攒钱以备结婚、上学等用途的个人和家庭，以达到计划开支的目的。

零存整取的计息公式是：

利息=月存款金额×累计月积数×月利率

（四）整存零取定期储蓄

整存零取定期储蓄指在存款开户时约定存款期限、本金一次存入、期限固定、分次支取本金的一种个人存款。存款开户的手续与活期相同，存入时1 000元起存，支取分1个月、3个月及半年一次。利息按存款开户日挂牌整存零取利率计算，于期满结清时支取。到期未支取部分或提前支取按支取日挂牌的活期利率计算利息。存期分1年、3年。

（五）存本取息定期储蓄

存本取息定期储蓄指在存款开户时约定存期、整笔一次存入，按固定期限分次支取利息，到期一次支取本金的一种个人存款。其一般是5 000元起存，可一个月或几个月取息一次，可以在开户时约定的支取限额内多次支取任意金额。利息按存款开户日挂牌存本取息利率计算，到期未支取部分或提前支取按支取日挂牌的活期利率计算利息。存期分1年、3年。其开户和支取手续与活期储蓄相同，提前支取时与定期整存整取的手续相同。该储种适合持较大数额现金的储蓄投资者。

（六）定活两便储蓄

定活两便储蓄指在存款开户时不必约定存期，银行根据客户存款的实际存期按规定计息，可随时支取的一种个人存款种类。一般50元起存，存期不足3个月的，利息按支取日挂牌活期利率计算；存期3个月以上（含3个月）不满半年的，利息按支取日挂牌定期整存整取3个月存款利率打六折计算；存期半年以上（含半年）不满1年的，整个存期按支取日定期整存整取半年期存款利率打六折计息；存期1年以上（含1年），无论存期多长，整个存期一律按支取日定期整存整取1年期存款利率打六折计息，各档次均不分段计息。该储种的特点是方便灵活，收益较高；手续简便，利率合理。存款期限不受限制，适合存款期限不确定的储户。其操作要点主要是掌握支取日，确保存期大于或等于3个月，以免利息损失。

（七）个人通知储蓄

个人通知储蓄是指在存入款项时不约定存期，支取时事先通知银行，约定支取存款日期和金额的一种个人存款方式。最低起存金额为人民币5万元（含），外币等值5 000美元（含）。为了方便，可在存入款项开户时即提前通知取款日期或约定转存存款日期和金额。个人通知存款需一次性存入，可以一次或分次支取，但分次支取后账户余额不能低于最低起存金额，当低于最低起存金额时银行给予清户，转为活期存款。个人通知存款按存款人选择的提前通知的期限长短划分为1天通知存款和7天通知存款两个品种。其中，1天通知存款需要提前1天向银行发出支取通知，并且存期最少需两天；7天通知存款需要提前7天向银行发出支取通知，并且存期最少需7天。该储种适合于手上持有现金，一时又无法确定存期的储户，具有集活期之便、得定期之利的特点。例如，个体工商户的进货资金、炒股时持币观望的资金或是节假日股市休市时的闲置资金，可尽量将存款定为7天的档次。

表4-1列示了我国储蓄存款基准利率。

表4-1　　**我国储蓄存款基准利率表（2015年10月24日起执行）**

项目			利率（%）
活期存款			0.35
定期存款	整存整取	3个月	1.10
		半年	1.30
		1年	1.50
		2年	2.10
		3年	2.75

续表

项目			利率（%）
定期存款	零存整取整存零取存本取息	1年	1.10
		3年	1.30
	定活两便		按一年以内定期整存整取同档次利率打六折执行
协定存款			1.15
通知存款		1天	0.80
		7天	1.35

注：从2015年10月24日起，各商业银行利率浮动实行市场化，监管部门不再设置利率浮动上限。

资料4-2

巧用通知存款

知道如何利用通知存款的人并不多，但如果用得好的话，它确实能给你带来一些“外财”。

通知存款是一种介于定期与活期存款之间的储种，它的起存金额为5万元，分为1天通知存款和7天通知存款两个品种。

虽然利用通知存款能获得收入，但也有些人认为，为了多得那么点利息要去银行办理转存、提前通知、支取等繁琐手续，不太值得，不如存活期方便。

实际上，现在很多银行对通知存款进行了改进，并且进行复利计算，分别以2天和7天计一次复利，使得存通知存款的收益更高、更为方便、更加实惠。

以100万元为例，如果存活期，3个月的税前利息收益为1 800元，如果存7天通知存款，即使不考虑复利因素，也会获得4 050元的税前收益。

那么，客户该如何办理呢？

目前，很多开设网上银行的金融机构推出了“自助转存通知存款”业务，自己通过网上银行便可以轻松“搞定”。

此外，有的银行还开通了“约定自动转存定期”“约定自动转存通知存款”等服务功能。在与银行签订相关协议开通此项功能后，如果客户银行卡上的资金达到5万元以上，银行自动将这笔资金转为通知存款，并向客户发送转存通知书。需要支取的时候，客户提前发一个支取指令，便可以在规定的时间内支取。此项业务省了去银行存款的手续，而取款还是和通知存款一样。

该产品适合于大额不确定时间支用资金的短期存放，比如我们筹齐了买房、买车、买收藏品的资金，但还需要等些日子才使用，在这种情况下，就可以选择通知存款方式，这样既能随取随用，又能获得较高的收益。

资料来源：张春兵. 知道巧用通知存款能给你带来外财［N］. 上海金融报，2007-01-22.

（八）外币储蓄

外币储蓄是相对人民币而言的笼统说法，它也分活期、7天通知、1个月、3个月、6个月、1年和2年7种不同档次的储蓄方式。目前，我国银行开办的外币储蓄品种有：美元、日元、加拿大元、英镑、瑞士法郎、新加坡元、欧元、港币等。外币储蓄实行与人民币不同的利率，详见表4-2。

表4-2　**外币存款利率表**　单位：年利率，%

货币	活期	7天通知	1个月	3个月	6个月	1年	2年
美元	0.0500	0.0500	0.2000	0.3000	0.5000	0.7500	0.7500
英镑	0.0500	0.0500	0.1000	0.1000	0.1000	0.1000	0.1000
欧元	0.0001	0.0005	0.0100	0.0100	0.0100	0.0100	0.0100
日元	0.0001	0.0005	0.0100	0.0100	0.0100	0.0100	0.0100
港币	0.0100	0.0100	0.1000	0.2500	0.5000	0.7000	0.7000
加拿大元	0.0100	0.0500	0.0500	0.0500	0.3000	0.4000	0.4000
瑞士法郎	0.0001	0.0001	0.0001	0.0001	0.0001	0.0001	0.0001
澳大利亚元	0.2375	0.2625	1.2400	1.3125	1.3250	1.5000	1.5000
新加坡元	0.0001	0.0005	0.0100	0.0100	0.0100	0.0100	0.0100

注：本表为中国银行外汇存款利率表，自2015年2月12日起执行。

（九）教育储蓄

教育储蓄是指个人按国家有关规定在指定银行开户、存入规定数额资金、用于教育目的的专项储蓄，是一种专门为学生支付非义务教育所需教育金的专项储蓄。教育储蓄采用实名制，开户对象为在校小学四年级（含四年级）以上学生。开户时，储户要持本人（学生）户口簿或身份证，到银行以储户本人（学生）的姓名开立存款账户。到期支取时，储户需凭存折及有关证明一次支取本息。

教育储蓄具有储户特定、存期灵活、总额控制、利率优惠的特点，能积零成整，满足中低收入家庭每月固定小额存储，积蓄资金，解决子女非义务教育支出的需要。

（1）储户特定。教育储蓄的对象（储户）为在校小学四年级（含四年级）以上学生。

（2）存期灵活。教育储蓄为零存整取定期储蓄存款。存期分为1年、3年和6年。

（3）总额控制。教育储蓄起存金额为50元，本金合计最高限额为2万元。

（4）利率优惠。1年期、3年期教育储蓄按开户日同期同档次整存整取定期储蓄存款利率计息；6年期按开户日3年期整存整取定期储蓄存款利率计息，在存期内遇利率调整，仍按开户日利率计息。

第三节　储蓄规划策略

一、个人储蓄的动机

储蓄是货币的一种特殊使用形式，它体现了储户同银行之间一种相互合作的信用关系。由于人们经济收入及消费结构各不相同，安排在即期、近期、远期的消费以及节余能力也因人而异，银行设置的储种，正是为了满足适应长期性节余资金、短期待用资金和各种特定用途资金的存储需要。那么，在现实生活中个人如何选择储蓄种类呢？这要看个人储蓄的动机而定。

（一）积累动机

对一个普通家庭而言，其收入总体上是固定的，固定的收入只能购买正常必需的消费资料，如想购买汽车等高档消费品或筹集住房、子女升学及嫁娶等费用，往往需要通过长时间的积累才能实现。出于这种动机的考虑，人们参储时一般以零整储蓄为主，聚零为整，逐步积累。

（二）增值动机

有些家庭闲钱较多，不想购置东西，也没有特定的用途，短期内派不上用场。这种情况下，人们参储带有储存财富的性质，因此，往往选择一些期限较长、利率较高的定期储蓄种类，或者购买一些债券和股票，以使闲置的货币得以增值。

（三）谨慎动机

人们担心现金尤其是金额较大的现金放在家中或随身携带很不安全，容易遗失或发生意外，为了防止不测或防灾、防荒，人们在储蓄时选择定期储蓄，必要时选择定期中不能提前支取的储种，而且可以预留印鉴、地址或密码。

实际上，人们参储的动机往往是复合型的，储户应根据主要目的和动机选择合适的储种。

资料4-3

小额资金巧理财

以往，银行绝大多数的人民币理财产品起点都在5万元以上，证券公司、信托公司的理财计划起点更高。手中闲置资金不足5万元的市民，难道就只能站在这道理财的门槛之外吗？其实不然，类似的金融门槛还有很多。这里，我们通过分析有关对策来展示理财的思维。

某银行理财经理称，存款不足5万元，也能通过调整定活期存款的结构，充分利用银行的智能账户，获得不小的理财收益。

一是化整为零。

对已有的定期存款，可以化整为零。例如，一笔3万元的1年定期存款，可以分成3笔：1万元1年定期、1万元2年定期和1万元3年定期。1年后，即有1万元存款到期，如需用钱就可支取，如暂不需要，就续存3年定期。第2年，2年定期的1万元到期，如不用就续存3年定期……依此类推，储户每年都有1万元的定期存款到期，这既能保证资金的流动性，又能获得更多的利息收益。

二是转活为定。

对活期存款，则要充分利用银行智能账户，一笔1万元的普通活期，活期年利率为0.35%，3个月后利息收入为：

10 000×0.35%÷12×3=8.75（元）

如选择银行智能账户，系统则会约定比例，只在活期账户中留存较少金额，假定为500元，将其余的9 500元自动转存为3个月的定期，3个月定期年利率为1.10%，3个月后，这1万元的综合收益为：

500×0.35%÷12×3 + 9 500×1.10%÷12×3=26.56（元）

理财收益=26.56−8.75=17.81（元）

对每月新增的收入，则要量入而存，建议将收入的30%存入银行，这样既有利于抑制消费欲望，又能有效地控制支出。

二、储蓄计息的基本规定

（一）利率

储蓄存款利率由国家统一规定，由中国人民银行挂牌公告。利率也称为利息率，是在一定日期内利息与本金的比率，一般分为年利率、月利率、日利率3种。年利率以百分比表示，月利率以千分比表示，日利率以万分比表示。例如，年息九厘写为9%，即每百元存款定期一年利息9元；月息六厘写为6‰，即每千元存款一月利息6元；日息一厘五毫写为1.5‱，即每万元存款每日利息1元5角。目前，我国储蓄存款用年利率挂牌。为了计息方便，3种利率之间可以换算，其换算公式为：

年利率÷12=月利率

月利率÷30=日利率

年利率÷360=日利率

（二）计息起点

计算储蓄存款利息时，本金以“元”为起息点，元以下的角、分不计息，利息的金额算至分位，分位以下四舍五入。分段计息算至厘位，合计利息后分以下四舍五入。

（三）不计复息

各种储蓄存款除活期（存折）年度结息可将利息转入本金生息外，

其他各种储蓄存款不论存期如何，一律于支取时利随本清，不计复息。

（四）存期计算规定

（1）算头不算尾，计算利息时，存款天数一律算头不算尾，即从存入日起算至取款前一天止；

（2）不论闰年、平年，不分月大、月小，全年按360天、每月按30天计算；

（3）对年、对月、对日计算，各种定期存款的到期日均以对年、对月、对日为准，即自存入日至次年同月同日为对年，存入日至下月同一日为对月；

（4）定期储蓄到期日，如遇法定节假日不办公，可以提前一日支取，视同到期计算利息，手续同提前支取办理。

（五）存款利息的计算方法

如前所述，利率一般分为年利率、月利率和日利率3种。各种储蓄的利息，都可以通过公式算出来。

1.一般储蓄

利息=本金×存期×利率

2.零存整取储蓄

利息=月存金额×（存入的次数+1）/2×存入次数×利率（同档次定期利率×60%）

3.整存零取储蓄

$$利息=\frac{全部本金+每次支取金额}{2}\times\frac{支取本金}{次数}\times\frac{每次支取}{间隔期}\times\frac{利率(同档次}{定期利率\times60\%)}$$

4.定活两便储蓄

利息=本金×存期×利率（同档次定期利率×60%）

三、储蓄规划的基本思路

（一）规划好时间

尽量不提前支取，以避免提前支取利息的损失。由于特殊原因需提前支取，则支取部分会按活期计息，有什么好办法减少损失呢？请参考以下办法：一是只取需用部分的金额。例如，如果急需5 000元，现手上有10 000元的定期存单，则从其中只取5 000元即可，不要全部取完，因为剩余的5 000元还是按原利率计息。二是办理存单抵押贷款。对已存时间比较长的存单，可采用以此存单为抵押申请贷款来解决急用资金问题。

（二）采用合理的存款组合

（1）考虑存款组合的总原则是兼顾收益和保证日常生活需要。定期存款利率高、收益好，而活期存款取款方便，所以一般来说应以定期存款为主，以通知存款为辅，少量使用活期存款和定活两便存款。

（2）定期存款的重要技巧。一时难以确定存期的大额资金应选择通知存款以兼顾收益和灵活性；较大额的存款宜开多张存单，可把提前支取的利息损失减少到最低限度；多采用到期自动续存的方式，既防止利息损失，又省却了跑银行转存的麻烦；大笔的长期闲置资金应该考虑大额定期存单和大额可转让定期存单。

（3）手比较“散”的人多重视零存整取，这样可以逐渐半强制性地为自己积累一些资金。

（4）定活两便与活期储蓄应以小额、少量为宜，毕竟日常生活开支每月相差不多，一般是可以估算的。

（三）利用优惠政策

要充分利用国家和银行的优惠政策，如某些银行推出特定时段储蓄的优惠政策等。

（四）增加储蓄本金，开源节流

提高家庭储蓄的可能方式包括增加家庭工作收入、增加家庭理财收入、降低家庭生活支出、降低家庭理财支出，另外还要注意防范理财风险，如借钱给别人要写借据、不随便提供金融担保、不参与民间借贷活动、不参与社会非法集资、谨慎从事高风险投资。

（五）根据收入来源区分储蓄

领取现金的薪资收入者，应该先把储蓄分离出来，以信贷消费预算法控制各项支出。

通过银行转账领取薪资收入者，薪资入账时即进行储蓄，剩余金额以自动提款机平均提取的方式控制支出。

自营事业有现金收入者，先区分毛收入和净收入，若营业情况稳定可按日营业额的比例做消费支出预算。

（六）选择适当的储蓄币种

由于各国经常处于不同的经济周期，同一时期利率差别很大，如果有条件可以试试外币储蓄，以获得更高的收益。例如，美元1年期利率为1.75%，而人民币是1.00%时，相差较大，如果现在手中持有多余的人民币，就应当兑换成美元去存储，而不要直接储蓄。

在考虑外币存款的时候，最重要的是要选择和人民币兑换率较稳定的币种，如美元、英镑、港币等，而避免选择日元等汇率波动较剧烈的货币，尤其要避开那些有贬值预期的货币。毕竟储蓄最重要的功能是保值，千万不要捡了芝麻丢了西瓜。

（七）根据不同的宏观经济周期选择储蓄品种

要获取尽量多的利息收入，就要正确地估计宏观经济形势来选择储蓄品种，以下是一些判断原则：

（1）在国家经济形势好转，经济增长率稳步上升时，利率政策一般比较宽松，同时物价并不高。这时选择中短期储蓄是比较好的，由于利率可能进一步提高，所以不要存存期太长的定期存款。

（2）经济逐步加速到一个较高的水平，通货膨胀率上升，国家一再提高利率。这时可以利用很高的利率水平，存入利息不变的长期定期存款，以获取长期的较高的利息收益。

（3）经济增长速度和通货膨胀率逐步降低，利率慢慢回落。这时应避免短期的存款，而应选择长期的存款。因为利率处于下降趋势中，短期存款会受到不断下降的利率的侵害，利息收益不高。

（4）经济增长和物价水平已经处于低谷，利率也到了较低水平，这时应选择短期存款。

资料4-4

“负利率”时代，如何储蓄投资

第一，储蓄到期日宜选择国债、债券的发行期，存款宜选择3年以下的储蓄品种，这样可随时把储蓄转向收益更高的债券或其他投资。

第二，活期储蓄在余额累计较大时，可到银行结息，以免因利率降低而造成利息损失。

另外，选择银行储蓄还要尽量减少存款收益的损失。减少收益损失的措施有：

不要轻易将已存入银行一段时间的定期存款取出。

若存入定期存款一段时间后，遇到比定期存款收益更高的投资机会，储户可将两者之间的实际收益做一番计算比较，从中选取总体收益较高的投资方式。

对于已到期的定期存款，应根据利率水平及利率走势、存款的利息收益率与其他投资方式进行综合比较，结合个人的实际情况进行重新选择。

在利率水平较高或利率可能下调的情况下，继续转存定期储蓄是较为理想的。

在市场利率水平较低或利率有可能调高的情况下，对于已到期的存款，可选择其他收益率较高的方式进行投资或选择期限较短的储蓄品种继续转存，以等待更好的投资机会，等存款利率上调后，再将到期的短期定期存款改存期限较长的储蓄品种。

四、储蓄规划方法

（一）目标储蓄法

如果想购买一件高档商品或操办某项大事，应根据家庭经济收入的实际情况建立切实可行的储蓄指标并制定攒钱措施。

（二）计划储蓄法

每个月领取薪水后，可以留出当月必需的生活费用和开支，将余下的钱按用途区分，选择适当的储蓄品种存入银行，这样可减少许多随意性的支出。

（三）节约储蓄法

注意节约，减少不必要的开支，杜绝随意消费和有害消费，用节约下来的钱进行储蓄。

（四）增收储蓄法

在日常生活中，如遇上加薪、获奖、稿酬、亲友馈赠和其他临时性收入时，可权当没有这些收入，将这些增收的钱及时存进银行。

（五）折旧储蓄法

为了家用电器等耐用消费品的更新换代，可为这些物品存一笔折旧费。在银行设立一个“定期一本通”存款账户，当家庭需添置价值较高的耐用品时，可以根据物品的大致使用年限，将费用平摊到每个月。这样，当这些物品需要更换时，账户内的折旧基金便能派上用场。

（六）缓买储蓄法

家庭准备添置高档耐用消费品或其他贵重物品时，由于其并非迫切需要或实用价值不高，可缓一两个月再买，先将这笔钱暂时存入银行。待消费高峰期过后，此类商品价格很可能回落，那时就可以相对便宜地购买到该商品。

（七）降档储蓄法

在准备购进一件贵重物品时，可以购买档次稍低一些的商品，把省下来的钱存入银行。

（八）滚动储蓄法

每月将结余的钱存入一张1年期整存整取定期储蓄账户，存储的数额可根据家庭的经济收入而定，存满1年为一个周期。1年后第一张存单到期，可取出储蓄本息，凑成整数后进行下一轮的储蓄。如此循环往复，手头始终是12张存单，每月都可有一定数额的资金收益，储蓄数额滚动增加，家庭积蓄也随之丰裕。滚动储蓄可选择1年期的，也可选择3年期的定期储蓄。这种储蓄方法较为灵活，每月存储额可视家庭经济收入而定，无须固定。一旦急需钱用，只要支取到期或近期所存的储蓄就可以了，可以减少利息损失。另外，每张存单最好都设定到期自动续存，这样就可以免去多跑银行之苦了。

（九）四分储蓄法

四分储蓄法，又叫“金字塔”法，存单的金额呈金字塔状，以适应急需时不同的数额。如果你持有10万元，可以分别存成4张定期存单。可以将10万元分别存成1万元、2万元、3万元、4万元4张1年期定期存单。这样可以在急需用钱时，根据实际需用金额支取相应额度的存单，可避免只需取小数额钱却不得不动用大存单的弊端，以减少不必要的利息损失。

（十）阶梯储蓄法

假如你持有3万元，可分别用1万元开立1、2、3年期的定期储蓄存单各1份。1年后，可用到期的1万元再开立1张3年期的存单。以此类推，3年后持有的存单则全部为3年期的，只是到期的年限不同，依次相差1年。这种储蓄方式可使年度储蓄到期额保持等量平衡，既能应对储蓄利率的调整，又可获取3年期存款的较高利息。这是一种中长期投资，适宜于工薪家庭为子女积累教育基金与婚嫁资金等。

（十一）组合储蓄法

组合储蓄法又称为利滚利储蓄法，是一种存本取息与零存整取相组合的储蓄方法。如果你现有5万元，可以先存入存本取息储蓄账户，在1个月后，取出存本取息储蓄的第一个月利息，再开设一个零存整取储蓄账户，然后将每月的利息存入零存整取储蓄账户。这样不仅可以得到存本取息储蓄利息，而且其利息在存入零存整取储蓄后又获得了利息。

（十二）通知储蓄法

通知储蓄法很适合手头有大笔资金准备用于近期（3个月以内）开支的情况。假如手中有20万元现金，拟于近期首付住房贷款，但是又不想把20万元简简单单存活期损失利息，这时就可以存7天通知储蓄。这样既保证了用款时的需要，又可享受相对较高的利率。举例来说，20万元如果存7天期的通知储蓄，持有3个月后，以1.40%的利率计算，利息收益为700元，比活期储蓄（以0.35%的利率计算）利息175元收益高出525元。

需提醒的是，如果投资者参加的是7天通知储蓄，若投资者在向银行发出支取通知后，未满7天即前往支取，则支取金额的利息按照活期存款利率计算。此外，办理通知手续后逾期支取的，支取部分也要按活期存款利率计息；支取金额不足或超过约定金额的，不足或超过部分按活期存款利率计息；支取金额不足最低支取金额的，按活期存款利率计息；办理通知手续而不支取或在通知期限内取消通知的，通知期限内不计息。这里，关键是存款的支取时间、方式和金额都要与事先的约定一致，才能保证预期利息不会遭到损失。

资料4-5

如何进行储蓄管理？怎样进行退休金储蓄和教育金储蓄？

1.储蓄是所有理财规划的源头，要想进行储蓄管理，首先要了解的一个概念就是资金时间价值。资金时间价值是指资金在周转过程中由于时间因素形成的差额，换句话说就是对未来现金流的贴现。进行储蓄管理时，要发挥资金时间价值，需注意以下几点问题：

（1）在设定财务目标时，要将财务目标量化，赋予具体的金额，并为财务目标设定具体日期，并保持长短期目标的一致性。

（2）准确地估计未来现金流，并且选择适当的贴现率。

（3）如何进行合理储蓄？这里引入一个概念，边际储蓄率，即每多出1元钱的额外收入应多储蓄的比率（当月收入低于家庭最低消费时，值为0）。

当月储蓄=（当月收入-基本收入）×边际储蓄率

基本收入=收入淡季时最低收入或维持基本生活的最低消费

这样的储蓄规划既符合创收族多赚多花、少赚少花的生活哲学，又能兼顾基本需求及长期理财目标。

2.如何制定退休金储蓄和教育金储蓄规划呢？看以下公式：

基础收入=期待水准的生活费用×家庭人口数

退休金储蓄=（期待水准的生活费用×2×退休后生活年数）÷离退休的年数

$$\text{教育金储蓄}=\left(\frac{\text{未成年}}{\text{子女数}}\times\frac{\text{期待水准的}}{\text{教育费用}}\right)\div\left(\frac{\text{离子女上}}{\text{大学的年数}}\times 12\right)$$

应有收入=基础收入+购房贷款本息负担+退休金储蓄+教育金储蓄

个人可以根据公式进行合理的规划，这里举个例子来看。40岁的王先生有三方面的因素要考虑：（1）支付买房的月供款的同时，达到自己想要的生活水平；（2）10年后两个子女上大学；（3）20年后的养老金。

那么要实现这样的理财目标，王先生应该有多少的应有收入呢？

应有收入=四口之家的月生活费（1 600×4）+房贷本息（4 400）+退休金储蓄（1 600×40÷20）+教育金储蓄（78 000×2÷120）=15 300（元）

所以通过以上计算，如果王先生家庭月可支配收入没有15 000元以上的话，就无法实现财务目标。因此在量化了财务目标之后，我们就能很清楚地看到收支间的差距，通过调整收支、缩小差距，最终实现自己的财务目标。

思政课堂

高储蓄不会抑制需求

【思政元素】传统美德；中国方案。

读大学前我一直以为：老百姓将钱存入银行（储蓄）是好事，可支持国家建设。可上大学后读凯恩斯的《就业、利息和货币通论》（以下简称《通论》），完全颠覆了我之前的认知。凯恩斯说：经济大萧条时期之所以出现普遍的失业，其中一个重要原因是老百姓喜欢往银行存钱，令消费增长跟不上收入增长。由于消费需求不足，导致了消费品生产过剩。

说实话，自己在大学求学整整10年，对这类观点不曾怀疑过。尽管20世纪70年代西方陷入“滞胀”后，学界千夫所指，凯恩斯成为众矢之的，而我认为是西方国家用错了药方。我对《通论》产生质疑，是在1998年，当时亚洲爆发金融危机，国内2 000万国企职工下岗，而中国却有惊无险，很快度过了危机。

面对大规模失业，中国能有惊无险，当然是政府应对得当。除此之外，我认为还有一个原因，那就是中国的老百姓有“存款”。我到东北老工业基地作过调研，访问过下岗职工。职工反映，下岗后政府发了救济金；加上自己有些存款，才供得起孩子上学。一语点醒，让我意识到“储蓄”对一个家庭的重要性。

回北京后，我写了《凯恩斯理论的疑点》一文，对“边际消费递减规律”质疑，并对“储蓄”与需求的关系作了分析。可不承想，2008年国际金融危机后，西方对中国高储蓄群起攻之。

2009年7月初，“全球智库峰会”在北京举行，会上美国代表又公开指责中国高储蓄。时任中国人民银行行长周小川作了回应，我也写了《美国指责中国高储蓄毫无道理》，那篇文章的主要观点是：中国自1992年至2009年，居民储蓄率一直保持在20%以上，可为何20年前美国未发生金融危机？10年前也未发生金融危机？只能说明，美国次贷危机与中国高储蓄无关。

以上说的是往事，回头再说现实：近年来美国等西方国家围堵中国出口，不断制造贸易摩擦，而新冠肺炎疫情又雪上加霜。面对双重压力，2020年中央提出实施扩大内需战略，强调用消费带动投资。于是“高储蓄”再度引起关注。有学者认为，高储蓄一定程度上抑制了国内需求，而要扩大消费，必须将“高储蓄”降下来。

看来，人们对“储蓄”存在不小的误解，或者只是一知半解。前面提到的“东北下岗职工”的例子足以说明，“储蓄”对家庭具有一定的“缓压”功能。家庭是社会的细胞，储蓄对维护社会稳定，有举足轻重的作用。而从整个国家层面看，储蓄并不会抑制或减少总需求。何以作这样的判断？让我从两个角度作分析：

从投资需求角度看，居民为了取得利息，将自己的闲散资金存入银行（储蓄）；银行吸收储户存款后，需给储户支付利息。我们知道，银行是自负盈亏的商业机构，利润来自存贷利息差。银行为了追求多盈利或避免亏损，会立即将存款贷放给企业。如此一来，储蓄则通过银行转化成企业投资，社会总投资需求会增加。

从消费需求角度看，若某人增加银行储蓄，他的当期消费会减少，但社会总消费未必会减少。有两个关键点：第一，银行不仅为企业提供贷款，同时也为消费者提供贷款。当社会上投资过剩而消费需求不足时，银行会将“储蓄”更多地转化为消费贷款。于是，张三的“储蓄”转化成了李四的消费，此消彼长，总消费需求不会变。第二，是“生命周期假说”。此假说认为：在人生的不同阶段，消费与收入会有不同的安排。通常的情形是：年轻时消费会大于收入，有负债；中年时收入会大于消费，有储蓄；老年时，消费会大于收入，用储蓄弥补缺口。前后算总账，一个人一生的消费，最终会等于他一生的收入。这是说，“储蓄”是人们在生命不同阶段“平衡”消费的理性安排。

有学者不同意这样的分析，并且举例子反驳说：美国和中国各有一个老太太，两人的消费观念不同。美国老太太年轻时不仅不储蓄，反而从银行贷款买了房子；中国老太太却喜欢存钱，直到退休才买房子。这样，美国老太太住了一辈子自家的房子，中国老太太退休后才住上自己的房子，明显地吃了亏。其言下之意，中国老太太年轻时就应像美国老太太那样，不储蓄而贷款买房子。

这个例子确实有迷惑性。可我想追问的是：美国老太太贷款买了房子，每月是否需还本付息？还本付息后是否会减少其他方面的消费？中国老太太将钱存入银行有利息收入，收入增加是否可以买更多的新衣服，或者增加旅游、健身等方面的消费？再有，租房住与买房住都是消费，两者并无本质差别，怎能说储蓄就一定减少消费呢？

最后总结本文结论：储蓄不过是人们对现期消费与远期消费进行权衡后的自由选择。有人希望增加未来消费，今天愿意储蓄；有人希望提前消费，愿意从银行贷款。逻辑上，只要银行将存款全部贷出去，无论储蓄率多高，皆不会抑制国内总需求，所以高储蓄不应受到指责。

资料来源：王东京. 高储蓄不会抑制需求［N］. 学习时报，2022-03-16。

本章小结

1.个人及家庭储蓄的原因主要包括为不测事件建立储备金、为自己的老年生活积累资金、为保证家属的生活或为了其他某一具体目的等储备资金。个人及家庭储蓄也为商业资本投资提供了部分资金来源。

2.储蓄规划要遵循留足支付日常开支的现金、建立理财目标、储蓄优先、连续性和长期性、利率比较的原则。

3.储蓄的种类有很多，不同的储蓄品种有不同的特点，有不同的存储技巧，在储蓄规划时要充分了解各储种的特点。

4.复利产生力量的源泉有两个：一是收益率，收益率越高越好；二是时间，时间越长越好。

5.本章提供了12种进行储蓄理财的方法，不同的家庭，可以参考选择适合自己的储蓄方式。

复习思考题

1.为什么要进行储蓄规划？

2.储蓄规划受哪些因素影响？

3.刚工作的年轻人应该如何进行储蓄规划？

4.储蓄规划的原则是什么？

5.我国目前的储蓄种类有哪些？如何利用好这些储种？

6.个人储蓄的动机有哪些？

7.你将如何选择适合自己的储蓄方式？

第五章

消费信贷规划

第一节　消费信贷的基本知识

一、什么是消费信贷

个人消费信贷是指银行和其他金融机构贷款给个人用以购买耐用消费品和支付各种服务费用的信贷。

消费信贷是当期得到现金、商品和服务，在将来支付有关费用的一种安排。它以消费者未来的购买力为放款基础，旨在通过信贷方式预支远期消费能力，来满足个人当期消费需求。消费信贷的基础是人们在账单到期时支付的能力和意愿。

按接受贷款对象的不同，消费信贷可分为买方信贷和卖方信贷。买方信贷是对购买消费品的消费者发放的贷款，如个人旅游贷款、个人综合消费贷款、个人短期信用贷款等。卖方信贷是以分期付款单证做抵押，对销售消费品的企业发放的贷款，如个人小额贷款、个人住房贷款、个人汽车贷款等；按担保的不同，又可分为抵押贷款、质押贷款、保证贷款和信用贷款等。消费信贷还可按偿还形式划分为分期付款和非分期付款两大类。分期付款一般按月偿还贷款。这种贷款最主要的用途是支付消费者购买汽车、家电等耐用消费品。非分期付款即为在规定的期限内一次还清贷款。

1998年以来，为支持扩大内需，我国商业银行开始大力拓展消费信贷业务，已经开办的消费贷款种类主要有住房贷款、汽车贷款、家电等耐用消费品贷款和助学贷款等。目前在商业银行贷款结构中，消费信贷比例明显上升。根据典型调查推算，1元消费信贷可以带动1.5元的商品消费，对促进消费、拉动经济增长起到了积极作用。

二、消费信贷的历史与发展

消费信贷的历史可以追溯到古希腊和罗马，但是现代消费信贷制度的基础出现在1915年之后的20年间。

消费信贷的发展历史就是不断地突破传统消费观念的历史。1880年左右，美国开始兴起分期付款赊销，众多收入低下的普通百姓为了获得比自己生活水平高一些档次的产品，从开展赊销的销售商那里购买产品，让自己背上了沉重的债务负担。在那个阶段，分期付款方式被上流社会指摘为贫困和不节俭的标志。但20世纪20年代以后，分期付款方式抛弃了社会地位方面的耻辱，变成购买昂贵家庭用品的标准方式，甚至富豪也采取此种方式购买商品。不过，对消费信贷的接受有过反复。当美国1929年发生经济大萧条以后，这种信贷融资方式被人们贬低，认为分期付款严重威胁了公共道德，是经济灾难的预兆，分期付款提供者是国家经济的叛徒。虽然遭到如此的批判和谩骂，但是消费信贷依旧大行其道，最终变成了美国普通大众购买昂贵耐用消费品的途径，并使负债成为一种生活方式。

信用卡问世于20世纪50年代，它是消费信贷的一部分，是消费信贷最重要的象征。消费信贷最广泛、人们最熟悉的形式是分期付款。

三、消费信贷的特点

（1）贷款投向的个人性。消费信贷以自然人为特定信用对象，而非一般的法人或组织。

（2）贷款用途的消费性。消费信贷以消费性需求为目的，而非以经营性需求为目的。

（3）贷款额度的小额性。消费信贷一般只有较小信用额度，不大量占用银行的信贷资金。

（4）贷款期限的灵活性。消费信贷期限灵活，除了包括固定期限的封闭式信贷，还包括不限期限的开放式信贷。

（5）贷款资金的安全性。消费信贷大多有抵（质）押物担保或保证，对于放款机构而言信贷资金的安全性一般都有保证。

四、消费信贷的优缺点

信贷是即时提供商品和服务的工具，是灵活的资金管理方式，安全而便利，是发生紧急情况时的缓冲带，是增加资源的工具。当消费者及时偿还贷款时，信贷还能创造良好的信用等级。但是请记住，信贷是双刃剑，它也有很明显的副作用。为了理智使用信贷，须仔细评价自己的收入水平、债务水平、增加的成本以及过度消费的后果。

（一）优点

（1）现在享受未来的商品和服务。

（2）在资金短缺时也能购买商品。

（3）实现购物便利。

（4）建立信用等级。

（二）缺点

（1）过度消费。

（2）不会提高总购买力。

（3）信贷成本较高。

资料5-1

贷款中的基本术语

贷款金额：就是借款的金额，也叫本金或贷款额。

贷款利率：贷款利率一般由国家统一规定。贷款利率根据贷款种类、贷款期限不同而不同。

贷款利息：由借款人支付给贷款人。

贷款期限：还清本金和利息的时间长度，一般从6个月、1年至30年不等。1年以内为短期贷款，1～10年为中期贷款，10年以上为长期贷款。

还款期：还款的周期（频率），即多长时间还一次款，通常为1个月。

抵押：是一种以还贷为前提条件的、从借款人到贷款人的资产权利的转移，该权利是对借款人享有赎回权的债务偿还的保证。简单来说，抵押是一种对贷款的保证。例如，当抵押贷款购房时，房屋的产权实际上是贷款人的，只有在还清贷款后才能获得产权。所购房屋就是抵押物。还清贷款获得产权的权利就是赎回权。

信用：对未来收入或偿还能力的信任。

信用卡：具有透支功能的银行卡。

透支：信用卡持卡人从发卡银行获取贷款的行为。信用卡一般有个限额，即最大透支额，在最大透支额内无须授权即可直接支付。

还贷方式：还款计息的方式。常用的还贷方式有到期一次还本付息法、等额本息还款法、等额本金还款法。

抵押贷款：以借款人或第三人提供符合规定条件的财产作为抵押物发放的贷款。

质押贷款：以借款人或第三人的动产或权利为质押物发放的贷款。定期存单、债券、保单、股票等，都可作为质押物。

保证贷款：借款人提供具有代为清偿债务能力的第三方作为偿还贷款本息并承担连带责任的保证人，以此向借款人发放的贷款。保证人可以是自然人、法人或其他经济组织。

第二节　消费信贷的种类

根据贷款的发放机构，消费信贷可分为银行信贷和非银行信贷；根据贷款的方式，消费信贷可分为封闭式信贷和开放式信贷。

一、银行信贷

（一）封闭式信贷

封闭式信贷有特定的用途，以合同形式规定偿还金额、偿还条件、支付次数等，通常在偿还债务前，销售方拥有商品所有权。

目前，我国商业银行个人消费信贷处于起步阶段，种类还不是很多，主要有以下几种。

1.个人汽车贷款

个人汽车贷款是指贷款人向申请购买汽车的借款人发放的专项贷款，也叫汽车按揭。汽车贷款由贷款人向在特约经销商处购买汽车的借款人发放，用于购买汽车，以贷款人认可的权利质押或者具有代偿能力的单位或个人作为还贷本息并承担连带责任的保证人提供保证，在贷款银行存入首期车款，贷款金额最高一般不超过所购汽车售价的80%，贷款期限一般为1~3年，最长不超过5年。

2.个人旅游贷款

个人旅游贷款是贷款人向借款人发放的用于支付旅游费用、以贷款人认可的有效权利做质押担保或者有代偿能力的单位或个人作为偿还贷款本息并承担连带责任的保证人提供保证，借款金额为2 000元至50 000元，期限为6个月至2年，且提供不少于旅游项目实际报价30%首期付款的人民币贷款。

3.商业性助学贷款

商业性助学贷款是银行对正在接受非义务教育的学生或直系家属或法定监护人发放的商业性贷款，适用于学生的出国留学、再教育进修等。商业性助学贷款根据用途分为学生学杂费贷款、教育储备金贷款、进修贷款和出国留学贷款。各家商业银行在商业助学贷款的条款上可能有所差别，但基本内容相同。商业性助学贷款额度由银行根据借款人资信状况及所提供的担保情况综合确定，最高不超过50万元。贷款最短期限为6个月，最长期限不超过8年。与公益性、非营利性的国家助学贷款相比，商业性助学贷款的利率水平、申请条件以及还贷期限等都高不少。

4.大额耐用消费品贷款

大额耐用消费品贷款指向消费者个人发放用于购买大额耐用消费品的人民币贷款。大额耐用消费品一般是指单价在3 000元以上（含3 000元）、正常使用寿命在2年以上的家庭耐用商品，包括家用电器、电脑、家具、健身器材、厨卫用具、乐器等（汽车、房屋除外）。大额耐用消费品贷款只能用于购买与贷款人签订有关协议、承办分期付款业务的特约销售商所经营的大额耐用消费品。贷款期限一般从3个月到3年不等。贷款额度起点为人民币2 000元，最高额一般不超过10万元，借款额一般最高不得超过购物款的80%。

6.家居装修贷款

家居装修贷款是指贷款人向借款人发放的用于借款人自用家居装修的人民币消费贷款。贷款期限一般为1至3年，最长不超过5年（含5年）。贷款额度一般不得超过家居装修工程总额的80%。

7.个人综合消费贷款

个人综合消费贷款是贷款人向借款人发放的不限定具体消费用途、以贷款人认可的有效权利质押担保或能以合法有效房产做抵押担保，借款金额在2 000元至50万元、期限在6个月至3年的人民币贷款。

8.个人住房贷款

个人住房贷款是贷款人向借款人发放的用于购买自用普通住房或者城镇居民住房、自建住房，以贷款人认可的抵押、质押或者保证，在银行存入首期房款，借款金额最高为房款的一定比例（如70%）、期限最高为一定年份（如30年）的人民币专项贷款。个人住房贷款又分为自营性个人住房贷款、委托性个人住房贷款和个人住房组合贷款三种。本章讨论的消费信贷主要是短期信贷，属于中长期贷款的住房贷款在以后的章节中进行讨论。

（二）开放式信贷

开放式信贷无须像封闭式信贷那样需要事先申请，只要不超过信用额度，可以随意使用开放式信贷进行购物，循环发放。信用限额是贷款人允许使用的最高额度，可能要支付利息或者手续费，一般可以享受若干期限的免息还款待遇。开放式信贷的主要形式是信用卡。

资料5-2

信用卡的故事

世界上第一张信用卡发行于20世纪20年代。当时，几家美国石油公司想出了一个主意，即发行一种卡，允许顾客凭卡购买汽油并且当时不付账而在以后付账。那是一种简单而实在的想法，但后来很长时间都没有流行起来。另一种早期信用卡是“就餐者俱乐部”卡，1950年，由纽约的拉尔夫·施内德尔发行。它允许俱乐部成员在27家纽约餐馆就餐。一开始，这些信用卡只能在极少数的消费场所使用。但施内德尔很快便有了将卡的有效性扩大到零售商店以及批发商行的念头。不久，就有人想出了几乎在任何地方都有效的“通用”卡。1958年，第一张银行卡——美洲银行的“邦加美利卡”发行。如今人们已十分熟悉信用卡，它成了一种国际语言。全世界的银行都明示它们可接受的信用卡。

与信用卡相关的另一个重要的发明物是计算机。到20世纪50年代中期，计算机首先应用于商业。这意味着顾客的账目信息可以很方便地归拢在一起并储存起来。从那时起，其他许多发明物使得信用卡更安全，更便于使用。例如，把磁条加到卡上的想法，卡上可录入顾客的身份及身份证号码等信息，随着信息技术的发展，芯片又加到了银行卡上。现在像这样的银行卡已用于各种途径，如转账，当然还有像最初打算的那样用来购物。

内装集成电路的信用卡越来越流行，集成电路上可以贮存持有人的银行账户和其他信息细目。这类卡以“智能卡”而闻名。

1.信用卡的概念

信用卡又称贷记卡，指具有一定规模的银行或金融公司发行的，可凭此向特定商家购买货物或享受服务，或向特定银行支取一定款项的信用凭证。

信用卡的大小与名片相似，卡面印有信用卡和持卡人的姓名、卡号、发行日期、有效日期、每笔付款限额、发卡人等信息，背面有持卡人的预留签名、磁条和发卡人的简要声明等。

1981年，中国银行将信用卡这一支付方式引进国内。

2.信用卡的使用流程

信用卡的使用流程如图5-1所示。

3.信用卡和借记卡的区别

信用卡和借记卡的区别见表5-1。

4.信用卡的利率

我国信用卡的透支取现利率统一为“日利率万分之五”，即年利率高达18%，远远高于通行的贷款利率（表5-2）。

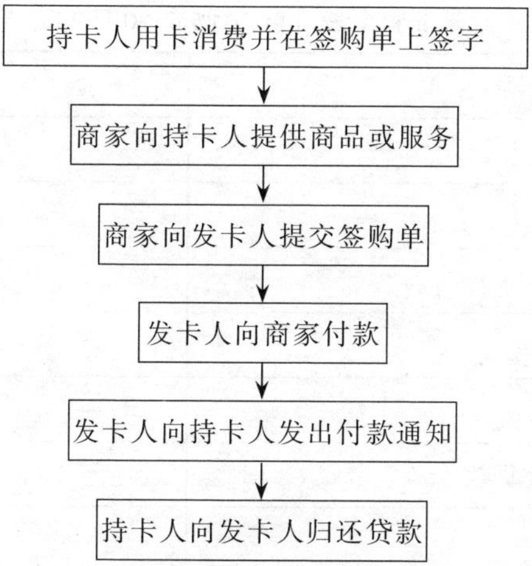

图 5-1　信用卡的使用流程

表 5-1　**信用卡和借记卡的区别**

信用卡	借记卡
信用卡（消费信贷产品）是先消费后还款	借记卡是先存款后使用
信用卡可以透支	借记卡不可以透支
信用卡有循环信用额度（循环信用就是银行给持卡人核定可使用的额度，持卡人在额度内使用的欠款无须全额还款，只还规定的最低还款额，就可以保持良好的信用记录，可以重复使用持卡人的信用额度）	借记卡没有循环信用额度
信用卡持卡人在最后还款日前全额还款的，消费享有免息还款期	借记卡没有免息期
信用卡存款不计息	借记卡存款按储蓄利率计算
信用卡属于负债业务	借记卡属于资产业务
信用卡发卡需符合相关条件（如工作单位的情况、还款能力的考核、个人信用记录的审评等），信用卡有防伪标识和银联标识	借记卡有身份证就可以办理 借记卡只有银联标识

表5-2　人民币贷款基准利率表（自2015年10月24日起执行）

项目	年利率（%）
一、短期贷款	
1年以内（含1年）	4.35
二、中长期贷款	
1至5年（含5年）	4.75
5年以上	4.90
三、个人住房公积金贷款	
5年以下（含5年）	2.75
5年以上	3.25

5.信用卡的使用

信用卡的使用有许多条款，应该详细了解使用规则。

（1）还款注意免息期。

一般免息还款期由3个因素决定：客户刷卡消费日期、银行出立对账单日期和银行指定还款日期。所以，消费时一定要注意两点：一是持卡人的消费日期；另一个就是银行对账单日期与还款日期之间的天数。弄清楚免息还款期的计算方法后，还要注意并不是所有的透支消费款项都可享受这一优惠。要想免息，必须同时满足两个条件：第一全额还款；第二是非现金交易的款项。如还款困难，应按银行要求的最低还款额，偿还部分透支款，否则利息成本十分昂贵。

免息期的计算可参照下面的例子：

钟先生于3月25日刷卡透支消费1 000元，其账单将于4月10日出立，银行指定还款日期为4月30日，如果钟先生于4月30日前还款就可以享受免息，免息期为36天（3月25日—4月30日），详细计算如图5-2所示。

（2）注意最低还款额。

最低还款额是持卡人每月需要归还的最低金额，首月最低还款额为当月欠款额的10%。使用最低还款额还款将不享受免息待遇。

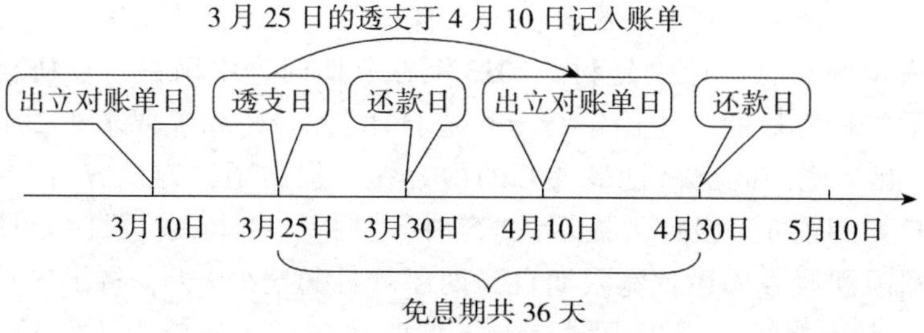

图5-2　免息期计算过程

上例中，钟先生4月10日的账单中显示：账户总结欠1 000元，最低还款额为100元。

如果钟先生在4月30日之前偿还了1 000元，则5月10日的对账单中显示循环信用余额的利息为0。

如果钟先生仅还了100元，则5月10日对账单中会显示利息22.95元。计算如下：

1 000×0.05%×36（3月25日—4月30日）+（1 000－100）×0.05%×11（4月30日—5月10日）=22.95（元）

（3）不要超额透支。

持卡人超过发卡银行批准的信用额度用卡时，不享受免息期待遇，即从透支之日起支付透支利息。所以持卡人在享受信用卡透支免息还款的实惠之时，切记不要超过银行批准的信用额度（即透支金额），否则超额部分将不会享受免息还款待遇，还要支付高额的透支利息。

（4）透支还款要还清。

信用卡刷卡消费，持卡人在免息还款期内，全额还款不需支付利息，但若是部分偿还透支款项，在符合银行规定的最低还款额的前提下，目前有两种截然不同的计息方式：第一种是只要持卡人有一部分钱在还款期内没有还，就不能享受免息待遇；另一种是只需支付欠款部分的利息。前者是大多数银行的做法，采取后者这种方式的只有极个别的银行。有一位消费者透支了750.50元，由于忘了透支的具体金额，所以在免息期内只还了750元，欠0.50元没有还。想不到的是，银行不是按照0.50元计息，而是按照750.50元计息的，结果造成不应有的很大损失，还影响个人信用记录。

以往，刷卡人刷卡的零头哪怕只有一角钱，也需要足额还款，否则就面临全额罚息，计收复利。2013年春节期间，中国银行业协会正式公布了修订之后的《中国银行卡行业自律公约》，相关要求于2013年7月1日起实施。此次修订最核心的内容在于提出了“容差容时”，而且还款日到期前3天银行需提示。“容时”是指，持卡人提供一定期限的还款宽限期服务，还款宽限期自到期还款日起至少3天，持卡人在还款宽限期内还款时，应当视同持卡人按时还款，不影响个人征信情况。“容时”是指，10元以下不全额罚息。

（5）现金透支不能免息还款。

信用卡提现是要支付利息的，并不享受免息还款期待遇，且计息是从提现透支日起开始计算的。这些规定一般在各银行的信用卡使用注意事项中都会写明，如“贷记卡取现或转账透支不享受免息还款待遇，从透支记账日起按日息万分之五计息”，等等。

（6）不要将信用卡当存折用。

信用卡内的存款（备用金）不计付利息是国际惯例，多数银行都是这样操作的。

（7）并非年年免年费。

信用卡免年费一般只是免开卡后头一年或两年内的费用，且往往捆绑着用户至少使用一个较长的固定期限。所以持卡人在使用时应该注意，如果到期没有交纳年费，银行可能会在持卡人账户内自动扣款，而且银行所扣的款项将算作持卡人的透支提现，因此就要计算贷款利息，而且还会计算复利，所以利息会日复一日地积累，时间一长，就会莫名其妙地收到透支利息通知书。所以，如果持卡人不经常使用信用卡，最好将其注销。

二、非银行机构信贷

（一）典当融资贷款

所谓典当，是指当户将其动产、财产权利作为当物质押或者抵押给典当行，交付一定比例费用，取得当金，并在约定期限内支付当金利息、偿还当金、赎回当物。通俗地说，典当就是要以财物作为质押，有偿有期借贷融资的一种方式。这是一种以物换钱的融资方式，只要顾客在约定时间内还本并支付一定的综合服务费（包括当物的保管费、保险费、利息等)，就可赎回当物。

（二）消费金融公司贷款

与银行相比，消费金融公司具有单笔授信额度小、审批速度快、无须抵押担保、服务方式灵活、贷款期限短等独特优势。消费金融公司经营的业务包括：个人耐用消费品贷款，一般用途个人消费贷款，信贷资产转让，境内同业拆借，向境内金融机构借款，经批准发行金融债券，与消费金融相关的咨询、代理业务，银保监会批准的其他业务。根据我国相关规定，向个人发放消费贷款的余额不得超过借款人月收入的5倍。

（三）保险公司贷款

保单贷款也称保险质借。在投保人需要时，保险公司可以在保单已经具有的现金价值的范围内，以保单做质押，向投保人提供贷款。我国保单质押贷款的期限较短，一般最多不超过6个月，最高贷款余额也不超过保单现金价值的一定比例，这个比例各个保险公司有不同的规定，一般在70%～80%之间；银行则更为宽松，一般可达到90%。期满后贷款一定要及时归还，一旦借款本息超过保单现金价值，保单将永久失效。

第三节　个人信贷管理

一、计算信贷能力

可以用两种方法计算信贷能力：

（1）月总可支配收入扣除月总基本开支，如果差额小于月还款额，就没有能力贷款。

（2）估算自己可放弃哪些支出以支付月还贷金额。

二、信贷能力基本准则

（一）指标体系

一般我们可以用债务支付收入占比这一指标来衡量自己的信贷能力，用公式表示即为：

债务支付收入占比=月还债支出÷月净收入×100%

通常建议债务支付收入占比不超过20%，这样才不会影响日常支付和生活质量。

（二）消费贷款的基本原则

贷款虽然能满足当时的消费欲望，但是以将来的收入为代价的。如果不能合理地均衡贷款债务与收入水平，就很可能陷入经济危机之中，所以在进行贷款时需参考以下基本原则：

1.贷款需在负债能力之内的原则

在贷款前，须了解自己的负债能力。所谓负债能力，就是在借款人现有及可预见的未来经济状况下，能够按照协议要求偿还的借款数量。以上定义涉及两个方面：一个是目前的经济状况；另一个是未来的经济状况，也就是短期还款能力（流动性）和长期偿付债务的能力（偿付能力）。例如，住房贷款的首期款就是对短期流动性资金的考验，必须一次性地付清首期款，才能得到住房贷款。同时，以后每个月的还贷额，是未来支出中的经常项目，也必须有足够的收入来平衡。只有满足以上两个条件，财务状况才可能保持健康；否则，就会出现过度负债或借款过多的情况，如不及时平衡就会对财务状况造成不良影响。

实际上，在贷款前，为了贷款的安全，贷款机构（银行）也会关心偿付能力。家庭预算不可能是完全准确的，各种不可预料的风险一样会影响偿付能力。

2.贷款期限与资产生命周期相匹配的原则

所谓匹配原则，就是贷款期限与贷款消费的商品的生命周期相匹配。我们在基本术语中介绍过贷款期限，商品的生命周期是什么意思呢？商品生命周期就是此商品平均使用年限。例如，汽车一般平均使用年限在5～8年，则汽车的生命周期为5～8年；住房至少使用30年以上，则房子的生命周期超过30年；一般百货或易消耗品，基本上就是现买现消费，所以它们的生命周期为0。根据以上原则，住房的贷款期限最长，一般可达30年，汽车贷款期限一般在5年以下，其他消费就不需贷款，最好用现金支付，就算是用信用卡透支消费的，也需及时补款还上。

3.保持良好的信用

消费信贷就是消费信用贷款，其中的信用是贷款能实现的重要保证之一，所以获得信用并保持良好的信用记录是以后贷款成功的关键。衡量信用的主要标准就是以往的还款记录以及家庭资产状况。如果以前所有的借款都能及时偿还，且保持健康的财务状况，信用评分就高，获得贷款的机会就多。

贷款第一原则用于评估、确定贷款金额，第二原则用于确定贷款期限的长短，第三原则决定能够成功取得贷款。

三、如何提高个人信用等级

消费信贷额度的高低取决于银行对你的经济信用的评估，要想获取较高的信用额度，就需要把能提高银行信用评估的工作做足了。第一次申请使用信用卡和使用期间都可以通过一些技巧来调高自己的信用额度。

（一）充分准备各种资产证明

申请之初，因为申请人在银行还没有任何消费信用记录，银行评估的是各种收入和资产状况，然后再决定给多少信用额度。如果要大幅提高申请时的信用额度，就要认真准备各种资产证明，不要嫌麻烦，要把收入证明、房屋产权证明、按揭购房证明、汽车产权证明、银行存款证明或有价证券凭证等提交给银行。

（二）认真填写表格细节

填写申请表格的时候，还有几个影响授信额度的小细节，诸如是否有本市的固定电话号码，这个号码是否是自己的名字或家人的名字登记办理的，是否已婚，手机号码是否有月租，是否为本市户口等。如果以上答案都是肯定的，银行会据此大大增加你的信用评估，但是每个条件并不都是绝对的，只是相对容易通过资质审核和提高最初的信用额度，消费信用和还款信用还是银行最看重的。

（三）随时随地不忘刷卡

用卡期间，多多刷卡消费，衣食住行都尽量选择刷卡消费，使用得越频繁，每月就有相对稳定的消费额度。把原来现金消费的习惯改为刷卡消费，这表明你对银行的忠诚度，银行的信息系统会统计你的刷卡频率和额度，在半年左右就会自动提高你的信用额度。

（四）按时还款保持良好信用

俗语说：有借有还，再借不难。银行也是严格遵循这个古老的道理。如果不按时还款肯定是没有信用的，最好全额还款，不要只还最低还款额，循环利息会让人吃不消。

（五）主动申请提高信用额度

正常使用信用卡半年后，可以主动提出书面申请或通过服务电话来调整授信额度，银行需要审批，正常情况下，会在审查消费记录和信用记录后，在一定幅度内提高信用额度。

另外，遇到重大节假日或有重大支出需求时，可以向银行提出临时提高信用额度，一般银行都会答应，而且24小时内就可调高使用了，下个月会恢复到过去的信用额度。

四、个人消费信贷的操作流程

个人消费信贷作为商业银行众多贷款种类中的一种，其操作也必须符合《中华人民共和国商业银行法》《贷款通则》等相关法律法规的规定，必须经过贷前调查、贷时审查和贷后检查3个基本环节。由于个人消费信贷的贷款用途限定为消费，作为贷款主体的自然人流动性很大，不易控制，在实际操作中，除封闭性贷款外，其他种类贷款的实际使用方向根本无法控制，所以，在这3个环节中，商业银行更着重于贷前调查和贷时审查两个关键环节。个人消费信贷的借款人为自然人，借款又为非营利目的，他们相对更注意贷款的成本，如果花了费用而最终未得到借款，往往会引起矛盾，对商业银行的信誉也会造成负面影响。

个人消费信贷的操作流程如下：

申请→贷前调查→审查、审批→签订合同→办理保险、公证、担保手续→发放贷款→贷款偿还→清户撤押

个人消费信贷的初审由资信调查组审验，主要审查借款人的资信情况，包括借款人的年龄、职业、收入、家庭情况、抵（质）押品、工资情况等。特别是在办理抵押贷款时，初审显得尤为重要。因为办理抵押品登记、评估、保险、公证等均需交纳一定的费用，有了初审，既可避免借款人花费费用办理各项手续，也可避免抵押物价值高估给银行带来的潜在风险。

资料5-3

减少债务的10点建议

1.计算出你一共欠了多少钱。把你的所有信用卡账单收集到一起，制作一个包括利率、欠款总额和每月最低支付额的表格。按照利率从高到低的顺序把所有的信用卡列出来。《基本信用手册》的作者Gerri Detweiler说："许多人在他们欠了什么上迷失了方向。"

2.保留两张利率最低的卡，把其他的卡取消。致电给信用卡的发行者并清除账户。（警告：在你清户之前应先检查你的使用记录。一些信用卡发行者由于用户清户而收取高额的透支额费用。如果在你的信用卡中有这种情况，先还清它再清户）

3.如果你没有利率低于14 %的信用卡，那么申请一张。

4.下决心在今后的6个月里你只在重要的地方使用你的信用卡。对于其他的东西使用现金或者银行借记卡购买。

5.把你每月的最低支出加起来。信用卡通常要求非常低的费用。如果你以最低的费用偿还，你将用很长的时间才能还清。例如，假设你在一张信用卡上欠了1 000美元，其利率是17%，如你以最低的偿还金额偿还，它将使你花费12年的时间和979美元的费用（除了本金之外）。

6.计算出你能用于偿还债务的最高限度，真正展开你的预算。例如，假设你的信用卡的偿还最低限度是每月总计350美元。你能偿还的最大限度是多少？750美元怎么样？有所得必有所失嘛！

7.把你所有的额外收入放到利率高的信用卡上。如果两张卡有同样的利率，把额外的钱放到有大额收支平衡差额的卡上。

8.合并你的债务。很多信用卡发行者在用卡初期提供优惠利率。如果你真的想尽快还清债务，你可以把你高利率的收支差额转到低利率的信用卡上来用现金偿还。

9.用最低限度的偿还金额偿还你的低利率的信用卡，直到你高利率的信用卡的收支差额还清为止。

10.考虑用你的存款来偿还债务。这听上去可能有些苛刻，但是如果你把资产、负债一同考虑，可能债务会抵销储蓄额。如果一部分钱存在银行，你有可能得到超过3.2%的收益，但同时债务却带来18%或更高利率的费用。

即使还清了所有欠款，你也必须依然认真对待，以保持无债务。如果你缺乏自律，可以考虑使用银行的现金卡；否则，采用账单到期即付款的方式，钱到手时即把每一张卡的收支差额做个结算。

思政课堂

过度借贷：比“黄赌”还可怕!

【思政元素】理性消费；量入为出。

现在，很多年轻人从学校毕业，进入到职场，过了几年之后却发现，自己不仅没有存下多少钱，反而欠下一身的债务。从《中国年轻人负债状况报告》中看，如今的中国年轻人中，只有13.4%的年轻人是没有负债的，剩下的年轻人都有债务缠身，人均负债达13万元，如此众多的年轻人，本应该在为美好生活而打拼，却背负上沉重的债务。

实际上，国内年轻人之所以喜欢借债消费，主要有两个方面的原因：一个是，现在年轻人刚从学校毕业，收入都不高，但是又受到西方超前消费观念的影响，想过上高品质的生活，于是在财力不允许的情况之下，只能通过借钱消费来满足自己的物质生活需要。刚开始可能还只是借点小钱，后来越陷越深，债务雪球越滚越大，最终发展到不能自拔的地步。

另一个是，如果年轻人想要超前消费，没有网贷平台也不行。随着国内消费贷款市场需求越来越旺，很多金融机构被吸引过来，它们都希望在消费贷款市场上分得一杯羹。现在比较出名的是银行信用卡、花呗、京东白条，这无疑给年轻人超前消费提供了便利。不少网贷平台还打出了“一键办理，30秒放款”的类似广告标语。

那么，国内年轻人又是如何深陷债务泥潭的呢？

第一，国内年轻人的收入不高，但消费欲望却很强烈，谈恋爱要花钱、旅游要花钱、买衣服要花钱、买个包包更要花钱。可能有人会问，年轻人既然收入不高，就不能省点吗？其实原因很简单，因为他们看到周围人都在透支消费，日子过得都很滋润，出于相互攀比和盲目从众的心理，于是就开始不断地借钱消费。资料显示，学历越高的人，越是容易负债消费。

第二，还有一些年轻人本来并不愿意透支消费的，但是他们平时喜欢工资一到账上就转到支付宝或微信上面，这样可以支付起来方便一些。但是，把钱转到支付宝和微信上面，就不容易控制自己的消费了，往往是不到半个月就花光了一个月的工资，最后也只能通过借钱渡过难关了。于是，渐渐地年轻人对借钱消费上了瘾，生活当中也离不开借钱消费了。

第三，有些年轻人刚开始也没想向网贷平台借多少钱，想等到下个月的工资发了，就还清债务。因为很多网贷平台都有一个免息周期。但是，这些人由于平时工作繁忙等个人原因，忘记了按时还款，而网贷平台也不急于催讨债务，任由年轻人的债务雪球越滚越大。

作为网贷平台，借款人如果逾期，就可以收取高额的利息和滞纳金。如此一来，年轻人可能向网贷平台没借多少钱，但是利息和滞纳金却压得他们喘不过气来。

实际上，部分年轻人超前消费，欠下巨额债务，这要比过去的“黄赌”更可怕。因为，超前消费往往会深陷其中不能自拔，容易上瘾。还有就是，超前消费的债务雪球会越滚越大，在不知不觉当中，就深陷泥潭之中。

我们奉劝广大年轻人，借贷消费并不代表万恶之源，如果能把它控制在“合理”的范围之内，对自己和社会都是有利的，但是要想把握好这个度，却是相当困难的。希望那些沉湎于超前消费的人群，及时把之前的欠债还清，重新过上“量入为出”的生活。

资料来源：不执着财经. 比“黄赌”还可怕！这一“陷阱”正掏空大量年轻人，请尽快上岸［EB/OL］.［2022-02-09］. https://k.sina.com.cn/article_1655703524_62b007e4001014x1z.html.

本章小结

1. 消费信贷是指金融机构为购买消费品的客户提供的一种信贷业务，它以消费者未来的购买力为放款基础，旨在通过信贷方式预支远期消费能力来刺激或满足个人及其消费需求。

2. 信贷是双刃剑，它有副作用。为了理智使用信贷，请仔细评价当前债务水平、未来收入、增加的成本以及过度消费的后果。

3. 透支是指信用卡持卡人从发卡银行获取贷款的行为。信用卡一般有个限额，即最大透支额，在最大透支额内无须授权即可直接支付。

4.消费信贷有八种类型，可以满足个人和家庭不同的需要。

5.我国的个人信用制度建设仍然处在一个从无到有的初级发展阶段，而这种个人信用制度的不健全正是制约我国消费信贷业务发展的“瓶颈”。

复习思考题

一、简答题

1.什么是消费信贷?

2.消费信贷的种类有哪些?

3.你对信用卡消费有什么看法?

4.如何评价自己的信贷能力?

5.如何申请消费贷款?

6.如何积累个人信用?

二、计算题

刘女士拥有一张信用额度为20 000元的信用卡，约定出账日为每月5日，最后还款日为每月15日。2018年4月10日，刘女士用此信用卡透支消费了1 000元。请问刘女士能否享受免息待遇?

第六章

金融投资规划

第一节　金融投资规划的基本知识

一、投资的概念

投资是指将货币或其他形式的资产投入特定经济项目以便在将来获取收益的一种行为，即为未来收入货币而奉献当前的货币。投资的最大特点就是牺牲确定的现值来换取不确定的（有风险的）未来收益，因此，进行投资规划就要熟悉各种投资工具的特性和投资的基本理论。

根据投资的对象不同，投资可以分为实物投资和金融投资两大类。实物投资一般包括对有形财产，如土地、机器设备、厂房等的投资，也称为直接投资；金融投资则包括对各种无形的金融资产，如股票、债券、基金以及各类金融衍生工具的投资，也称为间接投资。在本章中，我们主要讨论金融资产的个人或家庭投资规划。

二、投资规划的概念

投资规划是根据投资目标和风险承受能力，设计合理的资产配置方案，构建投资组合来实现财务目标的过程。

首先，必须首先确立投资目标，围绕着这一目标来安排投资的具体操作规划。

其次，投资组合的构建受制于投资者自身的主观和客观两个条件。主观条件是投资者的风险承受能力，客观条件是投资者可投入的财务资源的数量，只有在充分考虑这两个条件的基础上才能作出有针对性的投资规划。

三、金融投资规划流程

一般来说，投资规划流程主要包括确定投资政策、进行投资品种分析、构建投资组合、调整投资组合、评估投资组合绩效5个步骤，如图6-1所示。

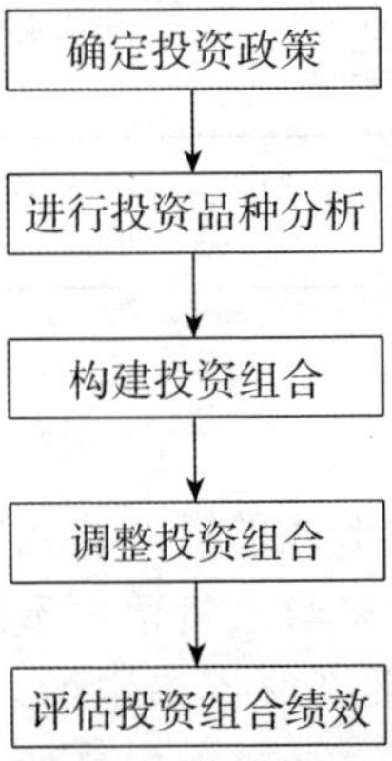

图6-1　投资规划流程

(一) 确定投资政策

投资政策是投资者为了实现投资目标所应遵循的基本方针和基本准则，它包括确定投资收益目标、投资资金的规模和投资对象等方面的内容以及应采取的投资策略和措施等。确定投资政策是投资过程中非常关键的一步。

1.确定投资目标

确定投资目标前，应积极获取投资相关信息帮助设定目标，确定的目标应切合实际、明确、可以衡量。一般可以用资金量或收益率作为指标，如3年内要攒够10万元。

2.风险承受能力分析

风险与收益是紧密相随的，不存在无风险的投资，获得收益总是以承担相应的风险为代价的。投资者因承担风险而获得补偿，不同的投资者对风险态度不同，因而根据投资者对风险的态度，可以把投资者分为风险回避型、风险中立型、风险偏好型。投资者必须首先了解自己的风险容忍度，然后才能制定合理的投资政策。风险容忍度可以定义为预期收益增加一单位时，投资者愿意接受的最大风险。在了解了自身的风险承受能力之后，投资者便可以按照自身的偏好来制定合理的投资政策。

以下问题可以帮助建立有效的投资目标：

（1）你的资金的用途是什么？

（2）你需要多少钱才能实现投资目标？

（3）你如何得到这些钱？

（4）你需要多长时间积累这些钱？

（5）你愿意为投资计划承担多少风险？

（6）什么经济或个人状况会改变你的投资目标？

（7）考虑到你的经济状况，你的投资目标合理吗？

（8）你愿意为实现理财目标而作出牺牲吗？

（9）如果没有实现理财目标，后果将是什么？

（二）进行投资品种分析

在确定了投资政策之后，投资者就要进行有针对性的分析，从而筛选出符合投资政策的投资品种。这种分析首先是明确投资品种的价格形成机制、影响其价格波动的各种因素及作用机制等；其次是要发现那些价格偏离其价值的品种。投资分析的方法很多，但总的来说，这些方法可归为两大类。

第一类称为基本分析。基本分析是指通过对公司的经营管理状况、行业的动态及一般经济情况的分析，进而研究投资品种的价值，即解决“购买什么”的问题。基本分析人士相信，价格是由价值决定的，但是价格可能偏离价值，因而他们主要评估投资品种的价值是被高估还是低估了。

第二类称为技术分析。技术分析的目的是预测投资品种——尤其是证券——价格涨跌的趋势，即解决“何时购买”的问题。技术分析偏重对投资品种价格的分析，并认为价格是由供求关系所决定的。他们往往相信市场是有规律的，因而他们擅长于利用过去的价格变动来预测未来的价格变动。

（三）构建投资组合

构建投资组合是投资过程的第三步，它是指确定具体的投资品种和投入各种投资工具和投资品种的资金比例。在设计投资组合时，必须依据下列原则：在风险一定的条件下，保证组合收益的最大化；在收益一定的条件下，保证组合风险的最小化。

投资组合包括3个方面的内容，即投资工具组合、投资时间组合、投资比例组合，如图6-2所示。

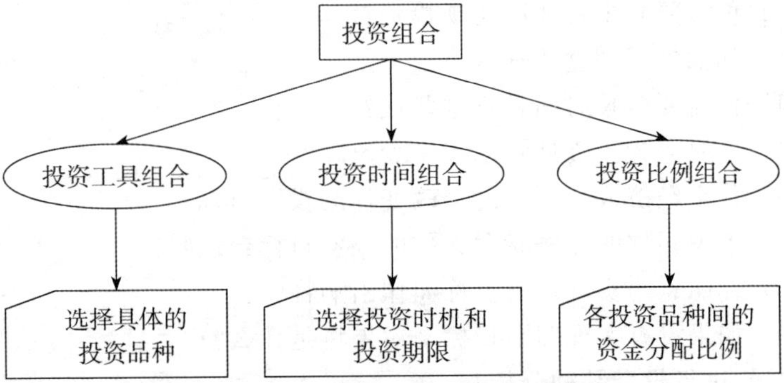

图6-2 构建投资组合的内容

投资组合设计也称分散投资，就是把资金分别投入到不完全相关的投资方式上。所谓投资方式的不相关，是指一种投资的收益与另一种投资的收益没有什么关系，不会相互影响。例如，股票投资风险与收益和房地产投资之间就没有什么关系，至少关系不密切。这样做的目的是，当某种投资失败时，不会影响到其他投资，还可通过其他投资弥补损失。投资方式之间最好是完全不相关，或负相关，这样可能把风险降到最低。负相关就是一种投资收益率上升时另一种则下降，或一种投资收益率下降时另一种则上升。分散投资原则的根本就是考虑多种投资方式之间的收益和风险是不相关的或不完全相关的，为此应注意投资的多元化。

投资的多元化是指依据一定的现实条件，构建一个在一定收益条件下风险最小的投资组合。一般来说，投资者不应只投资于一种投资工具，即使是同一品种的投资工具也不应该只投资于其中的某一单个投资品种上。“不要把鸡蛋放在一个篮子里”，投资者分散投资，有利于分散和降低投资风险，从而形成适合于自己的收益，即风险偏好的投资品种组合。另外，投资多元化是建立在投资数额较大的前提下的，小额投资不能盲目应用这一原则。

（四）调整投资组合

市场是在不断变化的，随着时间的推移，投资者也会改变投资目的，从而使当前持有的投资组合不再是最优组合。为此，投资者需要调整现有组合，卖掉旧的投资品种而购买一些新的投资品种，以形成新的组合。调整投资组合的另一动因是一些原来不具吸引力的投资品种现在变得有吸引力了，而另一些原来有吸引力的变得无吸引力了。这样，投资者就会在原来组合的基础上加入一些新的和减去一些旧的投资品种。这一决策主要取决于交易成本以及调整组合后投资业绩前景改善幅度的大小。

（五）评估投资组合绩效

评估投资组合的绩效，主要是定期评价投资的表现，其依据不仅是投资的回报率，还有投资者所承受的风险，需要有衡量收益和风险的相对标准来评估投资的业绩。投资业绩的评估主要从两方面来考虑：一是所选择的投资品种给投资者带来多大贡献；二是对把握市场时机的能力进行考核。

投资收益或投资回报包括收入收益和资本所得收益。收入收益就是利息、红利等的收入；资本收益就是资本增值或价差的收入，如低买高卖所产生的收益。衡量投资收益的主要指标是投资收益率，其计算公式如下：

投资收益率=（期末价格-期初价格+持有期收入收益）/期初价格×100%

收益率又可分实际收益率和预期收益率。实际收益率就是过去投资实际获得的收益率，可能是正的、零或者负的。预期收益率是估算将来预期产生的收益率，也就是投资希望获得的收益。

四、投资策略

投资策略是投资者明确了自己的投资目标后，进行投资时所运用的一些具体的操作方法。投资策略主要有以下几种：

（一）投资三分法

投资三分法是指将自有资产分为三部分：第一部分用于投资收益稳定、风险较小的投资品种，如债券、优先股等；第二部分用于投资风险较大、收益较高的投资品种；第三部分以现金形式保持，作为备用金。这三部分在比例上合理搭配，就可以取得相应的投资目标。投资三分法兼顾了投资的安全性、收益性和流动性，是一种颇具参考性的投资组合与投资技巧。

（二）固定比例投资法

这一策略是在投资操作过程中努力保持投资品种的比例不变，如投资者把投资分成股票和债券两部分，并在投资操作过程中努力使股票投资总额和债券投资总额保持某一固定比例。当股价上涨使股票总投资比例上升时，即出售一定比例的股票、购入一定数量的债券，使股票和债券恢复到既定的比例水平；反之，当股价下跌时，应出售债券、购入股票，以保持原来的比例。这一方法的关键是确定合理的分配比例。固定比例投资法的优点是用简单的方式让投资者避免追涨杀跌的交易习惯，用投资原则来约束自己的投资行为，使投资简单可行；同时总保持部分资金在手，很适合有一定流动资金需要的个人和家庭。

（三）固定金额投资法

这一策略在投资操作过程中不是努力保持投资品种的比例不变，而是保持投资总额不变。例如，基金经理对自身所持有的股票金额设定一个基数，通过买卖股票保持固定的投资总额。对这一投资总额的控制是通过在某一固定投资金额的基础上规定正负波动比例来进行的。

（四）耶鲁投资计划

这一策略类似于固定比例投资法，操作方法基本相同，但耶鲁投资计划使用的比例是一种浮动的比例，这种比例浮动的方向与市场是一致的，因此，市场变化的影响能及时在投资组合中得到相应体现，具有更大的弹性。也正因为如此，这种方法在我国证券投资基金中得到较为普遍的运用，凡是号称“动态配置”的基金，采用的都是这种方法。

（五）杠铃投资法

这种方法将投资集中到短期和长期两种工具上，并随市场利率变动而不断调整资金在两者之间的分配比例。杠铃实际上指的是市场利率水平，它是衡量资金分布的砝码，这种分布是建立在对未来利率走势判断的基础上的，当预计长期利率上涨、长期品种价格趋于下降时，应出售长期品种，增加短期品种的持有量；反之，则增持长期品种。这种预测也可以建立在对短期利率走势预测的基础上。杠铃投资法必须建立在准确预测基础上，需要对市场上各种期限和类型的投资品种进行大量的观察和预测并作出反应，因此，投资者要耗费大量人力和物力，对于小投资者来说，往往得不偿失。

第二节 股票投资

一、股票的定义

股票是有价证券的一种主要形式，是股份证书的简称，是股份公司为筹集资金而发行给股东作为持股凭证并借以取得股息和红利的一种有价证券。每股股票都代表股东对企业拥有一个基本单位的所有权。股票是股份公司资本的构成部分，可以转让、买卖或作价抵押，是资金市场上主要的长期信用工具。

股票的用途有三点。其一是，作为一种出资证明，当一个自然人或法人向股份有限公司参股投资时，便可获得股票作为出资的凭据；其二是，股票的持有者可凭借股票来证明自己的股东身份，参加股份公司的股东大会，对股份公司的经营发表意见；其三是，股票持有人凭借着股票可获得一定的经济利益，参加股份公司的利润分配，也就是通常所说的分红。

二、股票的特征

股票的特征可概括为：

（1）收益性。收益性是股票最基本的特征，它是指持有股票可以为持有人带来收益的特性。

（2）风险性。风险性是指股票可能产生经济利益损失的特性，持有股票要承担一定的风险。

（3）流动性。流动性是指股票可以自由地进行交易。

（4）永久性。永久性是指股票所载权利的有效性是始终不变的，因为它是一种无期限的法律凭证。

（5）参与性。参与性是指股票持有人有权参与公司重大决策的特性。

（6）波动性。波动性是指股票交易价格经常变化，或者说与股票票面价值经常不一致。

三、股票的种类

（一）按股东的权利可分为普通股、优先股

普通股是股份公司资本构成中最普通、最基本的股份，是股份企业资金的基础部分。普通股的基本特点是其投资收益（股息和分红）不是在购买时约定，而是事后根据股票发行公司的经营业绩来确定。在我国上交所与深交所上市的股票都是普通股。当公司因破产或关闭而进行清算时，普通股股东有权分得公司剩余资产，但普通股股东必须在公司的债权人、优先股股东之后才能分得财产，财产多时多分，少时少分，没有则只能作罢。普通股股东一般都拥有发言权和表决权，即有权就公司重大问题进行发言和投票表决。

优先股是“普通股”的对称，是股份公司发行的在分配红利和剩余财产时比普通股具有优先权的股份。优先股也是一种没有期限的所有权凭证，优先股股东一般不能在中途向公司要求退股（少数可赎回的优先股例外）。优先股的主要特征有二：一是优先股通常预先定明股息收益率。由于优先股股息率事先固定，所以优先股的股息一般不会根据公司经营情况而增减，而且一般也不能参与公司的分红，但优先股可以先于普通股获得股息。二是优先股的权利范围小。优先股股东一般没有选举权和被选举权，对股份公司的重大经营行为一般无投票权，但在某些情况下可以享有投票权。优先股的优先权主要表现在两个方面：(1) 股息领取优先权。(2) 剩余资产分配优先权。

（二）按股票持有者可分为国有股、法人股、个人股

国有股指有权代表国家投资的部门或机构以国有资产向公司投资形成的股份，包括公司现有国有资产折算成的股份。由于我国很多大中型国有股份制企业都是由原国有大中型企业改制而来的，因此，国有股在公司股权中占有较大的比重。

法人股指企业法人或具有法人资格的事业单位和社会团体以其依法可经营的资产向公司非上市流通股权部分投资所形成的股份。根据法人股认购的对象，可将法人股进一步分为境内发起法人股、外资法人股和募集法人股三种。法人股投资资金来自企事业单位。

社会公众股是指我国境内个人和机构，以其合法财产向公司可上市流通股权部分投资所形成的股份。我国投资者在股票市场买卖的股票都是社会公众股，可以自由流通。

（三）按票面形式可分为有面额股票、无面额股票及记名股票、无记名股票

有面额股票在票面上标注出票面价值，一经上市，其面额往往没有多少实际意义；无面额股票仅标明其占资金总额的比例。我国上市的股票都是有面额股票。记名股票将股东姓名记入专门设置的股东名簿，转让时须办理过户手续；无记名股票的股东名字不记入名簿，买卖无须过户。

（四）按发行范围可分为A股、B股、H股和F股

A股是在我国国内发行，供国内居民和单位用人民币购买的普通股票；B股原来是专供境外投资者在境内以外币买卖的特种普通股票，现已对国内居民开放；H股是我国内地注册的公司在中国香港发行并在香港联合交易所上市的普通股股票；F股是我国股份公司在海外发行上市流通的普通股股票。

四、如何进行股票交易

（一）如何开户

1.开立证券账户

不论机构或个人，要想在深圳、上海证券交易所进行证券交易，首先需要开立证券账户卡（股东代码卡），它是用于记载投资者所持有的证券种类、名称、数量及相应权益和变动情况的账册，是股东身份的重要凭证。按最新规定，每个投资者可以开立3个证券账户。只有拥有证券账户，才能进行股票交易。开立证券账户时投资者必须持本人有效身份证件（一般为身份证），并提供投资者的详细资料。这些资料包括：姓名、身份证号码、家庭住址、联系电话等。

上海、深圳两个交易所证券账户主要分为A股证券账户、B股证券账户以及基金账户等。A股证券账户可以买卖在证券交易所挂牌交易的股票、基金、债券；基金账户可以买卖基金和债券，但不能买卖股票；B股证券账户只能买卖上市交易的B股股票；境内自然人可以开立个人A股证券账户和基金账户，但已开立A股证券账户的不能再开立基金账户，已开立基金账户的不能再开立A股证券账户；境外自然人和法人可以开立B股证券账户。

2.开立资金账户

投资者开立了证券账户后还需选择一家证券公司的营业部，作为自己买卖证券的代理人，开立资金账户和办理指定交易。资金账户是用于记载投资者买卖证券的资金变动及余额情况的账户，该账户由证券公司营业部为投资者开设，这个资金账户也仅仅在该券商处交易有效。投资者如需在别的券商处交易，需另外开立资金账户，因此，一个投资者可拥有多个资金账户。

（二）如何交易

1.委托买卖

投资者开立证券账户和资金账户以后，可以根据开户证券营业部提供的几种委托方式选择其中的一种或几种进行交易。证券营业部通常提供的委托方式有柜台委托、自助终端委托、电话委托、网上交易等。委托应在规定的交易营业时间内办理，一般当天有效，即委托有效期从委托申报开始至当天闭市结束。在办理委托时，要注意申报清楚以下内容：①证券的名称或证券交易代码；②买卖方向，即买进或卖出；③买进或卖出的数量；④买进或卖出的价格。

2.撮合交易

券商受理客户委托一般先由券商的电脑委托系统进行审查，审查无误后，发到证券交易所内计算机主机进行撮合成交。所有的交易由证券交易所的电脑交易系统自动撮合完成，无须人工干预。交易所的自动撮合系统按"价格优先、时间优先"原则进行，即在一定价格范围内（如昨收盘价的上下10%之间或上下20%之间），优先撮合最高买入价或最低卖出价。投资者的委托如未能一次全部成交，其剩余委托仍可继续执行，直到有效期结束。委托成交后，投资者应对符合委托条件的成交结果给予承认，并按期履行交割手续。在委托未成交之前，投资者有权变更或撤销委托，变更委托视同重新办理委托。

3.清算交割

投资者在委托买卖的次交易日应及时到券商处办理交割，也就是客户与券商就成交的买卖办理资金清算与股份过户业务的手续，此手续俗称"一手交钱、一手交货"，券商向客户提供的交割单需列出客户本次买卖交易的详细资料，至此客户的股票交易才结束。现在，由于很多委托以网上交易的形式进行，一般不到券商处进行实地交割。

股票交易的流程如图6-3所示。

（三）交易费用

交易费用通常包括印花税、佣金、过户费、其他费用等几个方面的内容，见表6-1。

（1）印花税。印花税是根据税法的规定，在股票（包括A股和B股）成交后对买卖双方投资者按照规定的税率分别征收的税金，我国目前规定，股票交易的印花税由卖出方单边缴纳。基金、债券等交易均无此项费用。

（2）佣金。佣金是指投资者在委托买卖证券成交之后按成交金额的一定比例支付给券商的费用。此项费用一般由券商的经纪佣金、证券交易所交易经手费及管理机构的监管费等构成。

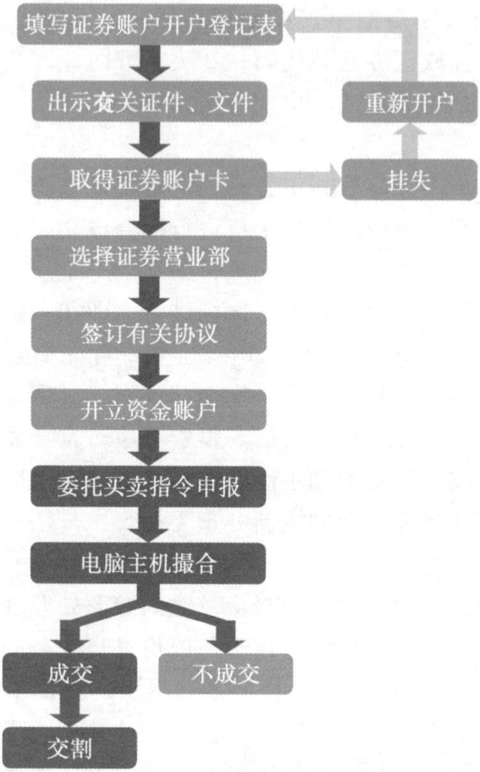

图6-3　股票交易流程图

（3）过户费。过户费是指投资者委托买卖的股票、基金成交后买卖双方为变更股权登记所支付的费用。这笔费用由证券登记清算机构收取，由证券经营机构在同投资者清算交割时代为扣收。

（4）其他费用。其他费用是指投资者在委托买卖证券时，向证券营业部交纳的委托费，例如，以前曾须交通信费、撤单费、查询费、开户费等。

（四）交易单位和价格

我国的股票交易以手为交易单位。

1.A股股票

1手为100股，买入股票最低起点为1手即100股，超过1手则必须为1手的整数倍，如200股、800股、1 000股等，否则为无效委托，不予

表6-1　　　　　　　　**我国股票交易费用一览表**

股票交易费用表

收费项目	深圳A股	上海A股	深圳B股	上海B股
印花税	1‰（单边收取）	1‰（单边收取）	1‰（单边收取）	1‰（单边收取）
佣金	小于或等于3‰ 起点：5元	小于或等于3‰ 起点：5元	3‰	3‰， 起点：1美元
过户费	无	1‰（按股数计算， 起点：1元）	无	无
交易手续费	无	5元（按每笔收费）	无	无
结算费	无	无	0.5‰ （上限500港元）	0.5‰

基金、债券交易费用表

收费项目	封闭式基金	可转换债券	国债	企业债券
印花税	无	无	无	无
佣金	3‰，起点：5元	1‰	1‰	1‰
过户费	无	无	无	无
交易手续费	无	无	无	无

交易所其他费用

收费项目	深圳A股	上海A股	深圳B股	上海B股
开户费	个人：50元 机构：500元	个人：40元 机构：400元	个人：120港元 机构：580港元	个人：19美元 机构：85美元
转托管费	30元	无	100港元	无

受理，如250股、371股等。配股买入时则不受此规定限制，可根据实际配股数进行申报，如买入251股配股。卖出股票也不受该规定限制，

比如1 000股可以分358股和642股两次卖出。A股股票计价单位为1股，而价格波动以0.01元为基本变动单位。

2.B股股票

上海证券交易所以1 000股为1个交易单位，采用的报价和结算币种为美元，计价单位为1股，价格变动最小单位为0.002美元。深圳证券交易所以100股为1个交易单位，报价和结算币种为港元，计价单位为1股，价格变动最小单位为0.01港元。

五、股票交易常用的基本概念

（一）市场及交易概念

一级市场：指发行市场，通过发行股票进行筹资活动的市场。

二级市场：指流通市场，已发行股票进行转让的市场。

配股：指上市公司向原股东进一步发行新股、筹集资金的行为。从好的方面来说，配股实际上是给股东提供了一个追加投资的机会；从坏的方面来说，就是不但没有回报股东反而要股东追加投资。

股息：又称股利，指股东凭股票从公司领取的收入，按入股额的比例分配。

分红：上市公司向股东分配利润，可以是现金，也可以是红股（将现金红利转化为资本金，以扩大生产经营）。

认股权证：指未来某个时间以事先确定的价格购买公司股票的权利，实际上是一种买入期权，到时根据实际情况可购买股票或者放弃该权利。

指数：反映股票市场的整体情况。一般有多种指数，如综合指数、成份指数、行业指数等。

收盘价：是指当日该股票最后一笔交易的成交价格，收市价又分为前（上午）收市价和后（下午）收市价。

开盘价：是指当日开盘后该股票的第一笔成交的价格，如开市后30分钟内无成交价，则以前日的收盘价作为开盘价。

成交量：反映成交的数量多少。一般可用成交股数和成交金额两项指标来衡量。

最高价：是指当日所成交的价格中的最高价位。有时最高价只有一笔，有时不止一笔。

最低价：是指当日所成交的价格中的最低价位。有时最低价只有一笔，有时不止一笔。

涨跌：每天的涨跌为当天的收盘价减去前日的收盘价。

涨跌幅：每天的涨跌幅为每天的涨跌除以前日的收盘价。目前，沪深股市实行的是涨跌幅限制制度，涨跌幅度为前日收盘价的上下10%或20%，即涨跌停板，只可以在这个幅度内进行交易。

停牌：股票由于某种消息或进行某种活动而由证券交易所暂停其在股票市场上进行交易。待情况澄清或企业恢复正常后，再恢复在交易所交易。

（二）主要指标

公司市值：市价乘以总股数，表示市场认可此公司的价值。市值越大，公司越值钱。

每股净资产：又叫股东权益，指公司净资产除以总股数的值，表示每股值多少钱的真实财产。原则上数值越大，每股拥有的财产越多。

每股税后利润：又叫每股盈利，指公司税后利润除以总股数的值，表示每股盈利的数额。原则上数值越大，盈利能力越高，经营业绩越好，相应的股价也可能较高。

净资产收益率：指公司税后利润除以净资产得出的百分比，用以衡量公司运用自有资本的效率。

市盈率：市价与每股税后利润之比，可以理解为获得利润的成本（或价格），如某股票的市盈率为20，则表示股价是每股盈利数的20倍。市盈率越高，则成本价格越高。市盈率一般表示股票的风险程度。

市净率：市价与每股净值之比，可以理解为每股净资产的价格，如市净率为3，则表示此公司每股净资产的价格为3元。市净率是衡量股票投资可靠性（安全性）的指标。市净率越低越可靠，如市净率为1，则表示是以每股净资产的价格进行交易的。

六、股票投资的基本原则

（一）趋势原则

在准备买入股票之前，首先应对大盘的运行趋势有个明确的判断。

一般来说，绝大多数股票都随大盘趋势运行。大盘处于上升趋势时买入股票较易获利，而在顶部买入则好比虎口夺食，下跌趋势中买入难有生还，盘局中买入机会不多。还要根据自己的资金实力制定策略，选处于上升趋势的强势股。

（二）分批原则

在没有十足把握的情况下，投资者可采取分批买入和分散买入的方法，这样可以大大降低买入的风险。但分散买入的股票种类不要太多，一般以5只以内为宜。另外，分批买入应根据自己的投资策略和资金情况有计划地实施。

（三）底部原则

中长线买入股票的最佳时机应在底部区域或股价刚突破底部上涨的初期，应该说这是风险最小的时候。而短线操作虽然天天都有机会，但也要尽量考虑短期底部和短期趋势的变化，并要快进快出，同时投入的资金量不要太大。

（四）风险意识原则

股市是高风险高收益的投资场所。可以说，股市中风险无处不在、无时不在，而且也没有任何方法可以完全回避。作为投资者，应一直保持风险意识，并尽可能地将风险降至最低程度，而买入股票时机的把握是控制风险的第一步，也是重要的一步。在买入股票时，除考虑大盘的趋势外，还应重点分析所要买入的股票是上升空间大还是下跌空间大、上档的阻力位与下档的支撑位在哪里、买进的理由是什么、买入后假如不涨反跌怎么办，等等，这些方面在买入股票时就应有清醒的认识，从而可以尽可能地将风险降低。

（五）强势原则

“强者恒强，弱者恒弱”，这是股票投资市场的一条重要规律。这一规律在买入股票时会对我们有所指导。遵照这一原则，我们应多参与强势市场而少投入或不投入弱势市场，在同板块或同价位或已选择买入的股票之间，应买入强势股和领涨股，而非弱势股或被认为将补涨而价位低的股票。

（六）题材原则

要想在股市中特别是较短时间内获得更多的收益，关注市场题材的炒作和题材的转换是非常重要的。虽然各种题材层出不穷、转换较快，但仍具有相对的稳定性和一定的规律性，只要把握得当定会有丰厚的回报。我们买入股票时，在选定的股票之间应买入有题材的股票而放弃无题材的股票，并且要分清是主流题材还是短线题材。另外，有些题材是常炒常新，而有的题材则是过眼烟云，炒一次就完了，其炒作时间短，以后再难有吸引力。

（七）止损原则

投资者在买入股票时，都是认为股价会上涨才买入。但若买入后并非像预期的那样上涨而是下跌该怎么办呢？如果只是持股等待解套是相当被动的，不仅占用资金错失别的获利机会，更重要的是背上套牢的包袱后还会影响以后的操作心态，而且何时才能解套也是不确定的事。与其被动套牢，不如主动止损，暂时认赔出局观望。对于短线操作来说更是这样，止损可以说是短线操作的法宝。股票投资回避风险的最佳办法就是止损、止损、再止损，别无他法。因此，我们在买入股票时就应设立好止损位并坚决执行。短线操作的止损位可设在5%左右，中长线投资的止损位可设在10%左右，另外就是因个人操作风格而异。

第三节　债券投资

一、债券的含义

债券是一种有价证券，是社会各类经济主体，如政府、金融机构、企业等，为筹措资金而向债券购买者出具的、承诺按一定利率定期支付利息并到期偿还本金的债权债务凭证，它是一种重要的信用工具。由此，债券包含了以下四层含义：

（1）债券的发行人（政府、金融机构、企业等）是资金的借入者；

（2）购买债券的投资者是资金的借出者；

（3）发行人（借入者）需要在一定时期还本付息；

（4）债券是债的证明书，具有法律效力，债券购买者与发行者之间是一种债权债务关系，债券发行人即债务人，投资者（债券持有人）即债权人。

二、债券与股票的区别

股票与债券都是有价证券，是证券市场上的两大主要金融工具。两者都是在一级市场上发行，又都是在二级市场上转让流通。对融资者来说，两者都是可以通过公开发行募集资本的融资手段。由此可见，两者实质上都是资本证券。从动态上看，股票的收益率和价格与债券的利率和价格互相影响，往往在证券市场上发生同向运动，即一个上升另一个也上升，反之亦然，但升降幅度可能不一致。

股票和债券虽然都是有价证券，都可以作为筹资的手段和投资工具，但两者有明显的区别。

（一）发行主体不同

作为筹资手段，无论是国家、地方、公共团体还是企业，都可以发行债券，而股票则只有股份制企业才可以发行。

（二）收益稳定性不同

从收益方面看，债券在购买之前，利率已定，期满就可以获得固定利息，而不管发行债券的公司经营获利与否。股票一般在购买之前不定股息率，股息收入随股份公司的盈利情况变动而变动，盈利多就多得，盈利少就少得，无盈利不得。

（三）保本能力不同

从本金方面看，债券到期可连本带利收回，本金有保障。股票则无到期之说，股票本金一旦交给公司，就不能再收回，只要公司存在，就永远归公司支配。公司一旦破产，即便收回资本也要看公司剩余资产清盘状况，有可能连本金都会蚀尽。

（四）经济利益关系不同

债券和股票实质上是两种性质不同的有价证券，二者反映着不同的经济利益关系。债券所表示的只是对公司的一种债权，而股票所表示的是对公司的所有权。二者权属关系不同，就决定了债券持有者无权过问公司的经营管理，而股票持有者则有权直接或间接地参与公司的经营管理。

（五）风险性不同

债券只是一般的投资对象，其交易转让的周转率比股票要低。股票不仅是投资对象，更是金融市场上的主要交易对象，其交易转让的周转率高，市场价格变动幅度大，可能暴涨暴跌，安全性低，风险大，但可能获得很高的价差收入，因而能够吸引不少人投入股票交易中来。

三、债券的票面要素

（一）票面价值

债券的票面价值包括两点：其一是币种，即以何种货币作为债券价值的计量标准。若在境内发行，其币种自然就是本国货币，若到国际市场上筹资，则一般以债券发行所在国家的货币或国际通用货币如美元、英镑等币种为计量标准。其二是债券的数量，它根据发行时的具体情况而定。

（二）债券的价格

债券的价格是债券在交易中买卖双方以货币的形式对其价值达成的共识，它取决于债券的利率及兑付时间以及其他一些因素，其价格处于经常性的变化之中。即使在发行时，债券的价格也不一定与其面值相等，要视金融市场其他投资品种的收益和供求情况而定，有时可高出票面价格溢价发行，而有时又需低于票面价格折价发行。进入二级流通市场之后，债券的市场价格就要随行就市了。

（三）偿还期限

债券的偿还期限是从债券发行日起至偿清本息之日的时间间隔。债券的偿还期限各有不同，一般分为三类；偿还期限在1年以内的为短期；偿还期限在1年以上、10年以内的为中期；期限在10年以上的为长期。债券的偿还期限主要由债券的发行者根据所需资金的使用情况来确定。

（四）债券的利率

债券的利率是债券每年应付利息与债券票面价值的比率。例如，一种债券利率为10%，即表示每认购100元债券，每年便可得到10元的利息。债券的利率主要受银行利率、发行者的资信情况、偿还期限、利息计算方式和资本市场资金供求情况的影响。

四、债券的特性

债券是债务人为筹集资金而向债权人承诺按期交付利息和偿还本金的有价证券。它只是一种虚拟资本，其本质是一种债权债务证书。它有以下4个基本特征：

（一）偿还性

在历史上只有无期公债或永久性公债不规定到期时间，这种公债的持有者不能要求清偿，只能按期取得利息。而其他一切债券都对债券的偿还期限有严格的规定，且债务人必须如期向持有人支付利息。

（二）流动性

流动性是指债券能迅速和方便地变现为货币的能力。目前，几乎所有的证券营业部或银行部门都开办债券买卖业务，且收取的各种费用都比股票低。如果债券的发行者即债务人资信程度较高，债券的流动性就比较强。

（三）安全性

安全性是指债券在市场上抵御价格下降的能力，一般是指其不跌破发行价的能力。债券在发行时都承诺到期偿还本息，所以其安全性一般都较高。有些债券虽然流动性不高，但其安全性较好，因为它们经过较长的一段时间后就可以收取现金或不受损失地出售。

（四）收益性

债券的收益性是指获取债券利息的能力。因债券的风险比银行存款要大，所以债券的利率也比银行存款高，如果债券到期能按时偿付，购买债券就可以获得固定的、一般高于同期银行存款利率的利息收入。

五、债券的种类

债券的种类繁多，且随着人们对融资和证券投资的需要又不断创造出新的债券形式，在现今的金融市场上，债券的种类可按发行主体、发行区域、期限长短、利息支付方式、发行方式、有无担保和是否记名等进行划分。

（一）按发行主体分类

根据发行主体的不同，债券可分为政府债券、金融债券和公司债券三大类。第一类是由政府发行的债券，称为政府债券，它的利息享受免税待遇，其中由中央政府发行的债券也称公债或国库券，其发行债券的目的都是弥补财政赤字或投资于大型建设项目；而由各级地方政府机构如市、县、镇等发行的债券就称为地方政府债券，其发行目的主要是为地方建设筹集资金，因此都是一些期限较长的债券。第二类是由银行或其他金融机构发行的债券，称为金融债券。金融债券发行的目的一般是筹集长期资金，其利率一般也会高于同期银行存款利率，而且持券者需要资金时可以随时转让。第三类是公司债券，它是由非金融性质的企业发行的债券，其发行目的是筹集长期建设资金，一般都有特定用途。按有关规定，企业要发行债券必须先参加信用评级，级别达到一定标准才可发行。因为企业的资信水平比不上金融机构和政府，所以公司债券的风险相对较大，因而其利率一般也较高。

（二）按发行的区域分类

按发行的区域划分，债券可分为国内债券和国际债券。国内债券，就是由本国的发行主体以本国货币为单位在国内金融市场上发行的债券；国际债券则是本国的发行主体到别国或国际金融组织等以外国货币为单位在国际金融市场上发行的债券。

（三）按期限长短分类

根据偿还期限的长短，债券可分为短期、中期和长期债券。一般的划分标准是期限在1年以下的为短期债券，期限在10年以上的为长期债券，而期限在1年到10年之间的为中期债券。

（四）按利息的支付方式分类

根据利息的不同支付方式，债券一般分为附息债券、贴现债券和普通债券。附息债券是在券面上附有各期息票的中长期债券，息票的持有者可按其标明的时间期限到指定的地点按标明的利息额领取利息。贴现债券是在发行时按规定的折扣率将债券以低于面值的价格出售，在到期时持有者仍按面额领回，其票面价格与发行价之差即为利息。除此之外的就是普通债券，它按不低于面值的价格发行，持券者可按规定分期分批领取利息或到期后一次领取本息。

（五）按发行方式分类

按照是否公开发行，债券可分为公募债券和私募债券。公募债券是指按法定手续，经证券主管机构批准在市场上公开发行的债券，其发行对象是不限定的。私募债券是发行者以与其有特定关系的少数投资者为募集对象发行的债券。该债券的发行范围很小，其投资者大多数为银行或保险公司等金融机构，它不采用公开呈报制度，债券的转让也受到一定程度的限制，流动性较差，但其利率水平一般较公募债券要高。

（六）按有无抵押担保分类

根据有无抵押担保，债券可以分为信用债券和担保债券。信用债券亦称无担保债券，是仅凭债券发行者的信用而发行的、没有抵押品作担保的债券。一般政府债券及金融债券都为信用债券。担保债券指以抵押财产为担保而发行的债券。其具体包括：以土地、房屋、机器、设备等不动产为担保品而发行的抵押公司债券、以公司的有价证券（股票和其他证券）为担保品而发行的抵押信托债券和由第三者担保偿付本息的承保债券。当债券的发行人在债券到期而不能履行还本付息义务时，债券持有者有权变卖担保品来清偿抵付或要求担保人承担还本付息的义务。

（七）按是否记名分类

根据在券面上是否记名，可以将债券分为记名债券和无记名债券。记名债券是指在券面上注明债权人姓名，同时在发行公司的账簿上作同样登记的债券。转让记名债券时，除要交付债券外，还要在债券上背书和在公司账簿上更换债权人姓名。无记名债券是指券面未注明债权人姓名，也不在公司账簿上登记其姓名的债券。现在市面上流通的一般都是无记名债券。

（八）按发行时间分类

根据发行时间的先后，债券可以分为新发债券和既发债券。新发债券指的是新发行的债券，这种债券都规定有招募日期。既发债券指的是已经发行并交付给投资者的债券。新发债券一经交付便成为既发债券。在证券交易部门，既发债券随时都可以购买，其购买价格就是当时的市场价格，购买者还须支付手续费。

（九）按是否可转换分类

按是否可转换来区分，债券可分为可转换债券与不可转换债券。可转换债券是能按一定条件转换为其他金融工具的债券，而不可转换债券就是不能转化为其他金融工具的债券。可转换债券一般都是指可转换公司债券，这种债券的持有者可按一定的条件根据自己的意愿将持有的债券转换成股票。

六、债券的价格和收益计算

（一）债券的价格

1.债券的发行价格

债券的发行价格是指在发行市场（一级市场）上，投资者在购买债券时实际支付的价格。通常有三种不同情况：一是按面值发行、按面值收回，其间按期支付利息；二是按面值发行，按本息相加额到期一次偿还，我国目前发行的债券大多数是这种形式；三是以低于面值的价格发行，到期按面值偿还，面值与发行价之间的差额，即为债券利息。

2.债券的市场交易价格

债券发行后，一部分可流通债券在流通市场（二级市场）上按不同的价格进行交易。交易价格的高低取决于公众对该债券的评价、市场利率以及人们对通货膨胀率的预期等。一般来说，债券价格与到期收益率成反比，也就是说，债券价格越高，到期收益率越低。

（二）债券收益的计算

债券的收益可以用债券收益率表示，债券收益率是债券投资者在债券上的收益与其投入的本金之比。

1.票面利息率

它是固定利息收入与票面金额的比率，一般在债券票面上注明，这是投资于债券时最直观的收入指标。面值相同的债券，票面注明的利率高的，利息收入自然就高，风险也比较小，反之亦然。但是，由于大多数债券都是可转让的，其转让价格随行就市，所以，投资者认购债券时实际支付的价款并不一定与面值相等，这样，用票面利息率衡量投资收益就不再有实际意义。

2.直接收益率

直接收益率又称现行收益率，是投资者实际支付的价款与实际利息之间的相互关系。其计算公式是：

直接收益率=票面面额×票面利率÷实际购买债券价格×100%

用直接收益率评估投资风险程度，比票面利息率指标显然是进了一步，但仍有缺点。因它是一个静态指标，只反映认购债券当时成本与收益的对比状况，不反映债券有效期内或债券到期时的实际收益水平。

3.实际收益率

实际收益率又称到期收益率，是衡量投资者投资债券的实际全部收益的指标，它主要考虑两方面的收益，即债券的利息收益和债券买卖价格与债券面值的差额收益。其计算公式为：

$$\text{实际收益率}=\left\{\text{利息收入}+\left[\left(\text{债券面额}-\text{债券购买价}\right)\div\text{距到期日年度数}\right]\right\}\div\left[\left(\text{债券面额}+\text{债券购买价}\right)/2\right]\times100\%$$

对于分期偿还的债券，还须应用加权平均法计算出债券的平均期限，将实际收益率调整为平均期限收益率，所用权数是每期偿还本金额。

（三）影响债券收益的因素

影响债券收益的因素主要包括：

（1）债券的利率。债券利率越高，债券收益也越高；反之，收益越低。

（2）债券价格与面值的差额。当债券价格高于其面值时，债券收益率低于票面利息率；反之，则高于票面利息率。

（3）债券的还本期限。债券的还本期限越长，票面利息率越高。

七、个人投资债券的方式

投资者可通过一级市场和二级市场进行债券投资。

一级市场可以投资的债券品种包括：一是凭证式债券；二是面向银行柜台债券市场发行的记账式债券；三是在交易所债券市场发行的记账式债券，投资者可委托有资格的证券公司通过交易所交易系统直接认购，也可向认定的债券承销商直接认购；四是企业债券，个人投资者可到发行公告中公布的营业网点认购；五是可转换公司债券，如上网定价发行，则投资者可通过证券交易所的证券交易系统上网申购。

二级市场上投资债券的渠道有：一是可以通过商业银行柜台进行记账式债券交易；二是通过商业银行柜台购买银行转卖的二手凭证式债券；三是可以通过证券公司买卖证券交易所的记账式债券、上市企业债券和可转换债券。

八、债券投资的技巧

（一）利用时间差提高资金利用率

一般债券发行都有一个发行期，如半个月的时间。如在此段时期内都可买进，则最好在最后一天购买；同样，在到期兑付时也有一个兑付期，则最好在兑付的第一天去兑现。这样，可减少资金占用的时间，相对提高债券投资的收益率。

（二）利用市场差和地域差赚取差价

通过上海证券交易所和深圳证券交易所进行交易的同品种国债，它们之间是有价差的。利用两个市场之间的市场差，有可能赚取差价。同时，可利用各地区之间的地域差，进行贩买贩卖，也可能赚得差价收益。

（三）卖旧换新技巧

在新国债发行时，提前卖出旧国债，再连本带利买入新国债，所得收益可能比旧国债到期才兑付的收益高。这种方式有个条件：必须比较卖出前后的利率高低，看是否合算。

（四）选择高收益债券

债券是收益介于储蓄和股票、基金之间的一种投资工具，相对安全性比较高。所以，在债券投资的选择上，不妨大胆地选购一些收益较高的债券，如企业债券、可转让债券等。特别是风险承受力比较高的家庭，更不要只盯着国债。

（五）注意选择债券投资时机

债券一旦上市流通，其价格就要受多重因素的影响，不断波动。这对于投资者来说，就面临着投资时机的选择问题。机会选择得当，就能提高投资收益率；反之，投资效果就差一些。

九、债券投资策略

（一）消极型投资策略

消极型投资策略是一种不依赖市场变化而保持固定收益的投资方法，其目的在于获得稳定的债券利息收入和到期安全收回本金。因此，消极型投资策略也常常被称作保守型投资策略，主要包括购买持有法、梯形投资法和三角投资法等。

1.购买持有法

购买持有法是最简单的债券投资策略，其步骤是：在对债券市场上所有的债券进行分析之后，根据自己的偏好和需要，买进能够满足自己要求的债券，并一直持有到到期兑付之日。在持有期间，并不进行任何买卖活动。

购买持有法的优点是：(1) 收益固定。在投资决策的时候就确定地知道收益，不受市场行情变化的影响，它可以完全规避价格风险，保证获得一定的收益率。(2) 如果持有的债券收益率较高，同时市场利率没有很大的变动或者逐渐降低，则这种投资策略也可以取得相当满意的投资效果。(3) 交易成本很低。由于中间没有任何买进卖出行为，因而手续费很低，从而也有利于提高收益率。因此这种购买持有的投资策略比较适用于市场规模较小、流动性比较差的债券，并且更适用于不熟悉市场或者不善于使用各种投资技巧的投资者。

购买持有法的缺点是：(1) 从本质上看是一种比较消极的投资策略。投资者购进债券后，可以毫不关心市场行情的变化，可以漠视市场上出现的投资机会，因而往往会丧失提高收益率的机会。(2) 受通货膨胀的影响大。虽然投资者可以获得固定的收益率，但是，这种被锁定的收益率只是名义上的，如果发生通货膨胀，那么投资者的实际投资收益率就会发生变化，从而使这种投资策略的价值大大下降。特别是在通货膨胀比较严重的时候，这种投资策略可能带来比较大的损失。(3) 受利率波动的影响大。最常见的情况是，由于市场利率上升，购买持有这种投资策略的收益率相对较低。由于不能及时卖出低收益率的债券，转而购买高收益率的债券，因此，在市场利率上升时，这种策略会带来损失。但是无论如何，投资者都能得到原先确定的收益率。

2.梯形投资法

梯形投资法又称等期投资法，是指每隔一段时间，在债券发行市场认购一批相同期限的债券，循环滚动，这样，投资者在每段时间都可以稳定地获得一笔本息收入。

例如，小王在20×1年6月购买了当年发行的3年期债券，在20×2年3月购买了当年发行的3年期债券，在20×3年4月购买了当年发行的3年期债券。这样，在20×4年7月，小王就可以收到20×1年发行的3年期债券的本息和，此时，小王又可以购买20×4年发行的3年期债券。这样，他所持有的三种债券的到期期限又分别为1年、2年和3年。如此滚动下去，小王就可以每年得到投资本息和，从而既能够进行再投资，又可以满足流动性需要。只要小王不停地用每年到期的债券的本息和购买新发行的3年期债券，则其债券组合的结构就与原来的相一致。

梯形投资法的优点在于，采用此种投资方法的投资者能够在每年得到本金和利息，因而不至于产生很大的流动性问题，不至于急着卖出尚未到期的债券，以致不能保证收到约定的收益。同时，在市场利率发生变化时，梯形投资法下的投资组合的市场价值不会发生很大的变化，因此债券组合的投资收益率也不会发生很大的变化。由于这种投资方法每年只进行一次交易，因而交易成本比较低。

3.三角投资法

所谓三角投资法，是指利用债券投资期限不同所获本息和也就不同的原理，使得在连续时段内进行的投资具有相同的到期时间，从而保证在到期时收到预定的本息和。这个本息和可能已被投资者计划用于某种特定的消费。三角投资法和梯形投资法的区别在于，虽然投资者都是在连续时期（年份）内进行投资，但是，这些在不同时期投资的债券的到期期限是相同的，而不是债券的期限相同。

例如，小王20×1年决定在5年后的20×6年买房，因此，他决定投资债券以便能够确保得到所需资金。这样，他可以在20×1年投资20×1年发行的5年期债券，在20×2年购买20×2年发行的4年期债券，在20×3年购买20×3年发行的3年期债券，在20×4年购买20×4年发行的2年期债券。这些债券在到期时都能收到预定的本息和，并且都在20×6年到期，从而能保证有足够的可用资金来实现买房的目标。

这种投资方法的特点是，在不同时期进行的债券投资的期限是递减的，因此被称作三角投资法。它的优点是能获得较固定的收益，又能保证到期得到预期的资金以用于特定的目的。

（二）积极型投资策略

积极型投资策略是指，投资者通过主动预测市场利率的变化，采用抛售一种债券并购买另一种债券的方式来获得差价收益的投资方法。这种投资策略着眼于债券市场价格变化所带来的资本损益，其关键在于能够准确预测市场利率的变化方向及幅度，从而能准确预测出债券价格的变化方向和幅度，并充分利用市场价格变化来取得差价收益。因此，这种积极型投资策略一般也被称作利率预测法。这种方法要求投资者具有丰富的债券投资知识及市场操作经验，并且要支付相对比较多的交易成本。投资者追求高收益率的强烈欲望使利率预测法受到众多投资者的欢迎，同时，市场利率的频繁变动也为利率预测法提供了实践机会。

利率预测法的具体操作步骤是：投资者通过对利率的研究获得有关未来一段时期内利率变化的预期，然后利用这种预期来调整其持有的债券，以期在利率按其预期变动时能够获得高于市场平均收益率。因此，正确预测利率变化的方向及幅度是利率预测投资法的前提，而有效地调整所持有的债券就成为利率预测投资法的主要手段。在判断市场利率将下跌时，应尽量持有能使价格上升幅度最大的债券，即期限比较长、票面利率比较低的债券。也就是说，在预测市场利率将下跌时，应尽量把手中的短期、高票面利率债券转换成期限较长的、低票面利率的债券，因为在利率下降相同幅度的情况下，这些债券的价格上升幅度较大；反之，若预测市场利率将上升，则应尽量减少票面利率低、期限长的债券，转而投资票面利率高、期限短的债券，因为这些债券的利息收入高、期限短，因而能够很快地变现，再购买高利率的新发行债券，同时，这些债券的价格下降幅度也相对较小。

需指出的是，利率预测法作为一种积极的债券投资方法，虽然能够获得比较高的收益率，但是这种投资方法是具有很大风险的。一旦利率向相反的方向变动，投资者就可能遭受比较大的损失，因此，其只对那些熟悉市场行情、具有丰富操作经验的人才适用。初级投资者不适宜采用此种投资方法。

积极型债券投资策略主要包括等级投资计划法、逐次等额买进摊平法和金字塔式操作法等。

1. 等级投资计划法

等级投资计划法是公式投资计划法中最简单的一种，它由股票投资技巧而得来，方法是投资者事先按照一个固定的计算方法和公式计算出买入和卖出债券的价位，然后根据计算结果进行操作。其操作要领是“低进高出”，即在低价时买进、高价时卖出。只要债券价格处于不断波动中，投资者就必须严格按照事先拟订好的计划来进行债券买卖，而是否买卖债券则取决于债券市场的价格水平。具体地，当投资者选定一种债券作为投资对象后，就要确定债券变动的一定幅度作为等级，这个幅度可以是一个确定的百分比，也可以是一个确定的常数。每当债券价格下降一个等级时，就买入一定数量的债券；每当债券价格上升一个等级时，就卖出一定数量的债券。

等级投资计划法适用于债券价格不断波动的时期。由于债券最终还本付息，因此，其价格呈缓慢上升趋势。在运用等级投资法时，一定要注意债券价格的总体走势，并且，债券价格升降幅度即买卖等级的间隔要恰当。债券市场行情波动较大，买卖等级的间隔可以大一些；债券市场行情波动较小，买卖等级间隔就要小一些。如果买卖等级间隔过大，会使投资者丧失买进和卖出的良好时机，而过小又会使买卖差价太小，在考虑手续费因素后，投资者获利不大。同时，投资者还要根据资金实力和对风险的承受能力来确定买卖的批量。

2.逐次等额买进摊平法

逐次等额买进摊平法就是在确定投资于某种债券后，选择一个合适的投资时期，在这一段时期中定量定期地购买债券，不论这一时期该债券价格如何波动都持续地进行购买，这样可以使投资者的平均成本低于市场价格。运用这种操作法，每次投资时，要严格控制所投入资金的数量，保证投资计划逐次等额进行。如果投资者对某种债券投资时，该债券价格具有较大的波动性，并且无法准确地预期其波动的各个转折点，投资者可以运用逐次等额买进摊平操作法。

例如，小王选择某5年期债券为投资对象，在确定的投资时期中分5次购买，每次购入债券100张。第1次购入时，债券价格为120元；第2次购入时，债券价格为125元；第3次购入时，债券价格为122元；第4次、第5次小王的购入价格分别是126元、130元。到整个投资计划完成时，小王购买债券的平均成本为124.6元，而此时债券价格已涨至130元，这时如果小王抛出此债券，将获得收益为2 700元（（130－124.6）×500）。因为债券具有长期投资价值，所以按照这一方法操作，可以稳妥地获取收益。

3.金字塔式操作法

与逐次等额买进摊平法不同，金字塔式操作法实际是一种倍数买进摊平法。当投资者第1次买进债券后，发现价格下跌时可加倍买进，以后在债券价格下跌过程中，每一次购买数量比前一次增加一定比例，这样就成倍地加大了低价购入的债券占购入债券总数的比重，降低了平均成本。由于这种买入方法呈正三角形趋势，形如金字塔，所以称为金字塔式操作法。

例如，小王最初以每张120元的价格买入5年期债券，投入资金12 000元；以后在债券价格下降到118元时，他投入23 600元，购买200张债券。当债券价格下降到115元时，他投入34 500元，购入300张债券。这样，他三次投入资金70 100元，买入600张债券，每张平均购入成本为116.83元，如果债券价格上涨，只要超过平均成本价，小王即可抛出获利。

在债券价格上升时运用金字塔式操作法买进债券，则需每次逐渐减少买进的数量，以保证最初按较低价买入的债券在购入债券总数中占有较大比重。

债券的卖出也同样可采用金字塔式操作法，在债券价格上涨后，每次加倍抛出手中的债券，随着债券价格的上升，卖出的债券数额越大，以保证高价卖出的债券在卖出债券总额中占较大比重而获得较大盈利。

运用金字塔式操作法买入债券，必须对资金做好安排，以避免最初投入资金过多，以后的投资无法加倍。

第四节　基金投资

一、基金的概念

基金是证券投资基金的简称，是指一种利益共享、风险共担的集合证券投资方式，即通过发行基金，集中投资者的资金，由基金托管人托管，由基金管理人管理和运用资金，从事股票、债券等金融工具投资，并将投资收益按基金投资者的投资比例进行分配的一种间接投资方式。

证券投资基金在不同国家和地区有不同称谓，美国称为“共同基金”，英国和我国香港称为“单位信托基金”，日本和我国台湾称为“证券投资信托基金”。目前，在我国内地（大陆）统称为“证券投资基金”。

二、基金的当事人

基金的当事人主要包括基金持有人、基金管理人、基金托管人、基金承销机构以及基金投资顾问。

（一）基金持有人

基金持有人也就是基金的投资者，是证券投资基金资产最终所有人，也是证券投资基金收益的受益人和承担基金投资风险的责任人。基金持有人可以是自然人，也可以是法人。基金持有人的权利包括：分享基金财产收益，参与分配清算后的剩余基金财产，依法转让或者申请赎回其持有的基金份额，按照规定要求召开基金份额持有人大会，对基金份额持有人大会审议事项行使表决权，查阅或者复制公开披露的基金信息资料，对基金管理人、基金托管人、基金份额发售机构损害其合法权益的行为依法提起诉讼。

（二）基金管理人

基金管理人是适应投资基金的投资运作而产生的基金经营机构，是投资基金的资产管理者和基金投资运作的决策者。在我国，基金管理人必须由经批准设立的从事基金管理的基金管理公司担任。其在不同的基金市场上名称有所不同，如美国称作“投资顾问公司”或“资产管理公司”，日本称作“证券投资信托委托公司”“投资信托公司”“投资顾问公司”，我国台湾称作“证券投资信托公司”，我国大陆则将其称作“基金管理公司”。

（三）基金托管人

基金托管人指依据“管理与保管分开”的原则对基金管理人进行监督和保管基金资产的机构。基金托管人是投资人权益的代表，受其委托负责保管基金的全部资产，是投资基金资产的名义持有人或管理人。基金托管人负责保障投资者的合法权益，防止基金资产被挪作他用，确保基金资产规范运营和安全完整，它是投资者、基金公司和其他当事人之间的联系中介。在我国，基金托管人必须由符合特定条件的商业银行担任。

（四）基金承销机构

基金承销机构负责募集资金并向认购的投资者发行受益凭证（股票）、投资利润、基金本金、利益支付等。许多金融机构都有可能参与投资基金的承销或代销，如银行、证券公司、保险公司、信托管理公司等。与投资者直接打交道的可能就是它们。

（五）基金投资顾问

基金投资顾问是投资基金管理公司聘请的第三方投资顾问，为投资决策提供建议或参与管理，包括基金经理人、专业的投资机构、金融财团、证券分析师、会计师、律师等机构或人员。

投资基金运作流程如图6-4所示。

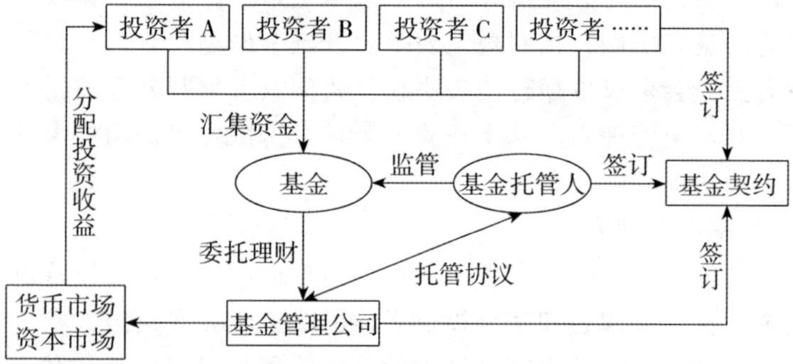

图6-4　投资基金运作流程简图

三、基金与股票、债券的区别

基金与股票、债券的区别见表6-2。

四、基金的优点

（一）集合小额投资

普通投资者（如普通家庭）一般资金规模有限，对于众多的投资工具不可能进行有效的组合。而通过投资基金就可解决这个问题。投资基金就是把零星资金汇集成巨额资金，以便参与到各种投资市场，投资者通过基金的分红来享受投资收益。所以投资基金有利于小额资金的投资，也可以说，投资基金为小额投资者提供了一条通向各种投资市场的通道。

表6-2　　投资基金与股票、债券的区别

项目	股票	债券	基金
所反映的关系不同	所有权关系	债权、债务关系	信托关系
所筹资金的投向不同	是融资工具，其资金主要投向实业，是一种直接投资方式		是信托工具，其资金主要投向有价证券，是一种间接投资方式
风险与收益状况不同	股票的收益是不确定的，其收益取决于发行公司的经营效益，投资股票有较大风险	收益取决于债券利率，而债券利率一般是事先确定的，投资风险较小	主要投资于有价证券，而且其投资选择相当灵活多样，从而使基金的收益有可能高于债券，投资风险有可能小于股票
投资回收方式不同	股票没有到期日，股票投资者不能要求退股，投资者如果想变现，只能在二级市场出售	到期取得本息，也可在二级市场出售	开放式基金的投资者可以按资产净值赎回基金单位；封闭式基金的投资者在基金存续期内不得赎回基金单位，如果想变现，只能在交易所或者柜台市场上出售，但存续期满投资者可以得到投资本金的返还

（二）提高投资效率

个体投资者需花费时间和精力进行信息的收集、分析以及各种交易操作，实际上是增加了投资的成本。另外，由于个人投资者信息资源有限，有可能失去投资机会和作出错误的投资决策。通过投资基金进行投资，不但免除了普通投资者繁重的工作量，还可提高整体的投资效率。

（三）发挥专家优势

基金管理人具有熟悉投资理论、操作经验丰富、信息渠道广泛等优势，通过投资基金进行投资，可发挥这些优势。

（四）分散投资、控制风险

投资基金可以选择投资到多个领域、多种行业、多个品种上，实际上分散了投资风险。如果是个人投资者，就比较难做到如此多样性的投资组合。

（五）变现能力好

开放式基金可直接购买与赎回；封闭式基金可通过交易所实时买卖。所以它的变现能力非常好，高于定期储蓄存款、债券。

五、基金的种类

（一）根据基金单位是否可增加或赎回划分，投资基金可分为封闭式基金和开放式基金

封闭式基金是指基金发起人在设立基金时，限定了基金单位的发行总额，筹集到这个总额后，基金即宣告成立，并进行封闭，在一定时期不再接受新的投资。如果原投资者退出或新投资者加入，可通过交易所进行买卖交易。

开放式基金是指基金单位总数不固定，发行者可根据经营策略和发展需要追加发行，投资人可根据市场状况和投资决策赎回（卖出）所持有份额或者扩大份额。赎回价格按当时基金单位净值扣除手续费后的价格确定。开放式基金是投资基金的主流。

两者的区别如下：

（1）基金规模的可变性不同。开放式基金发行的基金单位是可赎回的，而且投资者可随时申购基金单位，所以基金的规模不固定。封闭式基金规模是固定不变的。

（2）基金单位的交易价格不同。开放式基金的基金单位的交易价格是以基金单位对应的资产净值为基础，不会出现折价现象。封闭式基金单位的交易价格会受到市场供求关系的影响，价格波动较大，会出现较大的折价和溢价。

（3）基金单位的买卖途径不同。开放式基金的投资者可随时直接向基金管理公司购买或赎回基金，手续费较低。封闭式基金的买卖类似于股票交易，可在证券市场买卖，需要缴纳手续费和印花税。一般而言，费用高于开放式基金。

(4) 投资策略不同。开放式基金必须保留一部分资金，以便应付投资者随时赎回，因此进行长期投资会受到一定限制。封闭式基金不可赎回，无须提取准备金，能够充分运用资金，进行长期投资，取得长期经营绩效。

(5) 所要求的市场条件不同。开放式基金的灵活性较大，资金规模伸缩比较容易，所以适用于开放程度较高、规模较大的金融市场。封闭式基金正好相反，适用于金融制度尚不完善、开放程度较低且规模较小的金融市场。

（二）根据组织形式划分，投资基金可分为公司型基金和契约型基金

公司型基金是指按公司法组建的投资基金，投资者购买公司股份即为认购基金，也就是公司的股东，凭其持有的基金份额享有投资收益。公司型基金是具有共同投资目标的投资者依据公司法组成以营利为目的、投资于特定对象（如有价证券，货币）的股份制投资公司。这种基金通过发行股份的方式筹集资金，是具有法人资格的经济实体。基金持有人既是基金投资者又是公司股东。公司型基金成立后，通常委托特定的基金管理人或者投资顾问运用基金资产进行投资。

契约型基金是基于一定的信托契约而成立的基金，一般由基金管理公司（委托人）、基金保管机构（受托人）和投资者（受益人）三方通过信托投资契约而建立。契约型基金的三方当事人之间存在这样一种关系：委托人依照契约运用信托财产进行投资，受托人依照契约负责保管信托财产，投资者依照契约享受投资收益。契约型基金筹集资金的方式一般是发行基金受益券或者基金单位，这是一种有价证券，表明投资人对基金资产的所有权，凭其所有权参与投资权益分配。

美国的基金多为公司型基金，我国香港、台湾地区以及日本多为契约型基金。

（三）根据投资目标划分，投资基金可分为成长型投资基金、收入型投资基金和平衡型投资基金

成长型投资基金是以资本长期增值作为投资目标的基金，其投资对象主要是市场中有较大升值潜力的小公司股票和一些新兴行业的股票。这类基金一般很少分红，经常将投资所得的股息、红利和盈利进行再投

资，以实现资本增值。

收入型投资基金是以追求当期收入为投资目标的基金，其投资对象主要是那些绩优股、债券、可转让大额定期存单等收入比较稳定的有价证券。收入型基金一般把所得的利息、红利都分配给投资者。

平衡型投资基金是既追求长期资本增值，又追求当期收入的基金，这类基金主要投资于债券、优先股和部分普通股，这些有价证券在投资组合中有比较稳定的组合比例，一般是把资产总额的25%～50%用于优先股和债券投资，其余的用于普通股投资。其风险和收益状况介于成长型基金和收入型基金之间。

（四）根据投资对象划分，投资基金可分为股票基金、债券基金、货币市场基金、期货基金以及期权基金等

股票基金是最主要的基金品种，以股票作为投资对象，包括优先股和普通股。股票基金的主要功能是将大众投资者的小额资金集中起来，投资于不同的股票组合。

债券基金是一种以债券为投资对象的证券投资基金，其规模稍小于股票基金。由于债券是一种收益稳定、风险较小的有价证券，因此，债券基金适合于想获得稳定收入的投资者。债券基金基本上属于收益型投资基金，一般会定期派息，具有风险低且收益稳定的特点。

货币市场基金是以国债、大额银行可转让存单、商业票据、公司债券等短期有价证券为投资对象的证券投资基金。

期货基金是一种以期货为主要投资对象的投资基金。期货是一种标准化合约，只需一定的保证金（一般为5%～10%）即可买卖。期货可以用来套期保值，也可以以小博大，如果预测准确，短期能够获得很高的投资回报；如果预测不准，遭受的损失也很大，具有高风险高收益的特点。因此，期货基金是一种高风险的基金。

期权基金是以期权为主要投资对象的投资基金。期权也是一种合约，是指在一定时期内按约定的价格买入或卖出一定数量的某种投资标的的权利。期权基金的风险较低，适合于收入稳定的投资者。其投资目的是获取最大的当期收入。

另外，还包括以某种证券市场的价格指数为投资对象的指数基金，以及以认股权证为投资对象的认股权证基金等。

（五）其他分类方式

投资基金还可根据投资货币种类分为美元基金、日元基金、欧元基金等；根据资本来源分为国际基金、海外基金、国内基金、国家基金、区域基金等；根据是否收费分为收费基金和不收费基金。

六、基金的交易

封闭式基金的买卖基本上与股票相同，这里不再重复，主要讨论开放式基金。开放式基金的运营包括募集期、封闭期和开放期。开放式基金的募集期指开放式基金第一次发行时投资者参与认购的时期。封闭期是指募集期后基金不接受投资者申购或赎回基金份额的请求，投资者既不能买入也不能卖出基金份额的时期，基金经理在封闭期内运用基金资产进行投资建仓。开放期则是封闭期结束后，投资者可以根据开放式基金每天的份额净值进行申购和赎回的时期。

（一）基金的发行

在我国，证券投资基金的发行方式主要有两种：一是网上发行方式，是指将所发行的基金单位通过与证券交易所的交易系统联网的全国各地的证券营业部，向社会公众发售基金单位的发行方式，封闭式基金一般采用此种发行方式。二是网下发行方式，是指将所要发行的基金通过分布在一定地区的银行或证券营业网点，向社会公众发售基金单位的发行方式，开放式基金一般采用此种发行方式。

（二）基金的买入

投资人购买基金前，需要认真阅读基金的招募说明书、基金契约及开户程序、交易规则等有关文件。

1.基金开户

投资者若决定投资某基金管理公司的基金，首先必须到该基金管理公司指定的销售网点开立基金账户，基金账户用于记载投资者的基金持有情况及变更。因为开放式基金是以基金公司为开户标准的，对于同一家基金公司，投资者只需开立一个基金账户即可买卖该基金公司旗下的所有基金；如需买卖不同基金公司的基金，则须开立不同基金公司的账户。开户后，投资者才可以开始买卖该基金管理公司所发行的开放式基金。

2.基金买入

基金购买分认购和申购两种方式。

基金认购是指在基金募集期内购买基金的行为。通常认购价为基金份额面值（1元）加上一定的销售费用，一般认购期最长为1个月。投资者认购基金应在基金销售点填写认购申请书，交付认购款项。在认购期内产生的利息以注册登记中心的记录为准，在基金成立时，自动转换为投资者的基金份额，即利息收入增加了投资者的认购份额。

基金申购是指投资者在基金开放期申请购买基金份额的行为。基金申购的交易价格是以当日的基金净值为准，基金净值只有等到当日闭市后才能统计出来，所以在申购时只能填写购买多少金额的基金，等到申购次日，前一天的基金净值公布后，才会知道实际买到了多少基金份额。一般情况下，认购期购买基金的费率相对来说要比申购期购买优惠。在购买过程中，无论是认购还是申购，交易时间内投资者可以多次提交认/申购申请，注册登记人对投资者认/申购费用按单个交易账户单笔分别计算。

（三）基金的赎回

基金赎回是指投资者申请将手中持有的基金单位按当日的基金净值卖出并收回现金的行为。与基金申购采用“金额申购”方式不同，基金赎回采用“份额赎回”的方式进行交易。赎回所得金额，是卖出基金的单位数，乘以卖出当日净值。认购期购买的基金一般要经过封闭期才能赎回，申购的基金要在申购成功后的第二个工作日进行赎回。基金申购与赎回的一般程序可如图6-5所示。

（四）基金收益的分配

基金收益是基金资产在运作过程中所产生的超过自身价值的部分。基金收益的构成包括：买卖证券价差；基金投资所得红利、股息、债券利息；银行存款利息；已实现的其他合法收入。其中，基金的资本利得收入在基金收益中往往占有很大比重，要取得较高的资本利得收入，就需要基金管理人具有丰富、全面的证券知识，能对证券价格的走向作出大致准确的判断。一般来说，基金管理人具有较强的专业知识，能掌握更全面的信息，因而比个人投资者更有可能取得较多的收益。

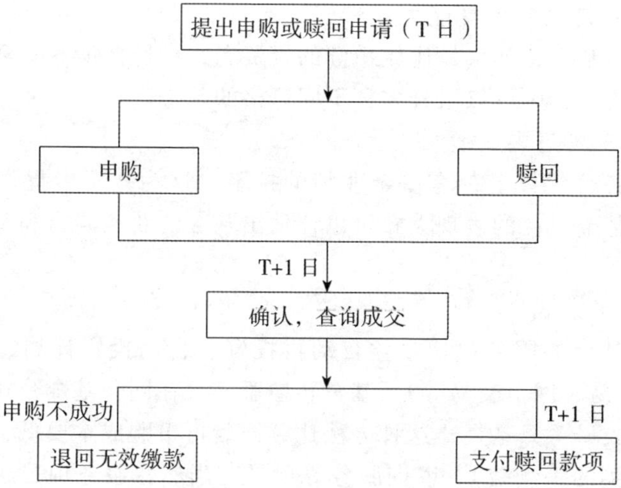

图 6-5　基金申购与赎回的一般程序

随着基金收益的增长，基金的单位资产净值会上升，基金会对其投资人进行收益分配。

1.封闭式基金

在封闭式基金中，投资者只能选择现金红利方式分红，因为封闭式基金的规模是固定的，不可以增加或减少。

2.开放式基金

开放式基金收益分配可采用两种方式：①分配现金。向投资者分配现金是基金收益分配的最普遍的形式。②再投资方式。再投资方式是将投资人分得的收益再投资于基金，并折算成相应数量的基金单位。这实际上是将应分配的收益折为等额的新的基金单位送给投资人，其情形类似于股票的“送红股”。许多基金为了鼓励投资人进行再投资，往往对红利再投资低收或免收申购费率。

当然，不同基金会在各自的招募说明书中明确规定自己的收益分配原则及方式，投资者应以其作为投资参考标准。

七、投资基金的选择要点

（一）结合风险承受能力和风险偏好选择基金

各种投资基金的投资目标和投资对象的不同，决定了收益和风险的不同。如果是风险承受能力比较强或激进的投资者，可选择股票型基金、期货型基金；如果是比较稳健的投资者，可选择债券基金；如果是中庸型投资者，则可以组合多种不同风格的基金。

（二）参考过去业绩

现在各种媒体上都有基金业绩的排名，这为投资者提供了投资参考。根据基金以往的表现大致可以评估出基金的获利能力和基金管理人的管理水平。

（三）考察服务项目

投资基金的服务包括收益自动再投资、自动投资计划、交易手段（如电话交易、网上交易等）、基金转换服务（在同一基金公司内把一只基金转换成另一只基金，这种方法比赎回后再申购成本要低，因为省去了一卖一买的手续费）、咨询服务等项目。当然，服务项目越多的基金就越有利。

（四）比较交易成本

基金的费用包括基金管理费用、基金托管费用、基金销售费用等，这些表现在每只基金的申购费率、认购费率、赎回费率等都有可能不一样，实际上就决定着交易成本的差别。另外，还需注意税收方面的差别，这也是投资的成本之一。

八、基金投资的一般策略

购买基金时投资者可以根据自己的收入状况、投资经验、对证券市场的熟悉程度等来决定合适的投资策略，假如对证券比较陌生，又没有太多时间来关心投资情况，则可以采取一些被动性的投资策略，如定期定额购入投资策略、固定比例投资策略；反之，可以采用主动性较强的投资策略，如顺势操作投资策略和适时进出投资策略。

（一）定期定额购入投资策略

定期定额购入投资策略又称基金定投，如果投资者做好了长期投资基金的准备，同时收入来源比较稳定，不妨采用定期购入法进行基金的投资。定期购入就是不论行情如何，定期（每月）投资固定的金额于固定的基金上，当市场上涨，基金的净值高，买到的单位数较少；当市场下跌，基金的净值低，买到的单位数较多，如此长期下来，所购买基金单位的平均成本将较平均市价低，即所谓的平均成本法。以这种方式投资基金，还有其他的好处：一是不必担心进场时机；二是小钱就可以投资；三是长期投资报酬远比定期存款高；四是种类多，可以自由选择。

（二）固定比例投资策略

固定比例投资策略即将一笔资金按固定的比例分散投资于不同种类的基金，当某类基金因净值变动而使投资比例发生变化时，就卖出或买进这种基金，从而保证投资能够维持原有的固定比例。这样不仅可以分散投资成本，抵御投资风险，还能见好就收，不至于因某只基金表现欠佳或过度奢望价格会进一步上升而使到手的收益成为泡影或使投资额大幅度上升。例如，投资者决定用50%、35%和15%的资金分别买进股票基金、债券基金和货币市场基金，当股市大涨时，如股票增值后投资市值比例上升了20%，便可以卖掉这20%的股票基金，使股票基金的投资仍维持50%不变，或者追加投资买进债券基金和货币市场基金，使它们的投资比例也各自上升20%，从而保持原有的投资比例。如果股票基金下跌，就可以购进一定比例的股票基金或卖掉等比例的债券基金和货币市场基金，恢复原有的投资比例。当然，这种投资策略并不是经常性地一有变化就调整，有经验的投资者大致遵循这样一个准则：每隔3个月或半年才调整一次投资组合的比例，股票基金上涨20%就卖掉一部分，下跌25%就增加投资。

（三）顺势操作投资策略

顺势操作投资策略又称“更换操作”策略，这种策略是基于以下假定之上的：每种基金的价格都有升有降，并随市场状况而变化。投资者在市场上应顺势追逐强势基金，抛掉业绩表现不佳的弱势基金。这种策略在多头市场上比较管用，在空头市场上不一定行得通。

（四）适时进出投资策略

适时进出投资策略即投资者完全依据市场行情的变化来买卖基金。通常，采用这种方法的投资者大多是具有一定投资经验，对市场行情变化较有把握，且投资的风险承担能力也较高的投资者。毕竟，要准确预测股市每一波的高低点并不容易，就算已经掌握了市场趋势，也要经得住短期市场的起伏。

第五节 期货投资

一、期货的概念

所谓期货，一般指期货合约，就是指由期货交易所统一制定的、规定在将来某一特定的时间和地点交割一定数量标的物的标准化合约。其中的标的物，又叫基础资产。期货合约中的基础资产，可以是某种商品，如铜或原油，也可以是某个金融工具，如外汇、债券，还可以是某个金融指标，如股票指数、3个月同业拆借利率。期货合约的买方，如果将合约持有到期，那么他有义务买入期货合约对应的标的物；而期货合约的卖方，如果将合约持有到期，那么他有义务卖出期货合约对应的标的物。有些期货合约在到期时不是进行实物交割而是结算差价，如股指期货到期就是按照现货指数的某个平均值来对在手的期货合约进行最后结算。当然，期货合约的交易者还可以选择在合约到期前进行反向买卖来冲销这种义务。

期货可以大致分为两大类：商品期货与金融期货。商品期货主要有农产品期货、金属期货（包括基础金属与贵金属期货）、能源期货三大类；金融期货主要有外汇期货、利率期货（包括中长期债券期货和短期利率期货）和股指期货。所谓股指期货，就是以股票指数为标的物的期货，双方交易的是一定期限后的股票指数，通过现金结算差价来进行交割。

二、期货投资的概念

期货投资是相对于现货交易的一种交易方式，它是在现货交易的基础上发展起来的，通过在期货交易所买卖标准化的期货合约而进行的一种有组织的交易方式。期货交易的对象并不是商品（标的物）本身，而是商品的标准化合约，即标准化的远期合同。

期货投资是指在期货市场上以获取价差为目的的期货交易业务，又称为投机业务。期货市场是一个形成价格的市场，供求关系的瞬息万变都会反映到价格变动之中，用经济学的语言来讲，期货市场投入的原材料是信息，产出的产品是价格。对于未来的价格走势，在任何时候人们都会存在着不同的看法，这和现货交易、股票交易是一样的。有人看涨就会买入，有人看跌就会卖出，最后预测正确与否市场会给出答案，预测正确者获利，反之亏损。表6-3是大连商品交易所大豆期货合约的有关信息。

表6-3　　**大连商品交易所大豆期货合约**

交易品种	黄大豆
交易单位	10吨/手
报价单位	人民币
最小变动价位	1元/吨
涨跌停板幅度	上一交易日结算价的3%
合约交割月份	1、3、5、7、9、11
交易时间	每星期一至星期五9：00—11：30，13：30—15：00
最后交易日	合约月份第十个交易日
最后交割日	最后交易日后第七日（遇法定节假日顺延）
交割等级	具体内容见附件（略）
交割地点	大连商品交易所指定交割仓库
交易保证金	合约价值的5%
交易手续费	4元/手
交割方式	集中交割
交易代码	S
上市交易所	大连商品交易所

三、期货投资的特点

期货投资的特点主要可概括为：

（1）以小博大。只须交纳5%～15%的履约保证金就可进行100%资金额度的交易。

（2）交易便利。由于期货合约中主要因素如商品质量、交货地点等都已标准化，合约的互换性和流通性较高。

（3）信息公开，交易效率高。期货交易通过公开竞价的方式使交易者在平等的条件下公平竞争。同时，期货交易有固定的场所、程序和规则，运作高效。

（4）期货交易可以双向操作，简便灵活。交纳保证金后可以买进或者卖出期货合约，可以先买后卖，也可以先卖后买。

（5）期货交易随时交易，随时平仓。期货交易是“T+0”的交易，在把握趋势后，可以随时交易，随时平仓。

（6）履约有保证。期货交易达成后，须通过结算部门结算、确认，无须担心交易的履约问题。

四、期货投资的方式

从个人投资者到银行、基金机构、企业，都可成为期货投资参与者，并在期货市场上扮演着各自的角色。根据交易者交易目的不同，将期货交易行为分为三类：套期保值、投机、套利。

（一）套期保值

套期保值（hedge）是指买入（卖出）与现货市场数量相当、交易方向相反的期货合约，以期在未来某一时间通过卖出（买入）期货合约来补偿现货市场价格变动所带来的实际价格风险。

保值的类型中，最基本的又可分为买入套期保值和卖出套期保值。买入套期保值是指通过期货市场买入期货合约来防止因现货价格上涨而遭受损失的行为；卖出套期保值则指通过期货市场卖出期货合约来防止因现货价格下跌而造成损失的行为。

（二）投机

投机（speculate）一词用于期货、证券交易行为中，并不是贬义词，而是中性词，指根据对市场的判断，把握机会，利用市场出现的价差进行买卖从中获得利润的交易行为。投机者可以“买空”，也可以“卖空”。投机的目的很直接，就是获得价差利润。但投机是有风险的。

根据持有期货合约时间的长短，投机者可分为三类：第一类是长线投机者，此类交易者在买入或卖出期货合约后，通常将合约持有几天、几周甚至几个月，待价格对其有利时才将合约对冲；第二类是短线交易者，一般进行当日或某一交易日的期货合约买卖，其持仓不过夜；第三类是逐小利者，又称“抢帽子者”，他们的技巧是利用价格的微小变动进行交易来获取微利，一天之内他们可以做多个回合的买卖交易。

（三）套利

套利（spreads）是指同时买进和卖出两张不同种类的期货合约。交易者买进自认为是“便宜的”合约，同时卖出那些“高价的”合约，从两种合约价格间的变动关系中获利。在进行套利时，交易者注意的是合约之间的相对价格关系，而不是绝对价格水平。

套利一般可分为三类：跨期套利、跨市套利和跨商品套利。

跨期套利是套利交易中最普遍的一种，是利用同一商品但不同交割月份之间正常价格差距出现异常变化时进行对冲而获利的，又可分为牛市套利（bull spread）和熊市套利（bear spread）两种形式。例如，在进行金属牛市套利时，交易所买入近期交割月份的金属合约，同时卖出远期交割月份的金属合约，希望近期合约价格上涨幅度大于远期合约价格的上涨幅度；而熊市套利则相反，即卖出近期交割月份合约，买入远期交割月份合约，期望远期合约价格下跌幅度小于近期合约的价格下跌幅度。

跨市套利是在不同交易所之间的套利交易行为，当同一期货商品合约在两个或更多的交易所进行交易时，由于区域间的地理差别，各商品合约间存在一定的价差关系。例如，伦敦金属交易所（LME）与上海期货交易所（SHFE）都进行阴极铜的期货交易，每年两个市场间会出现几次价差超出正常范围的情况，这为交易者的跨市套利提供了机会。例如，当LME铜价低于SHFE时，交易者可以在买入LME铜合约的同时，卖出SHFE的铜合约，待两个市场价格关系恢复正常时再将买卖合约对冲平仓而从中获利，反之亦然。在做跨市套利时应注意影响各市场价格差的几个因素，如运费、关税、汇率等。目前，我国的跨市交易量很大，主要是有色金属的LME和上海期货交易所套利，大豆的CBOT和大连商品交易所套利也逐步开始。

跨商品套利是指投资者利用两种不同的，但相互关联的商品之间的期货合约价格的差异进行套利交易，即买入某一商品的某一月份的合约，同时卖出另一商品同一月份的合约。值得强调的是，这两个商品有关联性，历史上价格变动有规律性可循，如玉米和小麦、铜和铝、大豆和豆粕（及豆油）等。

交易者之所以进行套利交易，主要是因为套利的风险较低，套利交易可以为避免始料未及的或因价格剧烈波动而引起的损失提供某种保护，但套利的盈利能力也较直接交易小。套利的主要作用一是帮助扭曲的市场价格恢复到正常水平，二是增强市场的流动性。

第六节　外汇投资

一、外汇投资的概念

外汇投资，是指投资者为了获取投资收益而进行的不同货币之间的交易行为。外汇是“国际汇兑”的简称，有动态和静态两种含义。动态的含义指的是把一国货币兑换为另一国货币，借以清偿国际债权债务关系的一种专门的经营活动。静态的含义是指可用于国际结算的外国货币及以外币表示的资产。通常所称的“外汇”是就其静态含义而言的。

外汇投资者通常利用不同货币间的汇率波动来盈利。汇率又称汇价、外汇牌价或外汇行市，即外汇的买卖价格。它是两国货币的相对比价，也就是用一国货币表示的另一国货币的价格。汇率在不同的货币制度下有不同的制定方法。在金本位制度下，由于不同国家的货币的含金量不同，两种货币含金量的对比（又称铸币平价）是外汇汇率的基础。在不兑现的信用货币制度下，汇率变动受外汇供求关系的制约。当某种货币供不应求时，这种货币的汇率就会上升；当某种货币供过于求时，它的汇率就会下降。

二、适合普通投资者的外汇投资方式

常见的外汇投资方式包括即期外汇交易、远期外汇交易、外汇期货交易、外汇期权交易、套汇交易、掉期交易等，以上交易种类主要面向的是金融机构，适合个人和家庭的外汇投资方式主要有以下几种。

（一）外汇储蓄

外汇储蓄是目前投资者最普遍选择的方式。它风险低，收益稳定，具有一定的流动性和收益性。它与人民币储蓄不同，由于外汇之间可以自由兑换，不同的外汇储蓄利率不一样，汇率又时刻在变化，所以投资者可以从中进行操作谋利。

（二）外汇理财产品

外汇理财产品凭借其专家理财的优势成为个人和家庭外汇投资的一个新的渠道。外汇理财产品大都期限较短，又能保持较高的收益率，投资者在稳定获利的同时还能保持一定的流动性。目前，许多银行都推出了品种繁多的外汇理财产品，投资者可以根据自己的偏好进行选择。

（三）期权型存款（含与汇率挂钩的外币存款）

期权型存款的年收益率通常能达到10%左右，如果对汇率变化趋势的判断基本准确，操作时机恰当，则其能成为一种期限短、收益高且风险有限的理想外汇投资方式，但需要外汇专家帮助理财。目前，国内已有外资银行推出这类业务。

（四）外汇汇率投资

汇率上下波动均可获利，目前，国内很多银行都推出了外汇汇率投资业务，如个人实盘外汇交易，它属于即期交易的方式，是指拥有外汇存款或外汇现钞的私人客户，通过柜面服务人员或其他电子金融服务方式，在可自由兑换的外汇之间进行不可透支的自由兑换。通过个人实盘外汇交易，可将自己手中的外汇转换为更有升值潜力或利率较高的外汇，以赚取汇率波动的差价或更高的利息收入。

针对以上外汇理财方法，要妥善制订理财方案，确定理财目标，认真研究各类外汇理财工具，比较不同理财方法的风险和收益，制订适合自己的外汇理财方案组合，谋求外汇资产的最优增长。

资料6-1

中国工商银行个人外汇可终止理财产品

一、产品介绍

个人外汇可终止理财产品（以下简称“可终止理财产品”）是一种创新的结构性理财产品，客户在约定的期限内，通过向银行出让提前终止该产品的权利，以获得高于同档次普通定期存款利息的投资收益。

二、产品特点

1.本金安全，有保障。

2.收益高于普通定期存款。

3.办理手续像存款一样简单。

4.可以办理质押贷款，灵活方便。

三、办理方式

客户只需在产品发行期内，持本人有效身份证件与外币现钞或工商银行存折，到指定受理网点即可立即办理。由于涉及协议签署，不可委托他人代办。

四、示例介绍（以某期个人外汇可终止理财产品为例）

销售期为1月13日至19日，起息日为1月20日；受理币种为美元；认购金额为5 000美元的整数倍；年综合收益率为认购0.5万～4.5万美元的为1.6%，认购5万～19.5万美元的为1.65%，认购20万美元及以上的为1.75%；最长期限为两年，银行每3个月有权行使一次提前终止权。

王女士购买本产品10 000美元，购买外汇理财产品与定期存款的收益比较见表6-4。

表6-4　**收益比较**　单位：美元

	3个月	6个月	9个月	12个月	15个月	18个月	21个月	24个月
本产品	37.81	75	112.5	148.75	185.94	223.12	260.31	292.5
定期存款	8.75	20	28.77	45	53.79	65.09	73.9	110
差额	29.06	50	83.73	103.75	132.15	158.03	186.41	182.5

以上为假设银行在某个时间行使终止权时客户的收益对比。

从表6-4可见，可终止理财产品给客户带来的收益大大超过单纯采用定期存款方式获得的利息收益。

资料来源：根据中国工商银行官网信息整理、改编。

三、个人外汇投资的技巧

（一）学会顺势而为

外汇买卖不同于股票买卖，人们在买卖外汇时，常常片面地着眼于价格而忽视汇价的上升和下跌趋势。当汇率上升时，价格越来越贵，越贵越不敢买；在汇率下跌时，价格越来越低，越低越觉得便宜。因此实际交易时往往忘记了“顺势而为”的格言，成为逆市而为的错误交易者。在汇率上升的趋势中，只有一点是买错的，那就是价格上升到顶点的时候，汇价犹如升到天花板，无法再升，除了这一点，任意一点买入都是对的。在汇率下跌的趋势中，只有一点是卖错的，那就是汇价已经落到最低点，犹如落到了地板，无法再低，除此之外，任意一点卖出都是对的。

（二）尽量使利润延续

缺乏经验的投资者，在开盘买入或卖出某种外汇之后，一见有盈利，就立刻想到平盘收钱。获利平仓做起来似乎很容易，但是捕捉获利的时机是一门学问。有经验的投资者会根据自己对汇率走势的判断来决定平盘的时间。如果认为市势会进一步朝着对他有利的方向发展，他会耐着性子，任由汇率尽量向着自己更有利的方向发展，从而使利润延续。一见小利就平盘不等于见好即收，到头来，搞不好会盈少亏多。

（三）采用金字塔投资法

金字塔投资法是指在第一笔买入某一货币之后，如该货币价格上升，在追加投资时应当遵循“每次加买的数量应比上一次少”的原则。这样，逐次加买，数量越来越少，犹如“金字塔”的模式，层次越高，数量越少。有些人在交易时，一见买对，就加倍购买，一旦市势急跌，难免损失惨重。而金字塔式的投资，一旦市势下跌，由于在高位建立的头寸较少，损失相对轻些。

（四）学会斩仓

斩仓是在开仓后或所持头寸与汇率走势相反时，为防亏损过多而采取的平盘止蚀措施。斩仓是外汇投资者必须首先学会的本领。未斩仓，亏损仍然是名义上的，一旦斩仓，亏损便成为现实。从经验上讲，斩仓会给投资者造成精神压力。任何侥幸求胜，等待汇率回头或不服输的情绪，都会妨碍斩仓的决心，并有招致严重亏蚀的可能。

（五）学会建立头寸

“建立头寸”亦即开仓的意思。开仓也叫敞口，就是买进一种货币，同时卖出另一种货币的行为。开盘之后，长了（多头）一种货币，就短了（空头）另一种货币。选择适当的汇率水平和时机建立头寸是盈利的前提。如果入市的时机好，获利的机会就大；相反，如果入市的时机不当，就容易发生亏损。

（六）学会获利

获利，就是在敞口之后，汇率已朝着对自己有利的方向发展，平仓可获盈利。“获利”的难点在于掌握平盘的时机。平仓太早，获利不多；平仓太晚，可能延误了时机，不盈反亏。因此掌握“获利”平盘的时机实非容易，这是交易时必须学会和钻研的学问。

（七）保持谨慎的心态

并非每天均需入市，初入行者往往热衷于入市买卖，但成功的投资者则擅长等机会，当他们入市后感到疑惑时亦会先行离市。当投资者感到汇市的走势不够明朗，自己又缺乏信心时，应暂时观望。如果感到没有把握，不如什么也不做，耐心等候入市的时机；如果已经开仓，不如平仓离场。

（八）定下止蚀位置

这是一项重要的投资技巧。由于投资市场风险颇高，为了避免投资失误带来的损失，每一次入市买卖都应该定下止蚀点，即当汇率跌至某个预定的价位，还可能下跌时，立即结清交易，这样我们便可以限制损失的进一步扩大了。

第七节　黄金投资

一、黄金投资简介

黄金具有一般商品和货币商品的双重属性，是一种保值避险的良好工具。因此，虽然目前黄金作为国际清偿货币的计价结算功能不再明显和常用，但仍具有价值储藏功能，其支付功能仍未完全消失，这在国际局势动荡时尤其突出，黄金在国际市场上仍是一种硬通货。加之黄金是一种金融产品，所以具有投资功能。

随着经济发展，难免出现良性通货膨胀，货币本身发生贬值，这样的情况使黄金的保值功能得到体现。但真正意义上的黄金投资，是一个全新的金融品种，以获取差价为最终目的。一般认为，黄金较适于风格稳健的长线投资者。当然，黄金也可以短线套利，投资者可将黄金作为投资组合中的一部分，以达到规避风险的目的。

二、黄金投资渠道

个人投资者可通过银行、首饰店、黄金交易所等进行黄金的买卖。首饰店中可购买各种黄金类的首饰，如金项链、金戒指等；商业银行可以直接向个人出售金条、金币、金块等黄金产品，并提供交易、清算、托管等服务。

三、黄金投资的种类

黄金投资一般可分为三类：

（一）实金投资

实金投资就是有实物黄金交割的黄金投资行为，主要的实金投资品种有标金、金条、金币等。

标金是标准金条的简称，指由交易所认定的生产商提供的适合交易所交割的标准金条的总称。标金是黄金市场最主要的交易工具，它是按规定的形状、规格、成色、重量等精炼加工成的标准化的条状黄金。按国际惯例，用于黄金市场实物交割的标金，在精炼厂浇铸成型时必须标明成色、重量，一般还应标有精炼厂的厂名及编号等。目前，国际黄金市场上的标金规格较多，比较常见的有400盎司标金、1千克标金、111克标金、1盎司标金等。各国市场上的标金成色也各有不同，有99.5%，也有99%和99.99%。

金条是相对标金而言的，一般规格较小，有30克、50克、100克、1盎司等多种规格。

金币是黄金铸币的简称，通常可分为纪念金币、投资金币两大类，比较著名的有南非福格林金币、加拿大枫叶金币、英国不列颠金币、美国鹰洋金币、中国熊猫金币等。

（二）账面黄金

“账面黄金”买卖是不进行实物黄金交割，只是通过银行等金融机构或投资机构代投资者进行的黄金买卖，以赚取价差为目的，在形式上主要有两种：

（1）黄金存折，即“纸黄金”。投资者持身份证到银行柜面开立账户，按牌价即可直接进行纸黄金买卖。

（2）黄金存单。投资者购入大量的黄金时，通常会存放不便，投资者可将黄金实物存入银行，银行出具“黄金存单”。持单者可提取实金，也可直接卖出存单。

（三）黄金衍生产品

黄金衍生产品主要包括黄金期货与黄金期权等衍生品种。

各黄金投资品种的比较可见表6-5。

表6-5　**黄金投资品种比较**

品种	特点
金条、金块	优点是变现性非常好，在全球任何地区都可以很方便地买卖，大多数地区还不征收交易税。缺点是占用较多的现金，有一定的保管费用
金币	投资金币与投资金条、金块的差别不大。通常情况下，有面额的纯金币要比没有面额的纯金币价值高。投资金币的优点是其大小和重量并不统一，所以投资者选择的余地比较大，小额的资金也可以用来投资，并且投资金币的变现性也非常好，不存在兑现难的问题
纪念金币	具有一定的投资价值，但投资纪念金币要考虑到其不利的一面，即纪念金币在二级市场的溢价一般都很高，往往远远超过了黄金材质本身的价值，另外我国钱币市场行情的总体运行特征是“牛短熊长”，一旦在行情较为火爆的时候购入，投资者的损失会比较大
黄金饰品	从投资的角度看，投资黄金饰品的风险是较高的。投资黄金制品一般不要选择黄金首饰。其主要原因是，黄金首饰的价格在买入和卖出时差距较大，而且许多黄金首饰的价格与内在价值差异较大
纸黄金	纸黄金（黄金存折）是未来个人投资黄金的重要方式，也是国际上比较流行的投资方式，投资者既可避免储存黄金的风险，又可通过黄金账户买卖黄金，对投资者的资金要求比较灵活
黄金衍生产品	对一般投资者来说，投资要适度，远期或期权应注意与自身的生产能力或需求、风险承受能力基本一致。由于黄金期权买卖投资战术比较多并且复杂，不易掌握，目前世界上黄金期权市场不太多，应注意因价格变动导致的风险太大，不要轻易运用卖出期权

四、黄金投资的注意事项

（一）要了解黄金

要了解作为投资标的的黄金究竟有什么特点，首先，应该知道黄金在通常情况下，与股票等投资工具是逆向运行的，即股市行情大幅上扬时，黄金的价格往往是下跌的；反之上涨。当然，黄金价格的涨跌与我国股市目前的行情并没有太多的关联，而是与国际主要股票市场有较强的关联。其次，应该知道将黄金作为投资标的，它没有类似股票那种分红的可能，如果是黄金实物交易，投资者还需要支付一定的保管费用。最后，应该了解不同的黄金品种各自有哪些优缺点。

（二）介入的时机有讲究

从国际市场上黄金的长期价格走势来看，黄金价格虽然也有波动，但是每年的价格波动通常情况下是不大的。如果以股市里短线投机的心态和手法来炒作黄金，很可能难如人愿。所以对普通投资者而言，选择一个相对的低点介入然后较长时间拥有可能是一种既方便又省力的选择，毕竟投资黄金作为个人理财的一部分，选择黄金有与其他投资品种对冲风险的作用。

（三）黄金品种的选择很重要

投资者在选择黄金品种进行投资时，黄金饰品一般情况下是不宜作为投资标的的，从纯粹的投资角度出发，标金和纯金币才是投资黄金的主要标的。如果对邮币卡市场行情比较熟悉，则也可以将纪念金币纳入投资范围，因为纪念金币的市场价格波动幅度和频率远比标金和纯金币大。

（四）要懂得黄金交易的规则和方法

个人投资者有一个选择哪家银行进行委托代理黄金买卖的问题，而银行的实力、信誉、服务以及交易方式和佣金的高低将成为个人投资者选择时的重要参考因素。在具体的交易中，既可以进行实物交割的实金买卖，也可以进行非实物交割的黄金凭证式买卖，两种方法各有优缺点。实物黄金的买卖由于要支付一定的保管费和检验费等，其成本要略高于黄金凭证式买卖。另外，黄金交易的时间、电话委托买卖、网上委托买卖等都会有相关的细则，投资者都应该在买卖前搞清楚，以免造成不必要的损失。

第八节　银行理财产品投资

一、银行理财产品的定义

银行理财产品是指商业银行在对潜在目标客户群分析研究的基础上，针对特定目标客户群开发设计并销售的资金投资和管理计划。在理财产品这种投资方式中，银行只是接受客户的授权管理资金，投资收益与风险由客户或客户与银行按照约定方式承担。

表6-6列示了1995—2009年我国商业银行理财业务发展历程。

表6-6　　1995—2009年我国商业银行理财业务发展历程

年份	银行	主要事件
1995年	招商银行	推出集本外币、定活期存款集中管理及代理收付功能为一体的“一卡通”
1996年	中信实业银行广州分行	率先在国内银行界成立了私人银行部，客户只要在私人银行部保持最低10万元的存款，就能享受该行的多种财务咨询
1997年	中国工商银行上海市分行	推出了理财咨询设计、存单抵押贷款、外汇买卖、单证保管、存款证明等12项内容的理财系列服务
1998年	中国工商银行上海市分行等5家分行	进行“个人理财”业务的试点
1999年	中国建设银行	在北京、上海等10个城市的分行建立了个人理财中心
2000年	中国工商银行上海市分行	银行首次出现以银行员工姓名作为服务品牌的理财工作室
2001年	中国农业银行	推出“金钥匙”金融超市，为客户提供“一站式”理财服务
2002年	招商银行	在全国推出“金葵花”理财，为高端个人客户提供高品质、个性化的综合理财服务，内容包括“一对一”理财顾问服务、理财规划等专业理财服务

续表

年份	银行	主要事件
2003年	中国工商银行	实施个人理财中心核心竞争力开发及管理项目，显著提升了网点的综合服务功能和竞争能力
2004年	中国光大银行	在国内银行中率先推出外币理财产品——阳光理财A计划和人民币理财产品——阳光理财B计划
2005年	交通银行总行	对其个金产品进行了套餐化，分别推出了学生族——“志学理财”，年轻一族（新就业者）——“菁英理财”，二人世界——“伉俪理财”，创业一族——“通达理财”等套餐
2006年	花旗银行、巴黎银行、德意志银行	宣称在沪发展私人银行
2007年	中国银行	成立私人银行部，并在京沪两地设立了私人银行
2008年	各大银行	遭遇寒冬，零收益、负收益现象普现
2009年	各大银行	共发行6 000多款理财产品，同比增长了10.5%，年均收益率在3%以上

2018年，出于降低金融体系整体风险的考虑，资管新规出台，以往刚性兑付的银行理财受到遏制，银行理财的发展进入相对理性的阶段。

二、银行理财产品的种类

（一）按标价货币分类

银行理财产品的标价货币，即允许用于购买相应银行理财产品或支付收益的货币类型。如外币理财产品只能用美元、港币等外币购买，人民币理财产品只能用人民币购买，而双币理财产品则同时涉及人民币和外币。

1.外币理财产品

外币理财产品的出现早于人民币理财产品，结构多样，创新能力很强。外资银行凭借自身强大的海外投资能力，在这一领域表现极其活跃，并提供了多种投资主题，如新兴市场股票、奢侈品股票篮子、水资源股票篮子等，帮助投资者在风险相对较低的情况下，把握资本市场的投资热点。

2.人民币理财产品

伴随近年来银行理财市场的蓬勃发展，在基础性创新方面，各家银行将投资品种从国债、金融债和央行票据，延伸至企业短期融资券、贷款信托计划乃至新股申购等方面；在差异性创新方面，流动性长短不一而足，风险性则由保最低收益到保本再到不保本，品类齐全。按投资方向分，最常见有债券型、信托型、新股申购型和QDII型。

（1）债券型，主要投资于国债、央行票据、政策性金融债等低风险产品，是风险最低的银行理财产品之一。比起购买单期国债来说，这类理财产品通过各种债券搭配来提高收益率，投资期限短，因此更具投资价值。

（2）信托型，投资于商业银行或其他信用等级较高的金融机构担保、回购的信托产品或商业银行优良信贷资产收益权信托产品。

（3）新股申购型，集合投资者资金，通过机构投资者参与网下申购提高中签率。

（4）QDII型，取得代客境外理财业务资格的商业银行接受投资者的委托，将人民币兑成外币，投资于海外资本市场，到期后将本金及收益结汇后返还给投资者。

3.双币理财产品

根据货币升值预期，将人民币理财产品和外币理财产品进行组合创新。

（1）投资本金由本外币两种货币组成，以人民币理财产品和外币理财产品的模式运作，到期后分别以原币种支付本金及收益。

（2）以人民币作为投资本金，将此本金产生的利息兑成外币，以外币理财模式运作，以外币返还本外币理财的整体收益。

（3）其他交叉投资模式。

资料6-2

招商银行理财产品

名称	招商银行理财产品资——岁月流金系列人民币90天理财计划（代码：8506）
理财币种	人民币
本金及理财收益	招商银行于每个工作日10：30前公布本理财计划项下子计划的到期或提前终止预期年化收益率，投资者购买本理财计划项下子计划后若持有到期则招商银行承诺保证本金，预期理财收益按照投资者购买各子计划当日招商银行公布的预期年化收益率计算。详细内容见以下“本金及理财收益”
投资周期	90天，详细内容见以下“投资周期”
提前终止	本理财计划项下的子计划成立30个工作日后，招商银行有权但无义务提前终止该子计划。详细内容见以下“提前终止”
认购起点	1元人民币为1份，认购起点份额为5万份，超过认购起点份额部分，应为1万份的整数倍
认购开放时间	自2010年3月11日开始，每个自然日10：30到22：30为认购开放时间，其他时间不开放认购。详细内容见以下“理财计划认购”
登记日	各子计划认购后的下一工作日为登记日
成立日	登记日为成立日，各子计划自成立日起计算收益
到期日	成立日后的第90天为各子计划到期日，若到期日为节假日则顺延至下一个工作日
赎回	投资者认购本理财计划项下的子计划，且相应子计划成立后，投资者不能提前赎回该子计划
收益计算基础	实际理财天数/365
本金及收益支付	各子计划的理财本金及收益在到期日后3个工作日内划转至投资者指定账户

续表

还本清算期	到期日至理财资金返还到账日为还本清算期，还本清算期内不计付利息
购买方式	在理财计划认购开放时间内，携带本人身份证件和招商银行不计付利息账户前赎回该子计划时间不办理或通过个人银行大众版、专业版、财富账户认购
节假日	中国法定节假日
工作日	节假日以外商业银行工作时间（最终以国务院假日公布为准）
对账单	本理财计划不提供对账单
税款	理财收益的应纳税款由投资者自行申报及缴纳

（二）按收益类型划分

1.保证收益类

（1）收益率固定。银行按照约定条件，承诺支付固定收益并承担由此产生的投资风险。若客户提前终止合约，则无投资收益；若银行提前终止合约，收益率按照约定的固定收益计算，但投资者将面临一定的再投资风险。

（2）收益率递增。银行按照约定条件，承诺支付最低收益并承担相关风险，其他投资收益由银行和客户共同承担。若银行提前终止合约，客户只能获得较低收益，且面临高于固定收益类产品的再投资风险。

2.非保证收益类

（1）保本浮动收益。保本浮动收益指商业银行根据约定条件向客户保证本金支付，依据实际投资收益情况确定客户实际收益，本金以外的投资风险由投资者承担的理财产品。此类产品将固定收益证券的特征与衍生交易的特征有机结合，是我们常说的“结构型理财产品”。这类产品在保证本金的基础上争取更高的浮动收益，投资者在存款的基础上，向银行出售了普通期权、互换期权或奇异期权，因此得到普通存款和期权收益的总收益。衍生部分品种繁多，所挂钩的标的物五花八门，比如利率、汇率、股票波动率、基金指数、商品期货价格甚至天气等。商业银行通常通过购买零息票据或期权等保本工具来实现保本，再将剩余的钱去购买挂钩标的，这种策略以小博大，如果投资者认同挂钩产品的走势，最多也只是输掉投资期利息，以一种门槛不高的投资，可以参与诸如商品市场、海外资本市场等平日没有途径进入的领域，有较强的吸引力。保本浮动收益按收益计算方式划分，主要可以分为区间累积型、挂钩型、触发型三种。

①区间累积型：预先确定最高、最低的年收益率并设置利率参考区间，根据利率/汇率/指数等标的物在参考区间内运行的情况确定收益率。

②挂钩型：产品实际收益情况与存续期内每一天的利率等标的物成正比（反比），挂钩标的物越高（低），产品收益率越高（低）。

③触发型：为挂钩标的物设定一个触发点，在产品观察期内，触碰或突破触发点，可获得约定的投资收益。

投资者需要对挂钩标的物有一定了解和基本判断能力，如果产品设计对标的物走势情况判断失误，产品收益率有可能就大打折扣甚至颗粒无收，即使走势判断正确，收益计算方式的选择也极为重要。拿区间累积型来说，即使产品设计者对某一挂钩市场走势判断正确，但假设参考区间设计得幅度过于狭窄，一旦投资标的物的表现在短时间内大幅上扬（下挫），直接跳开该设定区间，则会直接影响实际投资成果。

（2）非保本浮动收益。非保本浮动收益类产品指商业银行根据约定条件和实际投资情况向客户支付收益，并且不保证本金安全，投资者承担投资风险的理财产品。非保本浮动收益理财产品是商业银行面向投资者推出的类似衍生金融产品的理财计划，目前还未形成完善的产品系统。现阶段常见的是一些打新股类基金等产品，但是本质上没有太大差别，更多地是要考虑此类产品的入场时间而非产品设计。

三、如何选择银行理财产品

与储蓄存款相比，理财产品因为其更高的收益而受到大众的青睐。但是，要购买一款适合自己的银行理财产品，并非容易的事情，除了要了解这些产品的分类、收益，还要特别关注其中可能出现的风险。

（一）要了解银行理财产品的种类，选择适合自己的产品类型

银行的理财产品大致分为保证收益型、保本浮动收益型和非保本浮

动收益型三类。保证收益型产品是银行按照约定条件向客户承诺支付最低固定收益，银行承担由此产生的投资风险，超出最低固定收益的其他收益由银行和客户按照合同约定分配。保本浮动收益型产品是指银行按照约定条件向客户保证本金，此外的投资风险由客户承担，并依据实际投资收益情况确定客户实际收益的理财计划。非保本浮动收益型产品是指银行根据约定条件和实际投资收益情况向客户支付收益，并不保证本金安全的理财计划。投资人要根据自身的风险承受能力选择适合的产品类型。2018年的资管新规推出后，不再允许发行保证收益型的理财产品。

（二）要正确认识银行理财产品的收益率

根据规定，银行不得无条件向客户承诺高于同期储蓄存款利率的保证收益率，因此不论固定收益产品还是浮动收益产品，在购买时所看到的"收益率"其实是"预期收益率"，甚至是"最高预期收益率"的概念。只有当产品到期，银行根据整个理财期间产品实际达到的结果，按照事先在产品说明书上列明的收益率计算方法计算出来的收益率才是"实际收益率"。

（三）要对银行理财产品的风险有清醒认识

"高收益必定伴随着高风险，但高风险未必最终能带来高收益"，这是在进行任何投资活动前都必须牢记的规律。银行理财产品也遵循这一规律。也正因为理财产品的风险高于普通存款，因此能有机会获得高于存款利息的收益。一般规律是，保证收益类产品的约定收益较低，风险也较低；非保证收益类产品的收益潜力较大，但风险也较高。保证收益类产品的收益一般都会有附加条件：如银行具有提前终止权或银行具有本金和利息支付的币种选择权等。而投资非保证收益类产品，就要明白任何市场的历史表现都不能代表未来的走势，银行说明的"预期收益率"或"最高收益率"可能与最终"实际收益率"出现偏差。

（四）投资者要正确地了解自己

认真考虑自己的理财目的、资金量、理财时间、背景知识、对风险的认识等问题，选择适合自己的产品，实现资产保值增值的目标。

（五）不要盲目跟风

尽量选择自己相对熟悉的产品购买，即使原来没有任何背景知识，也应该在购买前详细咨询独立的理财师，或要求银行专业理财人员详细解释。

（六）要了解金融机构

投资银行理财产品，要事先了解哪些金融机构可以销售银行理财产品，每个银行在理财产品和配套服务方面的特色和专长，从中选择值得信赖的金融机构。

思政课堂

增加居民财产性收入，资本市场将发挥更重要作用

【思政元素】共同富裕。

让普通居民共享经济发展的成果，在高质量发展中促进共同富裕，是资本市场改革发展的题中应有之义。

近年来，资本市场在扩大直接融资比重、提升服务实体经济能力的同时，着重加强投资端建设，改变了过去“重融资，轻投资”的局面。十年来，投资者数量稳步增长，机构投资者占比显著提升，居民投资渠道和财产性收入来源也因资本市场发展而得到有效拓宽。

业内人士表示，在市场建设不断推进、机构能力不断提升、投资者更加理性的趋势下，资本市场将在提高居民财产性收入中发挥更重要的作用。

※资本市场已成为增加居民财产性收入的重要平台

党的十八大以来，我国经济总量扩大、质量提升，居民收入翻番，增速快于经济增速。

与此同时，资本市场持续推进基础制度建设，着力发展中国特色现代资本市场和直接融资体系，全面深化改革，为拓展居民投资渠道和提高财产性收入奠定了坚实基础。

我国投资者数量稳步增长。2016年1月，股票投资者数量首次突破1亿；2019年3月，股票投资者数量突破1.5亿；2022年2月，已突破2亿大关。2011年，基金投资者不足4 000万；截至2021年底，基金投资者已超过7.2亿，10年间增长了17倍。

资本市场不断汇集优质的上市公司，基础投资标的日益丰富。

一方面，上市公司分红成为投资者分享经济增长红利的“新渠道”。

2011年至2021年，上市公司累计现金分红超过9.7万亿元，如今上市公司现金分红率稳定在30%以上，平均股息率在2%以上，与国际水平基本持平。

另一方面，公募基金、券商资管等专业机构的财富管理产品规模不断扩大，价值投资理念不断增强。证券期货经营机构的总资产十年间增长5.5倍；公募基金管理规模达到26万亿元，十年增长8倍，成为投资者的重要资产配置工具。

公众理财意识不断提升，公募基金业迎来大发展。从传统封闭式基金谢幕，到开放式基金占据主流；从"宝宝类"产品主动控规模，到回归主动管理本源；从保本、分级基金退出历史舞台，到公募FOF、养老目标基金加速进场……基金行业跑出了"加速度"。

业内人士普遍认为，资本市场为财富管理提供了平台，让投资者共享资本市场改革的红利，促进共同富裕；财富管理也为资本市场提供了资金来源，机构投资者成长推动资本市场实现健康发展。

※机构投资者力量壮大投资者结构深刻变化

近十年是资本市场投资者结构持续优化的十年。资本市场着力深化投资端改革，壮大各类中长期投资力量，推动出台个人养老金投资公募基金政策，大力倡导专业投资、价值投资、长期投资。

截至2022年5月底，境内专业机构投资者和外资持有流通股市值占比达到22.8%，比2016年提升了6.9个百分点。2021年，我国个人投资者交易占比首次降至70%以下，价值投资、长期投资、理性投资的理念逐步建立。

公募基金的财富管理功能进一步显现，并更好助力多层次养老保障体系建设。自成立以来，公募基金行业累计分红3.8万亿元。截至2021年底，公募基金持有A股流通股市值6.4万亿元，占A股流通总市值比例为8.1%。基金公司受托管理的社保基金、基本养老金、企业年金和职业年金规模合计约4万亿元，超过我国养老金委托投资运作规模的50%。截至2021年底，141只养老目标基金的存续规模为1 099亿元，平均年化收益率为11.25%。

此外，保险资金、银行理财资金参与资本市场力度不断加强。截至2021年底，保险资金运用余额为23.2万亿元，较2018年末增长

41.56%；银行理财市场规模29万亿元，同比增长12.14%，银行理财产品投资资产31.19万亿元，其中权益类资产约1万亿元。

银河证券首席经济学家刘锋表示，不断完善的资本市场，为居民重新安排理财组合提供了条件，改善了收入和风险结构，增加了财产性收入的比重，让老百姓真正体验到参与感、责任感和获得感，从而使得社会的整体福利与幸福水平不断得到有效提升。

资料来源：梁银妍．增加居民财产性收入　资本市场将发挥更重要作用［N］．上海证券报，2022-09-09.

本章小结

1.投资是指个人或家庭寄希望于不确定的未来收益，将货币或其他形式的资产投入经济活动的一种行为，即为未来收入货币而奉献当前的货币。它一般具有时间和风险两个因素。

2.投资管理流程主要包括确定投资政策、进行投资品种分析、构建投资组合、调整投资组合、评估投资组合绩效5个步骤。

3.股票是有价证券的一种主要形式，是股份公司为筹集资金而发行给股东作为持股凭证并借以取得股息和红利的一种有价证券。每股股票都代表股东对企业拥有一个基本单位的所有权。

4.债券是一种有价证券，是社会各类经济主体如政府、企业等为筹措资金而向债券购买者出具的、承诺按一定利率定期支付利息并到期偿还本金的债权债务凭证，它是一种重要的信用工具。

5.基金是指一种利益共存、风险共担的集合证券投资方式，即通过发行基金，集中投资者的资金，由基金托管人托管，由基金管理人管理和运用资金，从事股票、债券等金融工具投资，并将投资收益按基金投资者的投资比例进行分配的一种间接投资方式。

6.期货投资是相对于现货交易的一种交易方式，它是在现货交易的基础上发展起来的，通过在期货交易所买卖标准化的期货合约而进行的一种有组织的交易方式。期货交易的对象并不是商品（标的物）本身，而是商品的标准化合约，即标准化的远期合同。

7.外汇投资，是指投资者为了获取投资收益而进行的不同货币之间的兑换行为。

8.黄金具有一般商品和货币商品的双重属性，是一种保值避险的良好工具；同时，黄金是一种金融产品，所以具有投资功能。

9.银行理财产品是指商业银行在对潜在目标客户群分析研究的基础上，针对特定目标客户群开发设计并销售的资金投资和管理计划。在理财产品这种投资方式中，银行只是接受客户的授权管理资金，投资收益与风险由客户或客户与银行按照约定方式分配和承担。

复习思考题

1.理财为什么和投资分不开？

2.个人理财投资规划的基本流程是什么？

3.如何确定投资组合？

4.投资策略有哪几种？如何灵活运用？

5.如何进行股票交易？股票投资的原则有哪些？

6.个人投资债券的方式有哪些？

7.投资基金的优点有哪些？应如何选择基金品种？

8.期货投资的特点是什么？

9.适合普通投资者的外汇投资方式有哪些？应该如何选择？

10.个人可以投资的黄金品种有哪些？

11.如果投资银行理财产品，你会选择哪种类型？

第七章

房地产投资规划

第一节　房地产投资的基本知识

一、房地产的概念

房地产是房产和地产的合称。地产是指购买土地使用权的开发投资；房产是指房屋建成后的置业投资。对个人投资者来说，所说的房地产一般是指房产。房地产可以有三种存在形态：土地、建筑物、房地合一。房地产由于其自身特点即位置的固定性和不可移动性，在经济学上又被称为不动产。随着个人财产所有权的发展，房地产已经成为个人财产的主要组成部分。

二、房地产投资的概念

房地产投资是以获取期望收益为目的，将货币资本投入房地产开发、经营、中介服务和房地产金融资产的经营活动。房地产投资作为一种长期的高额投资，除了用于个人消费，还具有显著的投资价值。投资者购买房地产主要出于四种考虑：自己居住、对外出租、投机获利和减免税收。针对不同的投资目的，投资者在选择具体房地产品种时也会有不同的考虑。在房地产投资规划中，要重视两方面的问题：一方面，应当对房地产法律法规（包括交易规则、税收优惠等）和影响房地产价格的各种因素有比较深的了解；另一方面，由于房地产单位价值高且多是终身投资，所以投资房地产必然要十分谨慎，在作出投资决策之前，必须详细了解自己的支付能力，以确定合理的房地产购置计划。

三、房地产投资的方式

（一）直接购房

投资者用现款或分期付款的方式直接购置房屋，可自住，也可出租或出售，以获得利润。这种方式适合资金实力较强的家庭。

（二）以租代购

投资者签订购租合同，租户可在一定期限内购买此房，并以租金抵销部分房款。这种方式适合开始资金不够、以后收入增加有能力购买的家庭。

（三）以租养贷

投资者先付首期房款（一般是全部房款的两三成），其余部分通过银行贷款解决。然后出租此房屋，用租金来偿还贷款，贷款还清后将完全拥有此套房屋。此种方式与“以租代购”相反，适合当前已有相当大数量的资金，但以后收入可能不稳定的家庭。

（四）买卖楼花

买卖楼花，投资者只需支付房款10%左右，待到建成一半时，再支付10%，当房屋完全建成交付使用时，再交纳余下的房款。从实质上来说，买卖楼花属于购买期房的投资方式，如果房价上升，可卖出获利。可见，买卖楼花具备了期货功能，风险较大，适合风险承受能力较强、激进型的投资者。

（五）以房换房

以房换房指看准一处有升值潜力的房产，在别人尚未意识其升值潜力之前，附加一定的条件采取以房换房的方式获取自己认为具备升值潜力的房产，待时机成熟再转售或出租以从中谋利。以房换房一般是换进门面房或即将动迁的房产。

（六）房地产证券

通过发行证券，将小投资者的资金汇集后购买房地产，或者将房地产按价值单元分割成小的产权单位，出售给投资者，实行房地产所有权和使用权分离。其租金收入在扣除开支后分配给投资者，也就是说，把直接房地产投资转化为证券投资。由于投资者持有证券的数量可多可少，不像直接投资房地产那样必须拥有某房地产权益的全部，这使得“小额”投资者有了通过购买证券从而投资房地产业赚钱的可能。

（七）房产信托

房产信托指由专业化房产信托公司或房产企业，受托经营其他单位的自营房产、集体的合作房产和个人的私有房产。房产信托经营的业务范围包括信托出租、出售、维修、托管和监督等。房产信托一般可分为房产投资信托和房产租赁信托，是当前比较新颖的房地产投资方式。

四、房地产投资的优缺点

（一）房地产投资的优点

1.可获得相对较高的收益

房地产投资中，在有效使用信贷资金、充分利用财务杠杆的情况下，考虑到持有期内的增值收益，每年实现10%～12%的权益收益率也比较容易做到。这相对于储蓄、股票、债券等的投资来说，收益水平是较高的。同时，房地产是人们生活的必需消费品，且是一种耐用消费品，为投资盈利提供了较多的时间机会。

2.易于获得金融机构的支持

由于可以将房地产作为抵押物，所以投资者可以较容易地获得金融机构的支持，得到其投资所需要的大部分资金。包括商业银行、保险公司和抵押贷款公司等在内的许多金融机构都愿意提供抵押贷款服务，给投资者提供了很多选择。金融机构通常认为以房地产作为抵押物，是保证其能按期安全收回贷款最有效的方式。因为除了投资者的资信情况和自有资金投入的数量外，房地产本身也是一种重要的信用保证。而且，通常情况下，房地产的租金收入就能满足投资者分期还款对资金的需要，所以金融机构可以提供的贷款价值比例也相当高，一般可以达到

70%～90%，而且常常还能为借款人提供利率方面的优惠。另外，拥有房地产能提高投资者的资信等级。

3.能抵消通货膨胀的影响

房地产投资能有效抵消通货膨胀，尤其是预期通货膨胀的影响，具有较好的保值增值功能。由于存在通货膨胀，房地产和其他有形资产的重置成本不断上升，从而使房地产和其他有形资产价值上升，所以说房地产投资具有增值性。又由于房地产是人类生活居住、生产经营所必需的，即使在经济衰退的过程中，房地产的使用价值也不会改变，所以房地产投资又是有效的保值手段。

（二）房地产投资的缺点

1.流动性相对较差

房地产作为不动产，最大缺点是流动性较差。它不像其他金融产品，可随时变现或较容易变现，出售或出租都需有一定的时间。有时，为了达到快速变现，可能要损失收益甚至亏损才行。所以，房地产作为固定资产投资，一般是长期投资项目，家庭必须没有现金压力才行。为了降低这种风险，一般考虑将房地产投资作为投资组合的一部分，而非全部。另外，在急需资金时，可把房地产抵押进行贷款。

2.投资金额比较大

房地产投资额的起点都比较高，一般动辄数十万元、上百万元，即使投资者只需支付30%的资本金用作前期投资或首期付款，也大大超出了许多投资者的能力。大量自有资金的占用，使得在宏观经济出现短期危机时，投资者的净资产迅速减少。

3.投资回收期较长

房地产投资的回收期短则十年八年，长则二三十年甚至更久。要承受这么长时间的资金压力和市场风险，要求投资者具有很强的资金实力。

4.面临的风险高

房地产投资是一项政策性很强的经济活动，如土地政策、城市规划、房地产税收、租金管制等的变化都可能给房地产投资带来一定的政策风险。同时，国内房地产市场的不成熟，也给少数开发商及房产中介提供了违规、欺骗的机会，如房屋的质量问题、合同的不公正、产权的不完善等，都可能给房地产投资带来损失，这些道德风险在现阶段特别明显。

五、房地产估价及影响因素

（一）房地产价格的基本构成要素

（1）土地成本，包括征地费或拆迁补偿费或土地使用权转让费及相关税费，如土地出让金、耕地占用税、菜田基金、防洪费、征地服务管理费、拆迁管理费、拆迁服务费、不动产评估费、出让业务费以及基础设施建设费等。

（2）勘察设计和前期工程费用，包括正式开工前发生的规划设计，水文、地质勘探和测绘，“数通一平”等费用。

（3）建安工程费及相关税费，包括：房屋建安工程费，即由开发商向施工单位支付的土建工程、设备安装工程及粗装修费用；相关税费，如公共配套设施费、绿化费、管理费、水电增容费等。

（4）开发商支付的交易税费，包括房地产转让（包括商品房销售）时支付的增值税、城市维护建设税、教育费附加、土地增值费（在转让房地产获取增值时支付）、印花税（按买卖合同金额的一定比例支付）、房屋买卖综合服务费、房屋销售费用（包括代理费、广告宣传费、管理费、销售人员提成奖励费用等）。

（5）政府部门收取的规费。

（6）利息，包括利用金融机构贷款进行前期投资所必须支付的利息，或按上述标准计算的应当向资金所有者支付的利息。

（7）利润，指土地开发、房屋建设及销售各环节应获取的合法利润，一般以当时的行业平均年投资利润或项目利润计算。

表7-1为中国房价大致构成表。

表7-1　　**中国房价大致构成表（每平方米）**

<table>
<tr><th>名目</th><th>比例</th><th>去向</th><th>支付人</th></tr>
<tr><td>前期费用</td><td>6%～7%</td><td rowspan="4">政府管理部门</td><td rowspan="7">买房者</td></tr>
<tr><td>土地成本</td><td>27%～29%</td></tr>
<tr><td>税收</td><td>9%</td></tr>
<tr><td>管理费</td><td>9%</td></tr>
<tr><td>建筑及拆迁安置费</td><td>26%～32%</td><td rowspan="2">开发商等</td></tr>
<tr><td>利润</td><td>15%～20%</td></tr>
<tr><td>售价</td><td>100%</td><td>—</td></tr>
</table>

（二）影响房地产价格的因素

影响房地产价格的因素主要包括：

（1）一般因素，包括社会因素、经济因素和行政因素。

（2）地域因素，指房地产所在地区、城市、区位、地段等因素。

（3）个别因素，可分为宗地条件和建筑物类别的影响。

第二节　房地产投资规划

一、为什么要进行房地产投资规划

衣食住行是人们的基本需求，在很多人心中，有了属于自己的房子才算是有了真正意义上的家。买房子是人生大事，甚至是一部分人终身的梦想，买房子需要一笔很大的资金，买房首付款的筹备与买房后贷款偿还的负担，对个人及家庭的现金流量及以后生活的影响可以延续十几年甚至几十年。所以，如果进行房地产投资的时候不事先进行规划，就可能会陷入以下困境：

（1）由于目标重合，目前的资金不足以购房。由于事先没有规划，有可能在想购房的时候却遇到结婚或者生子等其他需要资金的情况，这时的资金难以同时完成多项目标，因此势必会推迟甚至取消其中的部分计划。

（2）对未来的收支变化未能充分预期，没有合理的房产投资规划，导致购房计划难以实现。例如，在收入良好的时候超前购置房产，而未能预料到其后收入中断或者意外导致支出增加的情况，致使还不起贷款而被迫拍卖房产。

（3）没有房产生涯规划的观念，只想一蹴而就。买房要配合负担能力，在一生中可随生涯阶段的改变逐渐升级换代，可以称这种做法为“房产生涯规划”。如果一开始就不切实际地追求高档住房，只会使自己陷入困境。

（4）如果不事先规划房产投资现金流量，则无法选择最佳的贷款组合。

二、房地产投资规划流程

个人房地产投资规划实际上就是根据自己的需要进行购房或者租房的决策，如图7-1（谢怀筑，2004）所示。房地产投资规划包括居住规划和房产投资两项内容。居住规划包括租房、购房、换房和房贷规划；房产投资包括获取房租收入和通过出售赚取价差收入。

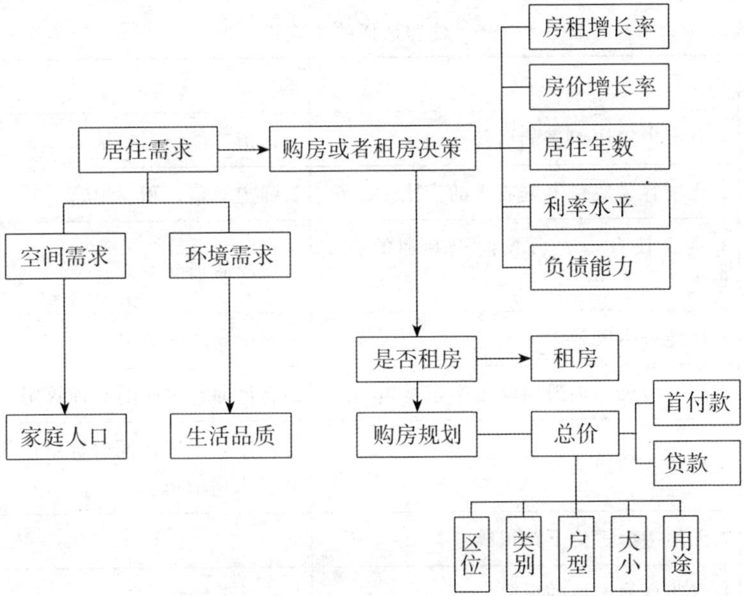

图7-1　个人房地产投资规划流程

三、购房与租房决策

在进行居住的决策时，面临着购房还是租房的选择问题，我们可以通过多种因素的比较来解决这一问题。表7-2对购房与租房的优缺点进行了比较。

选择购房还是租房，与个人的财务状况、对未来房地产市场的预测以及喜好、购买途径等都息息相关，从理财的角度出发主要看房价与租金的变动情况，分别计算出两者的投资成本。房价和租金都是住房使用价值的反映，但相比之下，房价的波动幅度明显大于租金，这是因为购房行为中投机和泡沫的成分远高于租房。因此，房价更加偏重反映房产的市场行情，租金更加偏重反映房产的实际需求。租售比是房屋每平方米使用面积的月租金与每平方米建筑面积房价之间的比值，可以大致反映房价对使用价值的偏离程度。国际上用来衡量一个区域房产运行状况的租售比一般界定为1：300至1：200。如果租售比低于1：300，意味着房产投资价值相对变小；如果高于1：200，表明该区域的房产投资潜力相对较大

表7-2　**住房选择的比较**

	租房	购房
优点	1.有能力使用更多的居住空间	1.保值，能够对抗通胀
	2.比较容易应付家庭收入的变化	2.强迫储蓄，积累财富
	3.资金较自由，可投向更有利的投资渠道	3.提高居住品质
	4.迁徙自由度较大	4.有信用增强效果
	5.房屋瑕疵和损毁风险由房东承担	5.满足拥有房产的心理效用
	6.租房者的税负较轻	6.自住兼投资，同时提供居住效用和资本增值机会
	7.无须考虑房价下跌风险	
缺点	1.有非自愿搬离的风险	1.缺乏流动性
	2.无法按照意愿装修	2.维持成本高
	3.被动应对房租上涨风险	3.财务风险大
	4.无法运用财务杠杆追求房价利益	

我们也可以采用财务计算的方法来进行比较，下面介绍其中的一种计算方法——年成本法，来具体考量购房与租房的可变成本。

租房者的使用成本是房租，还要计算交纳押金带来的利息损失（机会成本），所以租房的年成本的计算公式是：

租房年成本=年租金（月租金×12）+押金机会成本（月租金×12×当年存款利率）

购房者的使用成本主要是首付款与房屋贷款利息（不考虑诸如物业

费等使用成本），所以购房年成本的计算公式是：

$$\text{购房年成本}=\underset{\text{利息支出（贷款额×房贷年利率）}}{}+\underset{\text{首付款机会成本（首付款×当年存款利率）}}{}$$

购房年成本=利息支出（贷款额×房贷年利率）+首付款机会成本（首付款×当年存款利率）

我们不能简单地把以上计算结果当成租房或购房的决策依据，只能当作参考，因为它没有包含房价波动的预期因素。

一般来说，预计房价看涨时，购房比较合算；反之，则租房合算。银行贷款利率也会对购房成本产生直接影响，利率下调时，购房成本降低；反之，则升高。房租则相对稳定（体现房屋的真实使用价值），所以在利率下调时，购房比较合算；反之，租房合算。

【例 7-1】王先生看上一处60平方米的房产，屋主可租可售。若租房，房租每月2 000元，预付3个月；若买房，总价50万元，可获得40万元、利率6％的房屋贷款，购房首付款为房屋总价的20％，即10万元。王先生租房与购房的成本分析如下（假设押金与首付款机会成本以5％、1年期存款利率以3％计算）：

租房年成本=2 000×12+2 000×3×5％=24 300（元）

购房年成本=100 000×3％+400 000×6％=27 000（元）

通过计算可知，租房比购房年成本低2 700元，折合每月少支付225元，因此租房比较划算。

但分析租房和购房哪个划算时，还要考虑以下因素：

（1）房租的变动情况。以例7-1而言，购房后成本固定，租房与购房成本只差225元/月，只有月租金的11.25％，因此只要房租在未来的上涨幅度超过11.25％，购房就比租房划算。

（2）房屋贷款与房租所得税扣除额。购房还要考虑税收方面的问题，考虑了契税和土地增值税后购房比租房更贵。

（3）房屋升值潜力。如果房价在未来看涨，那么即使目前算起来购房年居住成本稍高，未来出售房屋的资本利得也足以弥补居住期间的成本差异。以例7-1而言，租房年居住成本率为4.86％（24 300÷500 000×100％），购房年居住成本率为5.4％（27 000÷500 000×100％），差距只有0.54％。如果计划住5年，只要房价在5年内涨2.7％（0.54％×5）以上，购房仍然划算。不过如果房价下跌，则租房居住成本低于购房的情况也有可能会发生。因此，租房与购房究竟何者划算，投资者对未来房价涨跌的主观认定仍是决定性因素。

（4）利率的高低。利率愈低，购房的年成本愈低，购房会相对划算。近年来，为控制房地产价格上涨，房屋贷款利率提高，因此购房的居住成本也越来越高。

资料7-1

买房还是租房

俗话说，衣食住行，乃人最重要也是最基本的四件事，“住”作为最基本的诉求之一，“租房还是买房”不仅影响着我们的生活，还会给家庭未来十几年甚至是数十年的财务状况带来影响。因此慎重是必需的，对于新婚夫妇尤为重要。毕竟小家刚组建，这时候要特别谨慎。当然也会特别纠结，到底是先租房还是咬咬牙先买房。

1.算好经济账，做到心中不慌

通过比较买房、租房的成本，能直观地得出结论，来帮我们进行经济决策。

（1）买房的成本如何计算。

买房成本的计算公式为：

购房年成本=首付的机会成本+贷款余额×贷款利率+年维修费及税金−房价每年涨幅

懂理财的朋友都知道，资金是有时间价值的，比如买房的首付，如果当时用来买理财做投资，可能会有一大笔的收益。这个收益，换个角度理解，就是你因为买房而付出的成本，因为你损失了获得这笔收益的机会，所以我们叫它“机会成本”。

具体计算是这样的，“付首付款的机会成本=首付款×机会成本率”，而机会成本率就是你的投资收益率。

（2）租房的成本如何计算。

租房成本的计算公式为：

租房年成本=押金×机会成本率+年租金

机会成本率同上，就是你的投资收益率。投资收益率随着你的投资能力有高有低，自己估算一个即可。

（3）比较买房和租房的成本。

值得注意的是，随着每年还款，贷款余额逐渐减少，因此买房的年成本是逐渐降低的。但另一方面，房租是不断上涨的，因此租房的年成本是逐渐上升的。所以，我们应该多算几年进行比较，而不是单一比较一年的情况。另外，未来房价涨跌也得考虑进去。

2.经济账心中有数，心理账也得要

其实，买房还是租房这个问题，只看经济账是不够的，还得看我们的心理账是怎么样的。面对纷纷乱乱的心理账怎么办呢？大家可以把自己的心理感受一条一条列出来，按照重要性进行排列，必要时可以逐个打分，帮助自己理清思路，辅助决策。

经济账好算，心理账难办。买还是租，对于不同的人其实有不同的答案，即使是同一个人在人生的不同阶段答案也是不一样的。

3.结语

虽然怀着买房梦的人很多，但是小编还是想提示大家几句：

（1）随着市场的健全，投资的理性，房地产暴涨时代，的确一去不复返了。

（2）对于事业还不稳定的职场新人，还是租房更适合一些，千万不要为了买房而买房。

（3）买房还是要考虑个人的经济能力，不然会在很长时间内影响个人/家庭的正常生活。一般认为个人/家庭的房贷支出控制在个人/家庭收入的50%以内为宜。

资料来源：搜狐焦点亳州站．租房好还是买房好，算好这两本账就明白［EB/OL］．［2021-07-03］．https：//www.sohu.com/a/475353166_120477686.此处有修改．

四、购房规划

如果决定购房，则应该考虑的首要问题是自己的负担能力，然后还要考虑购房所要支付的相关税费。

（一）衡量自己的负担能力

就理财的范畴而言，购房规划最重要的就是按照自己的经济能力确定购房目标和制订切实可行的付款计划。衡量自己的经济负担能力的方式包括以下两种：

1.按每月的负担能力估算负担得起的房屋总价

有关计算公式为：

可负担首付款=目前年收入×负担比率上限×年金终值+目前净资产×复利终值

年金终值=年金金额$\times\frac{(1+r)^n-1}{r}$（$n$=离买房年数；$r$=投资报酬率）

复利终值=本金（现值）×$(1+r)^n$（n=离买房年数；r=投资报酬率）

$$\text{可负担房屋贷款}=\text{目前年收入}\times\text{复利终值}\times\text{负担比率上限}\times\text{年金现值}$$

可负担房屋总价=可负担首付款+可负担房屋贷款

可负担房屋单价=可负担房屋总价÷需求面积

【例7-2】李先生年收入为10万元，预估收入年增长率为3%，目前净资产为8万元，储蓄首付款与负担房屋贷款的上限为40%，打算5年后买房，投资报酬率为10%，贷款年限为20年，利率以6%计，可以负担买房贷款的目前房价为：

首付款部分：10×40%×6.11+2×1.611=27.7（万元）

贷款部分：10×1.159×40%×11.47=53.2（万元）

可负担总房价：首付款（27.7）+贷款（53.2）=80.9（万元）

购买多大面积的房子，取决于家庭人口数及对空间舒适度的需求。如果5年以后才买房子，应以届时的家庭人口数计算所需面积。在刚成家之时，由于资金积累有限，且家庭人口比较少，一般都是夫妇两人，这时并不需要大面积的住宅，一般两室一厅即可满足需求。如果为了小孩考虑，且想一次性购买较大的房屋，所需面积可能在100平方米左右。假设李先生准备买100平方米的住房，则可负担的房屋单价为：

80.9÷100=0.809（万元/平方米）

2.按想购买的房屋价格来计算每月需要负担的费用

有关计算公式为：

欲购买房屋总价=房屋单价×需求面积

需要支付的首付款部分=欲购买房屋总价×（1-按揭贷款成数比例）

需要支付的贷款部分=欲购买房屋总价×按揭贷款成数比例

每月摊还的贷款本息费用=需要支付的贷款部分÷年金现值

年金现值=年金金额$\times\frac{1-(1+r)^{-n}}{r}$（$n$=离买房年数；$r$=投资报酬率）

如果想购买100平方米的房屋，假设目前市面上的一般价格是9 000～18 000元/平方米，则购买100平方米房屋所需要的费用为90万～180万元。假设按7成按揭，90万元的房屋需要支付首付款27万元，180万元的房屋需要支付首付款54万元。90万元的房屋需要贷款

63万元，每月需要摊还的本息费用为4 577元（630 000÷11.47÷12）；180万元的房屋则需要贷款126万元，每月需要摊还的本息费用为9 154元（1 260 000÷11.47÷12）。因此，如果每月除了应付日常生活外还能节余9 000多元时可以买18 000元/平方米的房子；而当每月收入节余只有4 577元左右时，就只能选择9 000元/平方米的房子了。

（二）购房的各种税费

购房时除了要支付购房款之外，还涉及许多其他费用，以上的例子为了方便计算，并未考虑装修费用以及各种相关税费。在我国，涉及购房交易的税费主要包括契税、印花税、个人所得税、增值税、房屋所有权登记费、房屋买卖手续费、公证费、律师费、中介费等，视房屋买卖的情况并根据合同的约定或有关的法律规定来确定。

第三节　个人住房抵押贷款

一、个人住房抵押贷款种类

目前的个人住房抵押贷款品种主要有个人住房公积金贷款、个人住房商业性贷款和个人住房组合贷款三大类。

个人住房公积金贷款是缴存住房公积金的职工以其所拥有的产权住房为抵押申请的专项贷款。贷款期限最长为30年（一般不得超过法定退休年龄）。住房公积金贷款利率是目前个人贷款中利率最低的品种，贷款额度根据所购房屋不同适用不同的比例。

个人住房商业性贷款是用银行信贷资金向购房人发放的住房贷款，一般为抵押贷款。

个人住房组合贷款是指向缴存公积金的购房人同时发放个人住房公积金贷款和个人住房商业性贷款的一种贷款方式。

二、个人住房抵押贷款的还款方式

（一）一次还本付息

这种方法是指贷款人在贷款到期时一次性归还全部本息。在我国，贷款期限在1年以下（含1年）的个人住房贷款采用的就是这种方法。

但是，随着还款方式变革，1年的期限有望最高延长至5年。该方式银行审批严格，一般只对小额短期贷款开放。这种还款方式，操作很简单，但是，适应的人群面比较窄。必须注意的是，此方式容易使贷款人缺少强迫还款外力，造成信用损害。采用这种贷款，贷款人最好有较好的自我安排能力。

（二）等额本金还款

等额本金还款，又称利随本清、等本不等息还款法，是指贷款人将本金分摊到每个月内，同时付清上一交易日至本次还款日之间的利息。这种还款方式相对等额本息还款而言，总的利息支出较低，但是前期支付的本金和利息较多，还款负担逐月递减。

等额本金还款把全部的贷款本金平均分摊到贷款期内的每一期归还，而每一期的利息则是根据当期的贷款余额计算，所以每一期归还的贷款本金是固定的，而利息却不一样，是随着贷款本金的逐步降低而减少，总的还款金额也是逐渐减少，其计算公式是：

$$\text{每月还款金额}=\text{贷款本金}\div\text{贷款期数（按月计）}+（\text{贷款本金}-\text{累计已归还本金额}）\times\text{月利率}$$

举例来说，从银行贷款20万元，还款年限为15年，选择等额本金还款，每月需要偿还银行本金1 111元左右，首月利息为918元，总计首月偿还银行2 029元，随后，每个月偿还的本金不变，利息逐渐随本金归还而减少。

使用等额本金还款，开始时每月负担比等额本息要重，尤其是在贷款总额比较大的情况下，相差可能达数千元。但是，随着时间推移，还款负担逐渐减轻。这种方式很适合目前收入较高，但是已经预计到将来收入会减少的人群。实际上，很多中年以上的人群，经过一段时间事业打拼，有一定的经济基础，考虑到年纪渐长，收入可能随着退休等其他因素减少，就可以选择这种方式进行还款。

（三）等额本息还款

这是目前最为普遍，也是大部分银行长期推荐的方式。等额本息还款是把按揭贷款的本金总额与利息总额相加，然后平均分摊到还款期限的每个月中。作为还款人，每个月还给银行固定金额，但每月还款额中的本金比重逐月递增，利息比重逐月递减。其计算公式是：

$$每月还款额=贷款本金\times 月利率\times（1+月利率）\times 还款月数\div［（1+月利率）\times 还款月数-1］$$

举例来说，假设需要向银行贷款20万元，还款年限为15年，按照目前大部分银行的利率，选择等额本息还款，每个月大约还1 707元。初始的两三年，1 707元中大约80%是归还贷款的利息部分。

采用这种还款方式，每月还相同的数额，作为贷款人，操作相对简单，每月承担相同的款项也方便安排收支。尤其是收入处于稳定状态的家庭，买房自住，经济条件不允许前期投入过大，可以选择这种方式。公务员、教师等属于收入和工作机会相对稳定的群体，很适合这种还款方式。但是，它也有缺陷，由于利息不会随本金数额归还而减少，银行资金占用时间长，还款总利息较等额本金还款法高（表7-3）。

表7-3　　**等额本息还款与等额本金还款的比较**

方式	优点	特点	适合人群
等额本息（月等额）	还款金额固定，操作相对简单，计划性强	在整个还款期内，每个月的还款额保持不变（遇调整利率除外）	收入稳定，资金不宽裕的购房者
等额本金（月等本）	总的利息支出较低	本金在整个还款期内平均分摊，利息按贷款本金余额逐日计算，初期还款额较大，每月还款额在逐渐减少，但偿还本金的速度保持不变	1.打算提前还贷者 2.目前收入尚可的中年人

（四）组合还款

组合还款是在等额本金还款法和等额本息还款法的基础上，根据借款人的收入成长曲线，而为借款人量身定做的还款方式。它根据借款人未来的收支情况，首先将整个贷款本金按比例分成若干偿还阶段，然后确定每个阶段的还款年限，在每个阶段内是按照等额本息还款方式来还款的。

一般来说，组合还款法的主要形式可分为递增型、递减型和任意型三种。递增（减）型是指在整个贷款期内，贷款的归还呈逐渐增加（减少）的趋势。任意型是指在贷款期内各个阶段的还款本金及还款年限不同，使贷款归还呈不规则变化。借款人可以根据自己未来收支情况来制订还款计划，通俗地讲就是赚多的时候多还一点，赚少的时候少还一点。等额递增方式适合目前还款能力较弱，但是已经预期到未来收入会逐步增加的人群。很多年轻人需要买房，并且工作业绩不错，虽然目前的收入负担房贷较困难，但是考虑到未来升迁后的收入大幅增加，可以采用等额递增方式还款。相反，如果预计到收入将减少，或者目前经济很宽裕，可以选择等额递减方式还款。

资料7-2

组合还款法案例

案例一：轻松入住型

王先生今年28岁，月收入为4 200元。近期购买了一套80万元的住房，房子要一年后交付，目前王先生还得租房，每月需付房租600元。交房后王先生要进行装修，结婚也得有大额费用支出，因此在贷款前三年王先生还款压力很大。目前王先生最大月供承受能力为3 000元，他申请贷款50万元，期限20年。银行为其设计了如下还款方案：第一阶段（3年）2 700元/月；第二阶段（8年）4 000元/月；第三阶段（9年）2 781.77元/月。

与等额本息还款法每月还3 310.84元相比，在第一阶段王先生每月少还600多元。与等额本金还款法4 183.33元相比，王先生每月少还近1 500元。王先生还款压力小了，并且他的利息支出也比等额本息法少。

三种还款方式利息之间的差别是：等额本息法利息总额为294 601.62元；等额本金法为253 050.02元；组合还款法则为281 631.08元。

该还款计划的优势是：前期月供低于等额本息法；前期还款压力小，可实现轻松入住；月供金额可自由选择；可节省利息支出。

该种方案适用于前期收入较少，职业前景良好，收入稳步攀升的人群。

案例二：金色晚年型

张先生今年45岁，家庭月收入为6 500元，预计夫妻俩10年后退休，月收入会下降至3 500元左右。张先生购买了一套高层住宅，他需要贷款50万元，期限20年。银行为其设计了如下还款方案：第一阶段（10年）4 349.14元/月；第二阶段（10年）1 593.92元/月。

与等额本息还款法每月还款3 310.84元相比，第二阶段张先生每月要少还款1 500多元。通过组合还款法，张先生在晚年可以轻松享受生活的乐趣。同时，通过还款额的调整，张先生在整个贷款期少支付近4万元的利息。

三种还款方式利息之间的差别是：等额本息法利息总额为294 601.62元；等额本金法为253 050.02元；组合还款法则为213 166.84元。

该还款方式的优势是：充分考虑借款人退休前后的收入变化；在职期间可增加还款金额，退休后降低还款压力，安享晚年；可节省利息支出。

该种方案适用于：40周岁以上，有稳定职业及收入的人群和退休后可享受养老保险的人群。

案例三：轻松理财型

陈先生今年35岁，为私营企业的经理。由于积累了较多资金，他为自己购买了一套别墅。但考虑到自己所从事的行业竞争加剧，预计未来收入会有所减少，按照目前的每月收入10 000元的水平，他希望能够在经营状况良好的时期集中偿还贷款，节省利息。他向银行申请按揭贷款50万元，期限15年。银行为他提供的组合还款方案为：第一阶段（5年）5 500元/月；第二阶段（5年）4 000元/月；第三阶段（5年）1 379.35/月。

与等额本息还款法月还款3 964.39元相比，在第三阶段月还款节省了近2 600元，陈先生还款压力低了许多，并且他的利息支出比等额本息法少。

三种还款方式利息之间的差别是：等额本息法利息总额为213 590.22元；等额本金法为190 050.01元；组合还款法则为152 761.23元。

该还款方式的优势在于：根据自有资金的情况，前期可集中还款；一样的还款，不一样的利息，实现轻松理财；支持阶段性集中还款，个性化程度高。

该种方案适用于：有一定经济实力的事业成功人士；投资意识强，希望节省利息支出的人群；预计短期内有国债或定期存款到期的人群；

希望提前归还贷款的人群。

案例四：一生关怀型

李小姐今年27岁，与未婚夫共同购置住房。她向银行贷款50万元，期限30年。两人目前每月收入总共为4 000元，考虑到交房后要装修、结婚，因此前两年还款压力较大。小两口计划结婚后一年就生孩子，他们希望能在小孩念到高中及大学时能预留出一部分教育支出。李小姐预计自己55周岁退休，希望退休后无明显还款压力。银行为她提供的组合还款方案为：第一阶段（2年）2 100元/月；第二阶段（13年）3 100元/月；第三阶段（7年）1 800元/月；第四阶段（5年）3 500元/月；第五阶段（3年）1 249.16元/月。

与等额本息还款法每月还款2 696.34元相比，李小姐在退休后每月还款减少了1 400多元，通过组合还款方式，李小姐30年的还款额度与自己生活安排非常吻合。

三种还款方式利息之间的差别是：等额本息法利息总额为470 682.44元；等额本金法为379 050.03元；组合还款法则为440 169.61元。

该还款方式的优势在于：根据人生不同阶段的收入及支出，充分兼顾利息支出，在购房的同时实现轻松理财。

资料来源：佚名. 我的贷款我做主 浦发银行推出“组合还款法”[EB/OL].[2006-08-07]. http://house.hexun.com/2006-08-07/100214383.html.此处有修改.

（五）创新型还款方式

目前，我国的商业银行在住房贷款的还贷方式上进行了创新和尝试，主要有以下几种：

1.双周供

双周供指将贷款还款方式从原来每月还款一次改变为每两周还款一次，每次还款额为原月供的一半。采用双周供还款与按月还款法相比，贷款人还款频率提高了，节约了贷款本金的使用，因此可以大大减少利息负担，有效缩短还款期限。比如一笔50万元、30年的按揭贷款，按年利率6.12%计算，采用双周供还款可以比按月等额还款法节省利息115 186元，节省比例高达19.42%；缩短还款期64个月，即30年的月供还款采用双周供，贷款将在24.7年还清。双周供相比按月还款而言差别很小，双周供仅是等额月供的一半，它的每月实际还款额几乎相当于原来的按月还款额，基本不会增加还款压力。

2.按期付息还本

按期付息还本是指贷款人通过和银行协商，可以决定为贷款本金和利息归还制定不同还款时间单位，即自主决定按月、季度或年等时间间隔还款。实际上，就是贷款人按照不同财务状况，把每个月要还的钱凑成几个月一起还。招商银行推出的“季度还”业务就属于这个范围。从某种程度来说，它是等额本息还款的变体。例如，15年期、20万元的贷款，采用等额本息还款，每月还款额为1 707元。如果贷款人选择比较灵活的方式，就可以选择每两个月还3 414元。这种方式适用于收入不稳定人群，目前很多收入与工作量直接挂钩的年轻人有这个倾向。每个月不同的工作状态决定了当月的收入情况，把一个月的压力分摊到几个月上，可以减少这部分群体还款出现滞纳的情况。

3.本金归还计划

本金归还计划是指贷款人经过与银行协商，每次本金还款不少于1万元，两次还款间隔不超过12个月，利息可以按月或按季度归还。这是等额本金还款的变体。举例来说，15年期、20万元贷款，采用等额本金还款，首个月本金为1 111元左右，利息为918元。贷款人可以把利息和本金分开还，利息仍然按月和季度还款，数目递减。按照规定，贷款人最少 次要还10个月的本金，为11 110元，超过1万元的限制。下一次还本金不能超过1年时限。此种还款方式是银行专为非月收入人群制定的，尤其考虑到年终有大额奖金的人群。而目前流行的在家办公一族，很多没有月固定收入，但是，每完成一件作品都有比较大笔的收入，例如，网络作家、艺术家、设计师和软件设计员等新兴职业。

4.个人住房接力贷款

该产品由中国农业银行于2006年首次推出，是指以子女或父母作为所购房屋的所有权人，父母双方或一方与子女作为共同借款人而办理的个人住房贷款；对于子女已婚的，其配偶也作为共同借款人。这种方式的优点在于可以将借款人年龄加贷款年限适当延长，不受规定上限的限制；而缺点在于父母和子女之间有可能因房屋产权出现纠纷，或继承人之间因遗产处理问题发生纠纷。这种还款方式适用于年龄在40岁以上的购房者以及刚参加工作、收入暂时不高、还款压力较大的年轻人。如按照现有的贷款条件，假设某贷款人55岁，申请贷款金额为50万元，贷款最长期限只能为15年，年利率5.04%。采用等额本息还款法，该贷款人15年内所还本息总额约71.36万元，月还款额约3 964元。这对即将退休的人来说，无疑是一笔庞大的经济负担。采用接力贷款后，如主贷人子女20岁，正在读大学，是所购房屋的共有人。通过增加其子女为共同借款人，原贷款期限就可由15年延长至最长30年。

三、提前还贷

提前还贷指借款人将自己的贷款部分向银行提出提前还款的申请，并保证以前月份没有逾期且归还当月贷款，按照银行规定日期，将贷款部分全部一次还清或部分还清。

目前最常用的两种还款方式为等额本息还款法和等额本金还款法。在贷款时间相同的条件下，等额本息还款法所要支付的利息高于等额本金还款法，因此，如打算提前还款，最好选择等额本金还款法。

借款人提前还贷主要是为了减少利息支出，尤其是在贷款的前几年，本金基数大，利息相应也高。因此，在贷款的前几年争取多还款，使总贷款中的本金基数下降，在剩余的贷款中，利息负担就会减小。

按还款方式不同，借款人可以选择期限或金额提前还贷。一般有五种提前还贷的方式可供贷款人选择：

第一种，全部提前还款，剩余的全部贷款一次性还清。

第二种，部分提前还款，剩余的贷款保持每月还款额不变，将还款期限缩短。

第三种，部分提前还款，剩余的贷款将每月还款额减少，保持还款期限不变。

第四种，部分提前还款，剩余的贷款将每月还款额减少，同时将还款期限缩短。

第五种，剩余贷款保持总本金不变，只将还款期限缩短。

第四节 个人支付能力评估

一、目标和需求分析

房地产投资规划的第一步是确定期望的目标和需求，这要通过数据收集和分析来确定。一般而言，个人对于房地产投资的需求取决于年龄、收入水平、家庭成员数量、交通便利程度等因素。在确定目标和需求时，必须把握以下原则：

首先，要分清影响目标和需求的因素的重要性。要找到符合所有期望的房地产投资项目是不可能的，我们会面临对于各种因素的权衡和取舍，因此应该分析哪些因素对于自己是最重要的，按重要性程度进行排列，以便于在这些因素发生冲突的时候作出合理的选择。

其次，要具有前瞻性。随着个人的成长和际遇，收入、债务以及责任都会随之发生变化，因此在确定房地产投资目标和需求时应该将这些考虑进去，以便能灵活地对待这些变化。例如，一对年轻未育的夫妇购买了一套价值20万元的住房，其中按揭14万元。随后妻子因为某种原因不能工作而导致收入中断，此时丈夫的经济责任立即增加。两年后这对夫妇有了孩子，并且打算将来送其出国留学深造，这时子女的教育费用也许会影响到这对夫妇的住房贷款偿还能力。

二、个人投资动机分析

投资房地产是一项投资大、周期长的投资行为，因此事前的仔细评估和计划必不可少，而投资动机的差异将会对整个投资计划产生关键性影响。个人投资房地产的动机有以下几个方面：

（1）用于自己居住。此时首要考虑的是居住质量，可以选择具有成熟的居住氛围的社区，如拥有便捷的交通、宜人的环境、配套的生活设施等。

（2）用于出租获取收益。此时首先要考虑的是方便出租，可以选择流动人口多的小型住宅进行投资，或者购买适宜出租给经营者的沿街店铺。

（3）用于投机获利。如果是为了获取差价收入，则适合投资现时房价相对便宜，但未来规划前景看好，有升值潜力的住宅或店铺。

（4）用于减免税收。如果国家鼓励居民置业，会出台相应的鼓励政策，如规定购房支出可以用来抵扣个人所得税等，这时进行房地产投资无疑是个一举两得的投资方式。

三、个人支付能力评估

投资房地产前必须正确估量个人资产，再根据需求和实际支付能力来具体选择哪一种房地产投资计划。

（一）个人净资产

估算个人支付能力的核心是审慎地计算个人的净资产，即个人总资产减去个人总负债的余额。

个人总资产即个人拥有的所有财富，包括自用住宅、家具、艺术收藏品、交通工具、现金、债券、股票等。其中有些固定资产，如住房、家具，应该以能够脱手变现的价格加以计量。这类资产的取得，是为了让个人和家庭可以长期使用和享受。所以，自住性房地产属于个人资产，不属于长期投资。就财务规划的观点而言，自住以外的房屋或土地只有在以赚取租金收入或将来的差价为购置目的时，才算是投资性房地产。

个人总负债是个人应偿还的债务，包括按揭贷款、汽车消费贷款和其他借款。对于普通工薪阶层，实际总负债额不宜超过3个月家庭日常支出总和。

对中国的工薪阶层来说，个人资产中还包含已缴存的住房公积金。住房公积金是职工在其工作年限内，由职工本人及所在单位分别按职工工资收入的一定比例逐月缴存至职工个人住房公积金账户的资金。该项资金全部归职工个人所有，由政府设立的公积金法定机构统一管理，用于以贷款形式支持职工买房。

（二）个人综合支付能力评估

确定个人投资房地产的综合支付能力时，不仅要看个人的净资产，还要分析个人的固定收入、临时收入、未来收入、个人支出和预计的未来支出。

如果个人净资产为正数，投资者首先要确定能用来投资房地产的资金数额。然后，根据自己家庭月收入的多少及预期，最终确定用于购买房地产、偿还银行按揭贷款本息的数额。基本原则仍然是量力而行，既满足个人的房地产投资需求，同时又不必给自己带来沉重的债务负担。

例如，个人净资产中有20万元的资金可用于购买房产，个人月收入8 000元，月平均日常生活支出3 000元，其他支出1 000元，预期未来收入平稳，投资房地产的支付能力为20万元首付款，月平均可偿还银行按揭贷款本息的最大数额为4 000元（8 000－3000－1 000）。此时如购买总价值为100万元的房地产，首付20%为20万元，其余80万元可以申请银行按揭，以每月归还4 000元为限。但如果对未来收入感到不确定性较大，就需要降低投资房地产的总价值。

思政课堂

未来五年房地产怎么发展？

【思政元素】国家产经政策。

中共二十大报告中，在“增进民生福祉，提高人民生活品质”的大框架下阐述了房地产发展方向，具体提出：坚持房子是用来住的、不是用来炒的定位，加快建立多主体供给、多渠道保障、租购并举的住房制度。

这将对中国住房制度以及房地产市场发展带来怎样的影响？

※重申“房住不炒”

自2016年底，中央经济工作会议首次提出坚持“房子是用来住的、不是用来炒的”定位之后，“房住不炒”也在2017年10月被写进中共十九大报告中。

“过去几年中，尽管房地产行业经历了起伏，中央支持各地因城施策优化楼市调控政策，‘房住不炒’始终是政策坚守底线。”中指研究院指数事业部市场研究总监陈文静认为，经过多年发展，“房住不炒”理念已经深入人心，成为社会共识，购房者置业更加理性，住房的居住属性不断强化。

陈文静说，二十大报告中再次重申“房子是用来住的、不是用来炒的”，彰显政策定力，同时也意味着“房住不炒”将成为我国长期坚持的房地产行业定位，接下来房地产发展的落脚点将更多聚焦在保民生、提品质上。

“未来，合理的住房需求仍将是政策支持和鼓励的主要对象，刚性和改善性住房需求释放仍有空间，特别是人民美好生活需要日益广泛，改善性住房需求或将成为市场的关键支撑。”陈文静说。

※再提“租购并举”

除了“房住不炒”，“租购并举”也是一个熟悉的提法。

二十大报告中“加快建立多主体供给、多渠道保障、租购并举的住房制度”的表述与十九大报告中的一致。

“工作重点不在于往哪走，而在于如何走。”易居研究院智库中心研究总监严跃进对此表示，这充分说明，未来五年住房制度改革将和十九大的思路一脉相承，即大方向不变。

广东省城规院住房政策研究中心首席研究员李宇嘉也认为：这一方面表明，租购并举的住房制度，必须要以时不我待的战略思路来推进建设；另一方面，这一制度建设又需要一个过程，才能达到“租”和“购”真正并举。

但相同的表述背后亦有不同之处。

严跃进指出：十九大报告中，该住房制度改革是在“提高保障和改善民生水平”的大框架下论述的；二十大报告则是在“增进民生福祉，提高人民生活品质”的大框架下进行的。可以看出，在保民生的基础上，提品质也是重要的内容。换而言之，住房制度改革要兼顾保民生和提品质双重目标。

李宇嘉进一步分析指出，新时期住房工作的顶层思路非常清晰，就是“房住不炒”和“租购并举”。前者统揽住房工作全局，是全国上下开展行业和市场管理、创新管理模式和长效机制、推进新住房体系和制度建设的顶层指导；后者是我国进一步推进住房制度改革，探索房地产发展新模式，推进住房高质量发展的顶层设计。

※“租购并举”预计将加速

2015年底，中央经济工作会议首次提及发展住房租赁市场，并强调将“租购并举”确立为我国住房制度改革的主要方向后，住房租赁市场的发展推进明显加快。

"目前我国已经初步形成了多主体发展租赁住房的良好态势，国有租赁企业起到了对市场的引领、规范、激活和调控作用，更多专业化、机构化的住房租赁企业积极参与市场建设。"ICCRA住房租赁产业研究院院长赵然表示。

"去年下半年以来，国家在推进保租房筹集建设、降低新市民落户门槛、租赁可以落集体户、打造租赁社区、租买结合等都迈出实质性步伐。"李宇嘉认为，租购并举的住房制度建设在相关主体合力推进下，未来五年会全面提速。

"要发展住房租赁市场特别是长期租赁，关键在于多渠道、提供成规模且专业管理的房源，扩大租赁住房的有效供给，增强发展的可持续性。"赵然提出，各地应结合住房供需状况等因素，将新建租赁住房纳入住房发展规划，合理确定租赁住房建设规模。

"更重要的是，随着中国房地产市场逐渐由增量市场向存量市场改变，可以通过存量房改造，积极盘活存量资产，使租赁住房供应走向可持续发展之路。"赵然说。

资料来源：左宇坤. 中国新观察 | 未来五年房地产怎么发展？定调来了［EB/OL］.［2022-10-18］. http：//www.chinanews.com.cn/cj/2022/10-18/9874927.shtml.

本章小结

1.房地产是房产和地产的合称。地产是指购买土地使用权的开发投资；房产是指物业建成后的置业投资。对个人投资者来说，所说的房地产一般是指房产。

2.房地产投资是以获取期望收益为目的，将货币资本投入房地产开发、经营、中介服务和房地产金融资产的经营活动。

3.买房子需要一笔很大的资金，买房首付款的筹备与买房后偿还贷款的负担，对个人及家庭的现金流量及以后生活的影响可以延续十几年甚至几十年。所以，如果进行房地产投资的时候没有事先进行规划，就可能会陷入困境。

4.个人房地产投资规划包括居住规划和投资规划。

5.购房规划应该考虑的首要问题是衡量自己的负担能力，然后还要考虑购房所要支付的相关税费。

6. 合理地使用住房贷款能帮助我们实施房地产投资计划，其还款方式包括等额本金还款、等额本息还款和组合还款等。

7. 房地产投资规划的第一步是确定期望的目标和需求，而投资动机的差异将会对整个投资计划产生关键性影响，同时投资房地产前必须正确估量个人资产，再根据需求和实际支付能力来具体选择哪一种房地产投资计划。

复习思考题

一、简答题

1. 为什么要做房地产投资规划？

2. 如何做一个合理的房地产投资规划？

3. 对于租房和购房的选择，你有什么看法？

4. 计划购买自己的第一套房子的人，应如何进行规划？

5. 你对住房贷款了解多少？你会选择哪种还款方式？

6. 你投资房地产的动机是什么？你的投资目标和需求受什么因素影响？

7. 应如何评估个人购房支付能力？

二、案例分析题

王先生，30岁，任职于某证券公司，月薪9 000元；妻子28岁，中学教师，月薪6 000元左右，再加上一些加班费、奖金等，夫妻俩年收入税后有16万元。两人都有“四险一金”，住房公积金每月合计3 000元。每月日常开销为：2 000元交给双方父母作养老金，1 000元用于养车，500元买保险，家庭其他开支每月5 000元。夫妇两人目前与父母合住，无子女。王先生夫妇目前有1万元活期储蓄，10万元定期存款，1万美元的3年期外汇理财产品（预期收益率3%），买了10万元2年期银行产品（预期收益率4%）。此外，两人还买了大病保险、意外保险。计划最近3年购买一套100平方米的房产。请根据以上情况为王先生进行购房规划。

第八章

保险规划

第一节　风险管理和保险

一、个人面临的风险分析

个人面临的风险主要包括人身风险和财产风险两个方面。

（一）个人面临的人身风险

概括地说，人的身体和生命所面临的风险无非是生、老、病、死、伤、残，这些风险都会给我们带来财务上的损失，因此我们在进行保险规划时必须根据不同情况作出适当的选择。从个人理财的角度，我们可以把人身风险按照以下3个方面划分：

1.活得太短的风险

如果遭遇意外使生命过早结束，家庭会顿失主要经济支柱，家人生活费用会没有着落。

2.活得太长的风险

如果我们20岁工作，60岁退休，活到80岁，60岁之前的40年中有收入，60岁之后的20年只有退休金，但是比工作时的收入大幅降低。如果仅仅依靠之前40年收入的节余来维持退休后20年的生活，生活质量可想而知。

3.活得太惨的风险

不言而喻，出于各种原因无法达到正常的生活质量是我们最不愿看到的情形，如因为疾病需要大量医疗费等。

（二）个人面临的财产风险

从广义上看，财产不仅包括有形的物质财产，还包括由此产生的责任以及带来的利益，所以个人所面临的财产风险也可分为以下类型：

1.财产损失风险

财产损失风险是指可能导致财产发生损害、灭失和贬值的风险。例如，建筑物因火灾、地震、暴雨等风险事故的发生所遭到的损毁，家庭物品因他人盗窃而发生的丢失，机械设备由于折旧、更新等原因导致的贬值等。这些财产损失直接导致我们的资产减少和支出增加，给我们的财务活动带来了负面的影响。

2.责任风险

责任风险是指因侵权、违约、过失（有时甚至是无过失）等原因给他人造成了人身伤害或财产损失，按照法律、合同、道义应承担经济赔偿责任的风险。例如，汽车撞伤了行人，如果是驾驶员的过失，就应依法对受害人或其家属给予经济赔偿；产品因质量问题给消费者造成了人身伤害或财产损失，生产企业将承担相应的民事赔偿责任；医生、会计师、审计师等专业人员因工作疏忽给有关当事人带来了损失，也应依法承担经济赔偿责任。责任风险将导致个人的支出增加，导致财务状况恶化。

3.信用风险

信用风险是指在经济交往中，权利人与义务人之间由于一方违约或犯罪而给对方造成经济损失的风险。例如，银行将贷款贷出后，银行将面临借款人不还款或拖延还款的风险；卖方将商品发给买方而买方尚未付清货款时，卖方将面临买方违约的风险。信用风险会导致个人资金管理活动不畅，扰乱预算收支安排。

表8-1列示了个人风险及风险管理情况。

表8-1　　个人风险及风险管理情况

风险		降低财务影响的策略		
个人事件	财务影响	个人资源	私人部门	公共部门
无能力	丧失收入	储蓄、投资	无能力保险	无能力保险
	丧失服务		其他策略	
	增加开支	其他资源		
	其他开支			
疾病	丧失收入	增进健康	健康保险	健康关怀
	大额医疗支出		健康维护机构	
	其他损失			
死亡	丧失收入	遗产计划	人寿保险	社会保险
	丧失服务	风险降低	其他策略	
	葬礼支出	其他资源		
	其他支出			
退休	收入减少	储蓄	退休金	社会保险
	其他支出	投资习惯、技巧	其他	养老保险
财产损失	火灾	修理和维护	汽车保险	
	暴风	安全计划	住房保险	
	盗窃	其他资源	盗窃保险	
	其他支出		其他财产保险	
责任	申报和处置费用	小心仔细		
	法庭和法律费用	维护财产		
	个人财产和收入损失	其他资源		
	其他支出			

二、可保风险

可保风险，从广义上讲，是指可以利用风险管理技术来分散、减轻或转移的风险；从狭义上看，则是保险人愿意并能够承保的风险，是符合保险人承保条件的特定风险。一般而论，可保风险必须具备下列条件：

（一）不是投机风险

保险公司可承保的风险，大都是纯粹风险，即有损失可能而无获利可能的风险，一般是静态风险而非动态风险，即在社会经济结构条件不变的情况下可能发生的风险。可保风险之所以不是投机风险、动态风险，在于投机风险、动态风险的运动不规则，重复性差，规律性不强，难以用大数法则准确预测估量，而且有些投机风险还为国家法律所禁止，不为社会道德所允。据此，火灾、爆炸等风险为可保风险，而买卖股票、房产等投机风险，不可能成为可保风险。

（二）对个别标的而言，风险的发生具有偶然性

尽管风险威胁着每个具体标的，但是不具体风险对某一具体标的而言，风险本身是否发生以及发生是否危及这一具体标的、危害程度等，对于经济单位和个人来说都是不可能预先知道的。只有这样的风险才是保险公司可能承保的风险。如果对具体标的来讲，肯定不可能遭受某种风险危害，保险转移也就没有必要。也就是说，具有偶然性和不可知性的风险才可能是可保风险。

（三）对大量标的而言，风险的发生具有必然性

尽管人们可以感受到风险的威胁，但是要准确地认识风险，则必须通过大量的风险事故才可能对风险进行测定、认识风险的运动规律。如果某种风险在历史时空中只是偶尔发生，人们就无法把握风险运动的规律，从而也就不可能采取有效的措施预防风险、降低风险发生的频率、控制风险损失。因此，如果没有大量的标的遭受风险危害的历史材料，保险公司就无法利用数理方法来探究风险的运动、发展规律，保险公司也就失去了经营基础。所以，对众多的标的而言，保险公司可以承保的风险具有发生的必然性。

（四）风险的发生必须是意外的

所谓意外，具有两层含义：一是非人们的故意行为所致；二是对具体标的的损害不是必然的。故意行为为法律所禁止，与社会道德相悖；必然发生的风险能够为人们准确预期。因此，故意引致的风险及必然发生的风险，都不可能通过保险来转移。例如，赌博为法律所禁止，自然损耗、机器磨损为必然，因此赌博、自然损耗、机器磨损等为不可保风险。

（五）风险损失较大

风险发生所致损失如果太小，就没有通过保险转移的必要。因为无论是对经济单位来讲，还是对保险公司来讲，经济上都是不合算的。因此，作为可保风险，其发生所致损失必然较大。

与可保风险相对，在保险经营实践中，有些风险是保险公司不予接受承保的，称为不可保风险。不可保风险一般有以下种类：道德风险、意料中的风险、违法风险、巨灾风险。

三、保险的概念和原理

保险是指投保人根据合同约定，向保险人支付保险费，保险人对于合同约定的可能发生的事故因其发生所造成的财产损失承担赔偿保险金责任，或者当被保险人死亡、伤残、疾病或者达到合同约定的年龄、期限时承担给付保险金责任的商业保险行为。

保险是一种以经济保障为基础的金融制度安排，它通过对不确定事件发生的数理预测和收取保险费的方法建立保险基金，以合同安排的形式，由大多数人来分担少数人的损失，实现保险购买者风险转移和理财计划的目标。

资料8-1

保险的基本思想

在烹饪学校的某个教室里，由于不慎，王学员把大盘子掉到地上摔碎了。王学员赔偿了100元。讲师说，每年都会有大约10个大盘子被摔碎。王学员想：不久还可能有人把大盘子摔碎。如果每年约有10个100元的大盘子被摔碎的话，总共需要1 000元。那么，如果烹调教室的100个学员能将这笔费用分担下来，1年每个人负担10元就可以了，大家是能够接受这点费用的。

于是，王学员找学员们去说明他的想法。最后，大家都认为每个人都有摔碎大盘子并赔偿损失的可能性，所以每个人拿出了10元钱。有的学员开玩笑说："以后不用害怕把大盘子摔碎了。"大家拿出来的这10元钱就是保险费，摔碎盘子的赔偿金就相当于保险公司给付的保险金。

王学员的想法就相当于保险的基本思想。

保险的原理如图8-1所示，保险公司根据预测的损失概率，将预计发生的损失分摊给众多参加保险的个人，实际发生的少数人的损失由大多数人进行分摊，从而成功地将损失造成的财务风险降至最低。

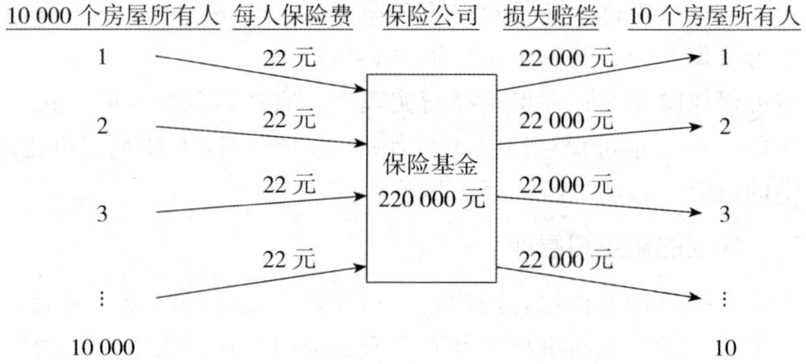

图8-1　保险原理示意图

有几个保险的基本概念必须要了解：

保险人：提供保险保障服务的保险公司，其收取保险费，在事先约定的保险事故发生给被保险人造成损失时，承担赔付保险金的责任。

投保人：购买保险的人，其向保险公司提出购买要求，并负责交纳保险费。

被保险人：受保险公司保障的人，保险公司赔付的保险金由其申领。

受益人：人身保险中特有的一种身份，由被保险人或者投保人指定（投保人指定必须经被保险人同意），当被保险人因死亡不能申领保险金时，受益人享有申领的权利，类似于遗产继承人的角色。

保险费：购买保险产品和服务需要支付的价格，由投保人交纳，保险人收取。

保险金：又叫保险赔款，在保险事故发生时由保险人依约赔付给被保险人。

第二节　保险产品介绍

针对人们期望规避风险的要求，保险公司开发出了许多保险产品，提供给投保客户。这些产品针对人们的不同需求，主要分为财产保险和人身保险两大类。另外，随着人们对保险产品功能多样化的要求，又附加了分红、投资等功能，这使得保险产品的种类日益丰富。我们在进行保险规划时，首先要了解保险产品（表8-2），然后才能按照自己的需求购买。

表 8-2　**保险产品分类**

第一层次	第二层次	第三层次	第四层次
人身保险	人寿保险	生存保险	普通生存保险
			年金保险
		死亡保险	定期死亡保险
			终身死亡保险
		生死两全保险	
		创新型人寿保险	分红保险
			投资连结保险
			万能寿险
			变额寿险
			变额万能寿险
	意外伤害保险		
	健康保险	医疗保险	
		残疾收入补偿保险	
财产保险	财产损失保险	火灾保险	企业财产保险、家庭财产保险
		运输工具保险	机动车辆保险、船舶保险、飞机保险
		货物运输保险	
		工程保险	
		农业保险	
	责任保险	公众责任保险	
		产品责任保险	
		职业责任保险	
		雇主责任保险	
		第三者责任保险	
	信用保证保险	信用保险	
		保证保险	

一、人身保险

人身保险是以人的生命、身体或劳动能力为标的的保险。保险人对被保险人因意外伤害、疾病、衰老等原因导致死亡、伤残、丧失劳动能力等，给付约定的保险金。最初的人身保险仅承保被保险人的死亡，后来逐渐扩展到生存、养老、残疾、医疗、生育等方面。人身保险包括人寿保险、意外伤害保险和健康保险。人寿保险是以人的生存和死亡为给付保险金条件的保险。意外伤害保险是以被保险人遭受意外伤害为给付保险金条件的保险。健康保险是指对被保险人因疾病或意外而发生医疗费用等损失予以补偿的保险。

（一）人寿保险

人寿保险亦称“生命保险”，是以人的生命为保险对象的保险。投保人或被保险人向保险人交纳约定的保险费，当被保险人于保险期内死亡或生存至一定年龄时，保险人履行给付保险金义务。人寿保险可分为生存保险、死亡保险、生死两全保险和创新型人寿保险。

1.生存保险

生存保险是以保险人在规定的期限内生存作为给付保险金的条件，即仅在被保险人生存到一定期限时，给付保险金。若在此期间被保险人死亡，则保险人不负给付保险金的责任。因此，生存保险的给付以被保险人的生存为条件。生存保险需要建立在储蓄的基础上。

生存保险主要有普通生存保险和年金保险两类。

普通生存保险是指在被保险人生存期间，保险人按照合同约定的金额、方式，在约定的期限内，有规则地、定期地向被保险人给付保险金的保险。

年金保险同样是以被保险人的生存为给付条件的人寿保险，但保险金的给付通常采取按年度或一定周期给付一定金额的方式，因此称为年金保险。年金保险具有生存保险的特点，只要被保险人生存，被保险人通过年金保险，都能在一定时期内定期领取一笔保险金，获得因长寿所致的收入损失保障，达到通过年金保险养老的目的。因此，年金保险又称为养老金保险。年金保险的保费有多种交费方式，但在被保险人领取年金以前，投保人必须交清所有的保费。年金的含义是广义的，其保险金给付周期有1年、半年、1季或1月等。年金保险较好地解决了老年人的生活问题，因此，各国对年金保险都十分重视。

由于很少有人愿意冒在保险期满之前损失所有保险费的风险，因此生存保险一般不会单独出售，它往往与死亡保险组合在一起，以更大限度地满足大众的保险需求。

2.死亡保险

死亡保险是指在保险有效期内被保险人死亡，保险公司给付保险金的保险。根据保险期限的不同，死亡保险分为定期死亡保险和终身死亡保险。

定期死亡保险又叫定期寿险，是指被保险人在保险期内死亡，才可以得到保险金。若保险期满后被保险人仍然生存，保险公司不承担给付责任，即投保人得不到赔款。定期死亡保险只有保险功能，没有储蓄功能，其保费是人寿保险中最便宜的。这种保险适合收入较低且急需较高保险金额的人购买，通常作为终身寿险或生死两全保险的补充。

终身死亡保险也叫终身寿险。保险期限从保单生效之日起，一直到被保险人死亡为止，也就是以被保险人终身为保险期限，所以被保险人的死亡不论发生在何时，保险公司都要负责赔款。

3.生死两全保险

生死两全保险又称生死合险，就是无论被保险人在保险期内死亡还是保险期满时仍然生存，都由保险公司依保险合同给付约定的保险金。生死合险可以作为储蓄的一种手段，也可为养老提供一种保障，还可以用于为特殊的目的积累一笔资金。

保险公司通过对死亡保险费和生存保险费的合理计算而设置的一些保险条款，也比较受投保者欢迎。比如“保险金额逐步递增”的利益，“生存金”每隔几年支付给投保者的利益，交费期满时给付保险金额作为满期金的利益，死亡时给付递增保险金额的利益，以及60岁前死亡除给付保险金，还要返还保险费的利益等。从目前的市场情况来看，越是能满足大众保障和投资两方面需求的险种，就越受欢迎。

4.创新型人寿保险

传统险种没有充分考虑通货膨胀的影响，特别是对长期寿险而言，由通货膨胀引起的购买力下降会导致保险的保障作用明显减弱。在这种情况下，保险公司开发了具有投资功能的创新型险种，同时改变了传统寿险一成不变的做法，使得保险费、保险金额等都可以随市场利率、保险公司的投资收益等进行相应调整。这些创新型人寿保险产品主要包括分红保险、投资连结保险、万能寿险、变额寿险、变额万能寿险等，下面一一进行介绍。

（1）分红保险。

分红保险是指保险公司将其实际经营成果优于定价假设的盈余，按一定比例向保单持有人进行分配的人寿保险新产品。

分红保险的主要特点在于：投保人除了可以得到传统保单规定的保险责任外，还可以享受保险公司的经营成果，即参加保险公司投资和经营管理活动所得盈余的分配。分红保险能够让客户参与保险公司的经营收益，同时大多数保险公司都设定了最低的分红承诺，因此对于理财投资而言，分红保险是一种具有较高安全性和收益性的投资。

分红保险的红利来源于死差益、利差益和费差益所产生的可分配盈余。①死差益，是指保险公司实际的风险发生率低于预计的风险发生率，即实际死亡人数比预定死亡人数少时所产生的盈余；②利差益，是指保险公司实际的投资收益高于预计的投资收益时所产生的盈余；③费差益，是指保险公司实际的营运管理费用低于预计的营运管理费用时所产生的盈余。

保险公司在厘定费率时要考虑3个因素，即预定死亡率、预定投资回报率和预定营运管理费用。费率一经厘定，不能随意改动。但寿险保单的保障期限往往长达几十年，在这样漫长的时间内，实际发生的情况可能同预期的情况有所差别。一旦实际情况好于预期情况，就会出现死差益、利差益或费差益，保险公司将这部分差益产生的盈余按一定的比例分配给客户，就是红利的来源。

（2）投资连结保险。

投资连结保险是一种融保险与投资于一身的险种，早在20世纪70年代的英国即已产生，现已成为欧美国家人寿保险的主流险种之一。传统寿险都有一个固定的预定利率，保险合同一旦生效，无论保险公司的经营状况如何，都要按预定利率给付客户。投资连结保险则不存在固定利率，保险公司将客户交付的保险费分成“保障”和“投资”两个部分。其中，“投资”部分的回报率是不固定的。如果保险公司的投资收益比较好，客户的资金将获得较高回报；反之，如果保险公司的投资不理想，客户也将承担一定的风险。

投资连结保险可集聚客户的投资资金，通过专业投资人士的投资运作，获取规模效益和较高的回报，最后使客户受益。其可变保费的交付方式可满足客户在不同经济状况下的不同需求。但我们也应看到，现阶段中国的投资渠道尚比较狭窄，这使得保险公司乃至个人难以获得理想的投资回报。

投资连结保险除了同传统寿险一样给予客户生命保障外，还可以让客户直接参与由保险公司管理的投资活动，将保单的价值与保险公司的投资业绩联系起来。所交保费中的大部分用来购买由保险公司设立的投资账户单位，由投资专家负责账户内资金的调动和投资决策，将客户的资金投入各种投资工具上。投资账户中的资产价值将随着保险公司的实际投资收益情况发生变动，所以客户在享受专家理财好处的同时，也将面临一定的投资风险。

（3）万能寿险。

万能寿险指的是可以任意支付保险费以及任意调整死亡保险金给付金额的人寿保险。也就是说，除了支付某一个最低金额的第一期保险费，投保人可以在任何时间支付任何金额的保险费，并且任意提高或者降低死亡保险金给付金额，只要保单积存的现金价值足够支付以后各期的成本和费用就可以了。同时，万能寿险现金价值的计算有一个最低的保证利率，保证了最低的收益率。

万能寿险除了同传统寿险一样给予客户生命保障外，还可以让客户直接参与由保险公司为投保人建立的投资账户内资金的投资活动，将保单的价值与保险公司独立运作的投保人投资账户资金的业绩联系起来。万能寿险的大部分保费用来购买由保险公司设立的投资账户单位，由投资专家负责账户内资金的调动和投资决策，将客户的资金投入各种投资工具上。万能寿险是对投资账户中的资产价值进行核算，并确保投保人在享有账户余额的本金和一定利息保障的前提下，借助专家理财进行投资运作的一种理财方式。

万能寿险具有较低的保证利率，这点与分红保险大致相同。保险合同规定交纳保费及变更保险金额均比较灵活，有较大的弹性，可充分满足客户在不同时期的保障需求。万能寿险既享有保证的最低利率，又享有高利率带来高回报的可能性，对理财客户具有较大的吸引力。万能寿险提供了一个人一生仅用一张寿险保单解决保障问题的可能性。弹性的保费交纳和可调整的保障，使万能寿险十分适合进行人生终身保障的规划。

（4）变额寿险。

变额寿险是一种保险金额随其保费分离账户的投资收益的变化而变化的终身寿险。它可以有效抵消通货膨胀给寿险带来的不利影响。变额寿险可以是分红型的，也可以是非分红型的（目前国内的变额寿险大多是分红型的）。若分红，保险公司会承诺一个收益最低限，分红资金或用来增加保单的现金价值，或直接用来减额交清保费。变额寿险的交费是固定的，在该保单的死亡保险金给付中，一部分是保单约定的、由准备金账户承担的固定最低死亡保险金给付额，另一部分是其投资账户的投资收益额。根据每年资金收益的情况，保单现金价值会相应地变化，因此死亡保险金给付额，即保障程度是不断调整变化的。

（5）变额万能寿险。

变额万能寿险是一种融合了保费交纳灵活的万能寿险与投资灵活的变额寿险而形成的新的险种。变额万能寿险遵循万能寿险的保费交纳方式，保单持有人可以根据自己的意愿将保额降至保单规定的最低水平，也可以在具备可保性时，将保额提高。与万能寿险不同，变额万能寿险的资产保存在一个或几个分离账户中，这一特点与变额寿险相同。

（二）意外伤害保险

意外伤害保险是指在约定的保险期内，因发生意外事故而导致被保险人死亡或残疾，支出医疗费用或暂时丧失劳动能力，保险公司按照双方的约定，向被保险人或受益人支付一定的保险金的一种保险。所谓意外伤害，是指非本意的、外来的、不可预料的原因造成被保险人的身体遭到严重创伤的客观事件。比如人们在游泳时，不幸溺水身亡，属于意外事故；在水里突发心脏病导致死亡，就不属于意外伤害，因为它是身体内部本已存在的疾病引起的。意外伤害保险的特点一般是交费少、保障高。其保障项目有4项：

（1）死亡给付。被保险人因遭受意外伤害造成死亡时，保险人给付死亡保险金。

（2）残废给付。被保险人因遭受意外伤害造成残废时，保险人给付残废保险金。

（3）医疗给付。被保险人因遭受意外伤害支出医疗费时，保险人给付医疗保险金。意外伤害医疗保险一般不单独承保，而是作为意外伤害死亡、残废的附加险承保。

（4）停工给付。被保险人因遭受意外伤害暂时丧失劳动能力且不能工作时，保险人给付停工保险金。

在意外伤害保险中，人身伤害必须是意外事故造成的。在这里，“意外事故”应该具备3个要素：

（1）非本意的，即被保险人未预料到的和非故意的事故，如飞机坠毁、行道树倒下等情况。有些意外事故是被保险人应该预料到但由于疏忽而引致的，如在停电时未切断电源修理线路，因恢复供电而触电身亡。另有一些意外事故虽然是被保险人可以预料到的，但是在客观上无法抗拒或在技术上不能采取措施避免，比如楼房失火，火封住门和走廊，被保险人迫不得已从窗口跳下，摔成重伤；或者虽然在技术上可以采取措施避免，但是由于法律和职责上的规定而不能采取；或者履行应尽义务，不去躲避，如银行职工为保护国家财产在与抢劫银行的歹徒搏斗中受伤。以上这些均属于意外事故。凡是被保险人的故意行为使被保险人自己遭受伤害，如自杀、自伤等，均不属于意外事故。

（2）外来原因造成的，即被保险人身体外部原因造成的事故，如食物中毒、失足落水。注意：疾病所致伤害不属于意外事故，因为它是人体内部生理故障或新陈代谢的结果。

（3）突然发生的，即意外伤害在极短的时间内发生，来不及预防，如行人被汽车突然撞倒。铅中毒、矽肺等职业病虽然是外来有害物质对人体的侵害，但由于伤害是逐步造成的，而且是可以预见和预防的，因此不属于意外事故。

意外伤害保险与人寿保险的区别在于：意外伤害保险针对的是意外事故造成的伤害或因伤害引起的残疾或死亡；人寿保险则不承保残疾，对于造成死亡的原因也不限于意外事故。

意外伤害保险与健康保险的区别在于：意外伤害保险更重视外部原因导致的身体伤害；健康保险则侧重于被保险人内在原因导致的疾病，即身体健康的变化。

（三）健康保险

健康保险是以人的身体为标的，当被保险人因意外事故或疾病造成残疾、死亡、医疗费用支出以及丧失工作能力而使收入损失时，由保险人给付保险金的一种人身保险。一般来说，健康保险的保险责任包括两大类：一是被保险人因意外事故或疾病所致的医疗费用损失，即人们习惯上所称的医疗保险或医疗费用保险；二是被保险人因意外事故或疾病所致的收入损失，这类健康保险被称为残疾收入补偿保险。

健康保险所承保的疾病风险必须符合3个条件：（1）必须是由于明显的非外来原因造成的；（2）必须是由于非先天性的原因造成的；（3）必须是由于非长存的原因造成的。

1.医疗保险

医疗保险是指提供医疗费用保障的保险。医疗费用包括治疗费、手术费、住院费、护理费等。常见的医疗保险包括普通医疗保险、住院保险、手术保险、特种疾病保险、住院津贴保险、综合医疗保险等。医疗保险经常和意外伤害保险合并成意外医疗保险出售，这样的保险产品保障比较充分。

2.残疾收入补偿保险

残疾收入补偿保险是指提供被保险人在残废、疾病或意外受伤后不能继续工作所造成的收入损失的补偿保险。残疾收入补偿保险的给付方式一般有3种：一是按月或按周给付；二是按给付期限给付；三是按推迟期给付。

二、财产保险

财产保险是指以各类物质财产及其相关利益或责任、信用作为保险标的的一种保险。财产保险的范围，最初仅限于有客观实体的“物”，所以叫作“对物的保险”或“损害保险”。后来，随着社会经济生活的发展，财产保险的范围又扩大到了无形的财产，即与财产有关的利益、费用、责任等。

人们习惯上将保险标的分为有形财产、相关经济利益和损害赔偿责任3类。因此，财产保险通常也被划分为财产损失保险、责任保险和信用保证保险。

（一）财产损失保险

财产损失保险是狭义的财产保险，是指以有形财产为保险标的的保险，如企业财产保险、家庭财产保险、机动车辆保险、船舶保险、飞机保险、货物运输保险、工程保险、农业保险、特殊风险保险等。

对于个人理财而言，主要的财产保险产品包括家庭财产保险、房屋保险、机动车辆保险、盗窃保险等，这些财产保险产品在进行保险规划时要特别注意。

（二）责任保险

责任保险是指以被保险人依法应负的民事损害赔偿责任或经过特别约定的合同责任作为保险标的的保险。责任保险包括公众责任保险、产品责任保险、职业责任保险、雇主责任保险、第三者责任保险等。

（三）信用保证保险

被保证人根据权利人的要求投保自己信用的保险是保证保险；权利人要求被保证人信用的保险是信用保险。信用保证保险包括合同保证保险、忠实保证保险、产品保证保险、商业信用保证保险、出口信用保险、投资（政治风险）保险。对于个人理财而言，常见的信用保证保险产品是，在申请贷款时，如购买汽车向银行申请贷款，可以向保险公司购买汽车消费贷款保证保险作为担保。

第三节　保险规划

一、保险规划在个人理财中的作用

在我们的生活中，风险无处不在，而且将伴随我们一生，如疾病、意外伤害、财产损失、自然灾害、战争等。特别是随着生活水平的提高、人们平均寿命不断延长，进一步促成了我们对更多人生保障的需求。因此，不断寻求保障、规避风险是人的本能。风险发生在未来，风险的发生是不确定的，风险一旦发生，必然会带来损失。那么，如何化解风险呢？方法主要有3种：一是独立解决（自助）；二是依靠救济（他助）；三是集合多数人的力量互助解决（互助）。保险属于第三种化解风险的方式，也是所有办法中转移和化解风险最有效、最简便易行的方法。

总而言之，风险的客观存在是保险产生的前提，风险的发展是保险发展的客观依据。保险就是以小钱防范风险，以确定的支出防范不确定的风险，从而更稳定地规划和管理个人财务和家庭财务，如图8-2所示。

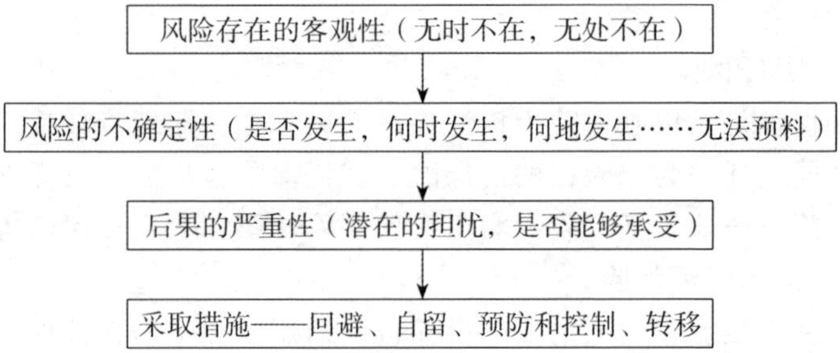

图8-2　购买保险的原因

所以，与其提心吊胆地过日子，不如集合起来将这些集中的、不确定的巨额经济损失变为经常性的、小额的保费支出，由集体成员共同分摊（化大为小，化集中为分散，化不确定为确定）。此时，少数遭受损失的人的损失就由未遭受损失的人来分摊。

保险规划是个人理财的一部分，它是针对人生中的风险，包括死亡风险、残疾风险、医疗风险、养老风险以及财产风险等，定量分析保险需求额度，并作出最适当的财务安排，避免风险发生时给生活带来的冲击，达到财务自由的境界，从而拥有高品质的生活。保险规划的目的就在于通过对个人经济状况和保险需求的深入分析，帮助自己选择合适的保险产品并确定合理的期限和金额，免除财务上的后顾之忧。具体而言，保险规划有两层意思：

第一，利用保险产品的保障功能，管理理财过程中的人身风险，保证理财规划的进行。这一点不仅必需，而且非常有效。比如有一些人不认同保险，同时他们中的很多人都持有大笔存款，因为要“以防万一”，这笔钱既然不敢花，其实就像是自己给自己做的保险。如果他们到保险公司投保，其实远用不了那么多钱，就可以得到同样的保障。多出来的流动资金，可以投到其他金融产品中，创造更多的收益，这样在总体上更有效率。

第二，保险本身附带理财功能。近年来，保险公司设计出了很多新产品，可以在保障功能的基础上，实现保险资金的增值。相对于其他金融产品来说，因为其风险很低，所以收益总体来说比不上基金、股票，但是非常稳定。也正因为如此，保险特别适合那些对金融市场并不熟悉或者工作繁忙、没时间打理自己资产的人。

二、保险规划的原则

个人参加保险的目的就是使生活安全稳定。从这个目的出发，我们在投保时应主要掌握以下原则：

（1）根据需求购买。投保是为了转移风险，在发生保险事故时可以获得经济补偿。从这个原则出发，我们必须首先分析个人和家庭的主要风险是什么，怎样合理地把这些风险转嫁给保险公司，最后根据需要保障的范围来考虑购买的险种。

（2）量力而行。保险是一种契约行为，属于经济活动范畴，投保人必须支付一定的费用，即以支付保险费来获得保险保障。投保的险种越多，保障范围越大，保险金额越高，保险期限越长，需要支付的保险费也就越多。因此，我们在投保时要根据自己的经济实力量力而行，既要能长时期负担得起保费，又要能够得到应有的保障。

（3）足额投保。在保险计划中，投保金额是一个设计重点，它代表了所获得的保险保障的数量，是保险人赔付保险金的最高限额。只有足额投保，才能在事故发生时获得完全的经济补偿。

（4）重视高额损失。买保险的主要目的是预防那些重大的、自己无法承受的损失，所以投保时应优先投保那些可能会规避高额损失的险种。

（5）综合投保。如果你准备购买多项保险，应尽量以综合方式投保。综合方式投保可以避免各个单独保单之间可能出现的重复，从而节省保费，获得较大的费率优惠。

三、保险需求分析

保险规划就是从个人的实际情况出发，通过分析个人的经济状况，根据实际的风险保障需要来制订保险计划。因此，了解自己的保险需求就成为保险规划的前提条件。人生不同阶段的保险需求是不一样的，见表8-3。

表8-3　**人生不同阶段的保险需求**

人生阶段	特点	保险需求分析
单身期：从参加工作至结婚的时期，一般为2~5年	经济收入比较低且花销大，这个时期是未来家庭资金积累期。年纪轻，主要集中在20~28岁，健康状况良好，无家庭负担，收入低但稳定增长，保险意识较弱	保险需求不高，主要可以考虑意外风险保障和必要的医疗保障，以减少因意外或疾病导致的直接或间接经济损失。保费低、保障高。若父母需要赡养，需要考虑购买定期寿险，以最低的保费获得最高的保障，确保一旦有不测时，用保险金支持父母的生活
家庭形成期：从结婚到新生儿诞生时期，一般为1~5年	这一时期是家庭的主要消费期。经济收入增加而且生活稳定，家庭已经有一定的财力和基本生活用品。为提高生活质量往往需要较多的家庭建设支出，如购买一些较高档的用品，贷款买房的家庭还要一笔大开支——月供款。夫妇双方年纪较轻，健康状况良好，家庭负担较轻，收入迅速增长，保险意识和需求有所增强	为保障一家之主在万一遭受意外后房屋供款不会中断，可以选择交费少的定期险、意外保险、健康保险等，但保险金额最好大于购房金额，以及足够家庭成员5~8年的生活开支 处于家庭和事业的新起点，有强烈的事业心和赚钱的愿望，渴望迅速积累资产，投资倾向易偏于激进。可购买投资型保险产品，在规避风险的同时，又是资金增值的好方法

续表

人生阶段	特点	保险需求分析
家庭成长期： 从小孩出生到小孩参加工作以前的时间，一般为18～22年	家庭成员不再增加，整个家庭成员的年龄都在增长。这一时期，家庭的最大开支是保健医疗费用、教育费用。理财的重点是合理安排上述费用。同时，随着子女自理能力的增强，年轻的父母精力充沛，时间相对充裕，又积累了一定的社会经验，工作能力大大增强。在投资方面，可考虑以创业为目的，如进行风险投资等。夫妻双方健康状况良好，家庭和子女教育的负担加重，收入稳定增长，保险意识增强	在未来几年里，面临小孩接受教育的经济压力。通过保险可以为子女提供经济保障，使子女在任何情况下都能接受良好的教育。偏重教育基金、父母自身保障。购车买房对财产险、车险有需求
家庭成熟期： 从子女参加工作到家长退休这段时期，一般为15年左右	在这一阶段，自身的工作能力、工作经验、经济状况都达到高峰状态，子女已完全自立，债务已逐渐减轻，理财的重点是扩大投资 夫妇双方年纪较大，健康状况有所下降，家庭成员不再增加，家庭负担较轻，收入稳定在较高水平，保险意识和需求增强	人到中年，身体的机能明显下降，在保险需求上，对养老、健康、重大疾病的需求较大。同时，应为将来的老年生活做好安排。进入人生后期，万一风险投资失败，会葬送一生积累的财富，所以不宜选择过多的风险投资方式。此外，还要存储一笔养老金，且这笔养老金应是雷打不动的。保险作为强制性储蓄，累积养老金和资产保全，也是最好的选择。通过保险使自己辛苦挣得的资产完整地留给后人，才是最明智的。财产险、车险的需求必不可少

续表

人生阶段	特点	保险需求分析
退休期	这一时期主要应以安度晚年为目的，理财原则是身体、精神第一，财富第二。那些不富裕的家庭应合理安排晚年医疗、保健、娱乐、锻炼、旅游等开支，投资和花费有必要更为保守，可以带来固定收入的资产应优先考虑，保本在这一时期比什么都重要，最好不要进行新的投资，尤其不能再进行风险投资 夫妻双方年纪较大，健康状况较差，家庭负担较轻，收入较低，家庭财产逐渐减少，保险意识强	在65岁之前，通过合理规划，检视自己已经拥有的人寿保险，并进行适当的调整

在制订保险计划时，首先要回答的问题是：我需要保险吗？我需要什么样的保险产品？我需要多少保险保障？保险是每个人都需要的，在回答我是否需要保险这个问题时，要先从对实际问题的分析入手。在制订保险计划时要先有资金，个人的资金要先满足一些必需的用途后才能考虑保险的需求；同时，由于实际情况不同，人们对保险的需求也不同。例如，在干燥季节会比在潮湿季节更需要火灾保险；在江边的人会比在高山上的人更需要洪水保险；在恶劣条件下生活的人会比在优越条件下生活的人更需要医疗保险。综合考虑了自己的情况后，我们就知道自己是否需要保险了。

在知道了自己是否需要保险后，就要确定自己需要什么样的保险。前面分析了人生在不同阶段的保险需求不同，保险需求的不同还依赖于自己的财产种类和财产状况，如没有汽车的人当然是不需要汽车保险的。同时，同一项财产由于面临的风险不同，因此人们对保险产品的需求也不同。例如，汽车面临着意外损坏或被盗的风险，这时，投保人就要考虑是选择车辆损失保险还是车辆盗窃保险，或者两种保险都选择。投保人要准确判断自己准备投保的保险标的的具体情况，如风险的种类、风险发生的概率、风险发生时造成损失的大小，并进行综合判断分析，根据自己的实际情况选择合适的保险产品。

需要多少保险保障对于财产保险来说比较容易计算。依据损失补偿原则，将保险金额等于保险标的的价值就可以很好地对损失进行补偿了。投保人也可以根据自己的需要选择保险金额，而不一定要全额保险。所以，在财产保险上，只要保险金额不超过保险标的的实际价值，投保人可以任意选择自己需要的保险金额。

四、保险规划的主要步骤

保险规划的具体步骤如图8-3所示。

图8-3　保险规划的具体步骤

（一）确定保险需求

首先，要确认和分析自己面临的潜在风险。前面已经说过，保险是风险处理技术的一种方法，只有在对潜在的风险成功识别的前提下，才能够有的放矢地确定自己的保险需求。

其次，确认自己的保险需求。这包括3个方面的内容：一是确认自己可利用的保障方式，即对于面临的潜在风险，要分析相应的处理方法有无多种选择；二是确认自己要投保的风险，即在前述分析后，决定将要通过保险方式来处理的风险；三是要估算可用来投保的资金，应当考虑在维持现时生活与获得风险保障之间取得适当的平衡。

最后，确定投保对象。在这一步，有两个最关键的地方要搞清楚，即确定保险标的和保险利益。保险标的是指作为保险对象的财产及其相关利益，或者人的身体和生命，如汽车保险的保险标的就是汽车，人寿保险的保险标的就是人的生命。投保人可以将本人、与本人有密切关系的人、所拥有的财产以及相关利益等作为保险标的。只有确定了保险标的，才能有针对性地选择相应的保险产品进行投保。保险利益是指投保人或被保险人对投保标的所具有的在法律上承认的利益。法律一般都规定，投保人对保险标的应当具有保险利益。投保人对保险标的不具有保险利益的，保险合同无效。保险标的与保险利益互为表里、互相依存。保险标的是保险利益的有形载体；保险利益是保险标的的经济内涵，是投保人转嫁风险的经济额度，也是保险人确定其承担最高责任限额的重要依据。

资料8-2

常见的五大保险误区

※误区一：只给孩子保不给大人保

【典型事例】刚为人父不久的小王昨天兴冲冲地为儿子买了两份保险：一份是健康医疗险，另一份是教育储蓄险，一年共需交保费4 000多元。小王在事业单位上班，1个月收入不到4 000元，妻子在一家私企上班，怀孕后不久就把工作辞了，因此这笔保费对夫妻二人来说是一笔不小的数目。小王说，我挣得不多，我和妻子都没买保险，但不能委屈了孩子。

【专家点评】“孩子当然重要，但小王的做法并不科学，这实际上是一个误区。”中国人寿保险公司沈阳分公司姜颖讲师说，现在很多家庭都怕委屈了孩子，所以孩子刚一出生，就急着给孩子买这个保险那个保险。给孩子买保险当然是好事，但因为经济条件或观念原因，很多家长自己都没有保险，这就走进误区了。我们知道，每个家庭的经济支柱是父母，一旦他们因意外、疾病等丧失工作能力或失去收入，家庭就将陷入困境。因此，家庭保险有一个原则就是：先大人后孩子，先经济支柱后其他成员。家长平安才能给家庭一份平安，至于选什么样的保险，可根据家庭经济能力和需要而定。

※误区二：进行保险不如积极储蓄

【典型事例】“我的原则就是年轻时拼命赚钱存钱，老了以后那些钱就是我的‘保险’。”吴先生是某外贸公司的业务经理，年薪20多万元，还房贷、养车、养孩子……月支出近万元。他的妻子是学音乐的，目前没有正式工作，偶尔在外边业余培训中心给人上课。据吴先生说，他现在有点存款，都用来投资了，他、妻子、孩子都没买保险。“我主要是觉得保险没有太大的实际意义，纯消费型的保险，出事的概率毕竟很小，养老的、教育的保险，觉得就类似储蓄，没多大意思。”

【专家点评】“这是一个很典型的错误认识。”姜颖讲师说，其实，保险最重要的作用是保障功能。对于经济不很宽裕的人来说，保险能够解决万一发生不幸、收入突然中断时的经济来源问题；对于有钱的人来说，保险的作用主要是保全其已拥有的财产。假如一次重病花掉您10万元，但是如果您投保了重大疾病险，可能只需花费几千元就可以解决这个问题了，那不就省下9万多元嘛。还有家财险，一年投入两三百元，就能在家庭财产遭受意外损失（保险责任范围内的）时，得到一份补偿。

姜颖讲师还介绍说，现在的一些险种，都设有保费豁免条款，也就是说，当投保人因意外伤害事故身故或全残时，可以不再继续交纳保费，仍可享受保障，如各保险公司的少儿教育保险等。记住一点，相对储蓄而言，保险能以较小的费用换取较大的保障，一旦保险事故发生时，保险可提供的保障是远超过你的保费投入的。

※误区三：买保险不为保障为投资

【典型事例】“我买了一份保险，可划算了，交20年，一年交8 040元，每三年就返款9 000元……”吴女士很喜欢向朋友们介绍自己的理财经验，这回她在向朋友推荐自己刚买的保险。吴女士说，她以前也没买过什么保险，但现在条件好了，手里有余钱了，也想买点儿保险，就当投资了。

【专家点评】“不评价这个保险产品的好坏，吴女士的这种观念是不对的。虽然目前很多保险产品具有储蓄和保障双重功能，但更重要的还是保障功能。百姓投保也应更重视保障功能。”天安保险股份有限公司业务管理部史利滨经理说，注重保险的投资功能必然偏重人寿险的投资，而忽略人身意外险、健康险、财险等的投资，这是保险市场不成熟的表现。

很多人都像吴女士一样，不愿意投保消费型的纯保障类保险，更愿意投保一些返还型的产品。其实，消费型保险一般保费都不高，保障作用却很强。当然，由于保险事故只是可能发生而不是肯定发生，因此许多人认为是白搭，不愿意投保。但要知道，保险预防的就是意外，一旦发生保险事故，保险就能真正发挥保障、救急和弥补损失的作用。“希望越来越多的人了解保险，让人们都过上有保障的生活。”史利滨经理最后表示。

※误区四：买得多就赔得多

【典型事例】刘太太的女儿、女婿出国了，把房子交给她代为照看。刘太太经常过去看看，但还是不放心，于是她为女儿投保了家财险。盗抢的、火灾的，还有自来水破裂的……“能保的我几乎都保了，万一出事，我就能得到更多的赔偿。我不但保得全，保额也保得高，这下可安心了。”为女儿办完保险，刘太太满心高兴。

【专家点评】“家财险的保额并非越高越好，因为真正理赔时，保险公司是按照财产的实际价值和损失程度确定赔偿金额。所以在投保时，如果超过财产的实际价值确定保险金额，只是浪费保费。”史利滨经理如此表示。

另外，史利滨经理还介绍说，除了家财险外，像寿险中的住院医疗，车险中的车损险、盗抢险等都属于多买不多赔的险种。投保这些险种时，不宜把保额估得过高，免得浪费保费；也不宜过低，免得一旦发生保险事故，得不到全额赔付。

※误区五：不细看条款只信代理人

【典型事例】“明明说是从15岁到21岁返钱，咋变成了18岁到21岁？”在某广告公司工作的李女士，上个月为女儿投保了一款少儿两全保险，由于保险代理人是她的邻居，因此李女士当时也就没太细看条款，可事后她无意中一看，立即产生了一个大大的疑问，她马上找到代理人询问。原来，该保险产品有三种返款方式供选择，其中一种是从15岁到21岁每年都返，一种是从15岁到17岁返款，再有一种就是从18岁到21岁返款，经过计算和衡量，代理人为李女士选择了从18岁到21岁返款。因为返款数是按已交保费总额的一定比例确定的，所以选择从18岁到21岁返款并不比从15岁到21岁返款吃亏。经过代理人的解释，李女士虽然安心了，但还有点后悔，觉得自己当时就应该把保险合同条款都细看一遍。

【专家点评】“所有投保人都应该记住一条，那就是要细看合同条款，而且有不明白的地方一定要问个明白。”史利滨经理说，现在很多投保人都或多或少地依赖代理人，不愿细看保险合同，其实这是有风险的。因为从目前来看，保险代理人的素质还是参差不齐的，有时还可能会出现误解合同条款或故意误导投保人的情况，所以投保人在签合同前一定要看清每一个条款，特别是要看清保险责任范围和责任免除条款，全部认可后再签合同付款。千万不能只听代理人的介绍和解释，就稀里糊涂地签了合同，以免利益受损。

（二）选择保险产品

人们在生活中面临的风险主要可以归纳为人身风险、财产风险和责任风险。同一个保险标的会面临多种风险，所以，在确定保险需求和保险标的之后，要从众多保险产品中选择在功能和价格上都满足需要的保险产品。前面已经对市场上的保险产品进行了详细介绍，比如对人身保险的被保险人而言，他既面临意外伤害风险，又面临疾病风险，还有死亡风险等。所以，投保人可以相应地选择意外伤害保险、健康保险或人寿保险等。对于财产保险而言，同一项家庭财产也会面临不同方面的风险。比如汽车，面临着意外损毁或者失窃的风险，这时投保人可以相应地选择车辆损失保险、全车盗抢保险，或者是二者的组合。

投保客户只有在专业人员的帮助下，准确判断自己准备投保的保险标的的具体情况（比如保险标的所面临的风险的种类、各类风险发生的概率、风险发生后可能造成损失的大小，以及自身的经济承受能力），进行综合判断与分析，才能选择对自己合适的保险产品，较好地规避各种风险。

确定了要购买的保险产品以后，还应该注意合理搭配险种。投保人身保险可以在保险项目上进行组合，如购买1～2个主险附加意外伤害保险、重大疾病保险，使人得到全面保障。但是，在全面考虑所有需要投保的项目时，还要进行综合安排，以免重复投保，从而使用于投保的资金得到最有效的运用。这就是说，如果投保人准备购买多项保险，就应当尽量以综合的方式投保，因为这样可以避免各个单独保单之间可能出现的重复，从而节省保险费，避免浪费。

（三）确定保险额度

在选择好保险产品之后，就要确定保险额度了。保险额度是指当保险事故发生时，保险公司所赔付的最高金额。一般说来，保险额度的确定应该以财产的实际价值和人自身的评估价值为依据。

财产的价值比较容易计算。对于一般财产（如家用电器、小汽车等），其保险额度由投保人根据可保财产的实际价值自行确定，也可以按照重置价值即重新购买同样财产所需的价值确定。对于特殊财产（如古董、珍藏品等），其保险额度则要请专家评估。购买财产保险时，可以选择足额投保，也可以选择不足额投保，由于保险公司的赔偿是按实际损失程度进行的，因此一般不会出现超额投保或者重复投保的现象。一般说来，投保人会选择足额投保，因为只有选择足额投保，投保人在发生意外灾难时才能获得足额的赔偿。如果选择不足额投保，一旦发生损失，保险公司只会按照比例赔偿损失。比如价值20万元的财产，只投保了10万元，那么如果发生财产损失时保险公司通过责任划分等确认只赔偿实际损失的50%，那么即使实际财产损失是10万元，投保人所获得的最高赔偿额也只能是5万元，这样会使自己得不到充分的补偿，从而不能从购买保险产品中得到足够的保障。

理论上，人的价值是无法估量的，因为人是一种社会性生物，其精神的内涵超过了其物质的内涵。但是，仅从保险的角度来说，我们可以根据诸如性别、年龄、配偶的年龄、月收入、月消费、需抚养子女的年龄、需赡养父母的年龄、银行存款或其他投资项目、银行的年利率、通货膨胀率、贷款等，计算虚拟的“人的价值”。在保险行业，对“人的价值”存在着一些常用的评估方法，如生命价值法、财务需求法、资产保存法等。需要注意的是，这些方法都需要每年重新计算一次，以便调整保额。因为人的年龄每年都在增长，如果其他因素不变，那么他的生命价值和家庭的财务需求每年都在变小，其保险就会从足额投保变成超额投保。如果个人的收入和消费逐年增长，那么其价值就会逐渐增大，原有保险就会变成不足额投保。

（四）确定保险期限

投保人可以根据自己的实际情况选择适合的保险时间跨度和交纳保费的期限。根据保险合同，保险公司在约定的时间内对约定的保险事故负保险责任，这一约定的时间就是保险期限。

首先，选择合适的保险期限。财产保险期限通常为1年，期满可以续保；人身保险期限分为短期、长期、终身无定期等。保险期限以日历年月日计算，其开始时间与合同成立时间相同，但经当事人的特别约定，也可以在合同成立之前开始，称为追溯保险，或在合同成立之后开始，称为附期限、附条件的保险。保险期限通常以约定起保日的零时开始，到约定期满日的24时为止。保险期限也可以按事项的始末存续期间计算，如运输险按航程计算，建筑安装工程险从工程施工之日始至预约验收之日止。投保人应根据自己的需求选择。

其次，选择合适的交费时间。保费的交付方式较为灵活，可以采取一次性交清（即趸交），也可以用逐年分期的形式来交清（年交、限期年缴）。采用限期年缴时，各家保险公司一般提供有5年、10年和20年等多种交费期限。至于在具体购买时选用哪种交费方式，主要是根据投保人的经济收支状况、承受能力，以及投保人所追求的付出与保障的需求比而定。

（五）选择保险公司

选择保险公司时，投保人应该权衡各家公司和产品的优劣，最终确定一个综合最优的保险方案。需要指出的是，保险并非即时消费的商品，保险真正能发挥作用是在未来发生保险事故并造成损失的时候，所以认真阅读保险条款是非常重要的。同时，了解保险公司的售后服务水平以及理赔声誉也是很关键的，因为好的售后服务以及理赔声誉是及时获得保险赔偿的基础。

随着我国金融业的发展，各种保险公司如雨后春笋般现身市场，其中既有国有保险公司，又有股份制保险公司和外资保险公司，这使得投保人有了很大的选择余地，但同时也面临着更多的困惑，应该怎样选择保险公司呢？我们可以从以下几个方面来衡量：

1.资产结构好

在保险行业，能否上市或者能否整体上市是评价一家保险公司整体资产是否优良的标志之一。所谓“整体上市”，是指以公司的全部资产为基础上市，如果某家保险公司实现了整体上市，就证明该公司整体结构良好。目前，我国不少保险公司已经实现上市或者具备了上市条件。

2.偿付能力强

保险公司的偿付能力对保险消费者来说至关重要。我国《保险公司偿付能力额度及监管指标规定》对保险公司的偿付能力额度作出了明确的规定，保险公司应于每年4月30日前将注册会计师审计的上一会计年度的偿付能力额度送达保险监管机关，并根据保险监管机关的规定，对偿付能力额度进行披露。

3.信用等级优

国际上有不少专门对银行、保险公司等金融机构进行信用等级评估的机构，如美国的穆迪、标准普尔、惠誉国际，中国的中诚信、国衡信、大公国际、东方金诚、联合资信评估，等等，它们对保险公司的评级可以作为评价保险公司信用等级的一个参考。

4.管理效率高

保险公司管理效率的高低，决定了该公司的兴衰存亡。管理效率可以从公司产品创新能力、市场竞争能力、市场号召能力、公司盈利能力、公司决策能力、公司应变能力、公司凝聚能力等方面进行衡量。

5.服务质量好

保险与其他商品不同，它不是一次性消费，在保险合同生效的几十年间，保险公司经常需要就多方面的事宜为保户提供服务，如交费、生存金领取、地址变更、理赔等。保户能否成为保险公司的上帝、享受上帝的待遇、开开心心地接受保险的关怀，保险公司的服务质量是关键。

另外，保险公司大多通过保险代理人开展业务，所以对保险代理人也要进行考察。一是从业资格，保险代理人必须考取“保险代理人从业资格证书”，并获得所属保险公司的“展业证”。二是专业水平，主要是看保险代理人对保险知识和保险产品的熟悉程度。三是真诚和责任感，真正为客户着想的代理人会从客户的利益和需要出发，不会为了自己的利益而隐瞒事实或欺骗客户。四是从业时间，保险代理是一个人员流动性很大的行业，如果因为保险代理人离职而成为“孤儿保单”，虽然保障利益不会受损，但服务可能会受到影响。一般而言，从业时间较长的保险代理人稳定性较好，从他那里得到的服务也比较有保障。

资料8-3

王先生买保险的故事

首先，让我们来一起认识一下我们故事的主人公王先生。

王先生，男，30岁，已经成家，儿子1岁。

25岁时的王先生生活得很自由，爬山、旅游、蹦极，享受青春。后来王先生认识了女朋友，结婚了，一个人的生活变成了两人世界，一个人的健康平安也同时成为对另一个人的责任，王先生不抽烟了，也不从事危险活动了，两个人一起为小家庭的未来打拼。再后来，儿子出生了，从两人世界又变成了三口之家，王先生更深地体会到对家庭的责任。

王先生的事业蒸蒸日上，他现在已经是外资企业的销售主管。销售工作非常繁忙，王先生经常加班、出差，天天在外奔波劳累。刚做爸爸的王先生，作为家庭支柱深深地体会到家庭平安的重要性，也体会到为孩子创造一个更好的未来的责任。这些都使王先生更加认识到购买保险的意义……所以，王先生要买保险了！

其实，在我们的身边，有千千万万个王先生、李先生、王女士、李女士，我们每一个人都和王先生一样，心怀着对家庭深深的爱和责任，努力打造一个美好的未来。我想，王先生购买保险的经历一定会对大家都有所启发。

第一步：确定保险需求。

在决定要购买保险之后，王先生问的第一个问题就是："我最需要买什么保险？"

初步了解之后，王先生知道，人的保险需求基本可以分为六大类：健康、意外、子女教育、养老、投资、保障。但和大部分消费者一样，王先生也并不清楚自己此时此刻最需要买什么保险。

很多业务员在见了王先生一面、问了一两句家里的情况之后，就会告诉他：你最需要养老，或者你最需要投资，然后就开始为王先生介绍产品，这些都无法让王先生信服。他觉得，只有对他的家庭全面情况有一个科学、系统的了解和分析，才能更准确地帮他判断他此时最需要的保险是什么。

王先生的这种想法是非常正确的。专家告诉王先生：其实六大保险需求人人都有，但是，由于不同的个人和家庭在不同阶段所面临的风险不同，我们对各类保险的需求程度也是不同的。确定保险需求的意义，就在于把我们的钱有效地投入到保障目前我们最大、最重要的风险上。

专家还告诉王先生，有很多因素都会影响对王先生家庭风险状况的评估和需求优先程度的分析，例如，年龄、家庭状况、工作状况、身体状况、生活方式、收支情况、目前拥有的保险情况等。通过专业、系统的需求分析方法的支持，王先生才能真正找到目前最需要购买的一个或几个保险需求。

第二步：选择保险公司。

在确定自己最需要购买的保险之后，王先生的第二个问题是："这么多保险公司，哪家最好？怎么着手进行挑选呢？"

市场上现有的保险公司，王先生随便掰着手指头一数，就数出来几十家：中国人寿、平安、友邦、太平洋、信诚、中英、瑞泰……有中资的、外资的，有历史悠久的，有刚进入中国的……到底哪家是最适合我的保险公司？比较保险公司的时候，应该比较哪些因素呢？王先生又开始挠头了，他决定再去请教专家。

专家告诉王先生：在购买不同保险时，应该考虑和侧重的保险公司因素也不同。比如说，如果购买保障险，理赔可能是几十年以后的事，这时候消费者更应该看重的是保险公司的财务稳健和实力；而如果购买医疗险，经常需要报销医药费，消费者应该更看重保险公司的服务水平，是否能够为我们提供及时、高效的优质服务。

专家还告诉王先生：在确定了自己更看重保险公司的哪些因素之后，消费者还需要了解，各家保险公司在这些因素上的表现如何。例如，哪家保险公司的服务最好？在这方面，仅靠自己的力量进行了解和比较，对王先生来说是很困难的。他需要获得专业并且中立的分析机构的支持，从而在各家保险公司之间进行综合比较和排序，作出最明智的选择。

第三步：选择保险产品。

王先生知道，保险产品的选择是五部曲里最复杂的一步。以购买保障产品为例，王先生稍作问询，就从各家保险公司的业务员那里得到了十几个不同保障产品的保险计划。从哪里入手进行比较呢？到底哪家保险公司的保障产品才是最适合王先生的呢？

王先生觉得，保险产品和其他产品一样，都应该从功能和价格两方面进行比较。他希望选择满足自己保障功能需求，并且性价比最优的保险产品。王先生以前也听说过身边的朋友买保险的遭遇，买的时候说得都很好，理赔的时候才发现，其实条款里写了不赔，但业务员没讲，客户自己也没看出来。所以，王先生决定要认真仔细地比较和挑选一款最适合自己的产品。但是，一比较，王先生就头大了，保险产品的条款很复杂，很难看懂，功能不一样，价格也不一样，怎么比呢？

专家告诉王先生：保险产品保障功能繁杂，并且相互之间存在差异，不能简单对比。另外，保险产品是复杂金融产品，费率由产品保障功能和精算假设确定，也不能直接对比。

有的业务员会说：你看我的产品功能更全面，所以我的好。这种说法不成立，因为客户可能会为多出来的功能多付费，而多出来的功能不见得是客户最需要的。有的业务员则会说：你看同样都是1万元的保额，我的产品只用交1 000元，其他产品需要1 500元，所以我的好。这种说法也不成立，因为同样的保额不代表同样的保障利益。

因此，保险产品的比较，需要首先明确客户的保障功能需求，才能进行性价比的比较。而通过专业分析方法的辅助和支持，王先生是完全可以自己衡量并且选择自己的具体保障需求的，比如保障期间，是否需要到期返还，是否需要高残责任，是否需要分红等。

在性价比的比较方面，王先生非常认同专家说的一句话：保险产品没有绝对最优，只有相对最优。不同产品对不同年龄客户而言，性价比也不同。保险产品的分析和排序需要依靠专业的计算和比较方法，而非业务员的一面之词。

第四步：综合确定保险方案。

完成保险公司和产品的选择和分析之后，王先生需要综合考虑两方面的分析结果，选择综合最优的保险方案。在这一步，王先生需要回答：在公司和产品之间，我更看重哪方面？就像去餐馆吃饭一样，我是更看重餐馆的就餐环境和服务，还是菜品的口味和质量？

第五步：确定保险购买额度。

确定了保险方案之后，王先生的最后一个任务就是确定自己要购买多少保险。

一般情况下，业务员都会建议王先生，要不你先买5万元？或者要不你买10万元？但王先生觉得，买多少其实最关键的在于我需要多少。也就是说，如果发生了风险，我需要多少钱才能化解风险、保证家人正常生活质量？

专家非常赞同王先生的想法，并且告诉他：购买额度也是从需求出发的，而需求是可以被测算的。针对13类保险产品类别，有13套购买额度测算公式，通过这些专业测算方法的支持，王先生可以清楚地测算自己究竟需要多少保障。

另外，王先生还应该考虑自己的实际购买力，也就是说通过合理安排自己的家庭收支情况，确定自己有多少资金可以用来投资购买保险产品。

通过对保险购买额度需求和实际购买力的合理的权衡和兼顾，王先生就可以确定自己目前需要的实际保险购买额度了。

以上就是王先生买保险的故事。通过对五部曲中每一步的思考、分析和专家的帮助，王先生意识到，他最需要获得的是一种完全中立的、专业的、代表客户利益的保险咨询服务，帮助他就保险购买的每一步中的问题进行专业的分析，从而挑选最能满足他需要并且性价比最优的保险方案。

资料来源：骆祖金. 我家理财网友专场讲座：如何选择适合我的保险？[EB/OL]. [2005-08-11]. http://money.business.sohu.com/20050811/n240246960.shtml. 此处有改编.

思政课堂

养老理财产品启动

【思政元素】产经政策。

按照党中央、国务院关于规范发展第三支柱养老保险的重要部署，中国银保监会年度工作会议对于深化银行业保险业改革，稳妥有序推进养老理财试点工作作出统一安排。根据《关于规范金融机构资产管理业务的指导意见》《商业银行理财业务监督管理办法》《商业银行理财子公司管理办法》等相关规定，银保监会制定并发布《关于开展养老理财产品试点的通知》，自2021年9月15日起施行。

开展养老理财产品试点，是银行业保险业坚持以人民为中心的发展思想，深化金融供给侧结构性改革，稳步推进养老金融改革发展的重要举措。试点工作有利于丰富第三支柱养老金融产品供给，培育投资者"长期投资长期收益、价值投资创造价值、审慎投资合理回报"理念，满足人民群众多样化养老需求。

银保监会结合国家养老或金融领域改革试点区域，选择"四地四家机构"进行试点，即工银理财在武汉和成都、建信理财和招银理财在深圳、光大理财在青岛开展养老理财产品试点。试点期限一年。试点阶段，单家试点机构养老理财产品募集资金总规模限制在100亿元人民币以内。

该通知要求，四家试点机构稳妥有序开展试点，做好产品设计、风险管理、销售管理、信息披露和投资者保护等工作，保障养老理财产品稳健运行。同时，坚持正本清源，持续清理名不符实的“养老”字样理财产品，维护养老金融市场良好秩序。

养老理财产品试点启动以来，总体运行平稳，市场反应积极，取得良好开局，在丰富商业养老金融产品、满足人民群众多样化养老需求等方面发挥了积极作用。为进一步推动完善试点，加大养老理财产品供给，在前期试点工作的基础上，2022年2月底，银保监会制定并发布《关于扩大养老理财产品试点范围的通知》。

新通知规定，自2022年3月1日起，养老理财产品试点范围由“四地四机构”扩展为“十地十机构”。试点地区扩大至“北京、沈阳、长春、上海、武汉、广州、重庆、成都、青岛、深圳”十地。试点机构扩大至“工银理财有限责任公司、建信理财有限责任公司、交银理财有限责任公司、中银理财有限责任公司、农银理财有限责任公司、中邮理财有限责任公司、光大理财有限责任公司、招银理财有限责任公司、兴银理财有限责任公司和信银理财有限责任公司”十家理财公司。其中，对于已开展试点的4家理财公司，单家机构养老理财产品募集资金总规模上限由100亿元人民币提高至500亿元人民币；对于本次新增的6家理财公司，单家机构养老理财产品募集资金总规模上限为100亿元人民币。试点理财公司应当在试点地区范围内自主选择一个或多个试点地区销售养老理财产品，但不得超出试点地区进行销售。

下一步，银保监会相关部门及试点地区银保监局将加强对养老理财产品试点工作的监督管理，持续做好试点工作的评估和经验总结，推动理财公司更加深入地服务多层次、多支柱养老保险体系建设，努力为人民群众提供更高质量、更便捷的商业养老金融服务。

资料来源：中国银行保险监督管理委员会．中国银保监会发布《关于开展养老理财产品试点的通知》［EB/OL］．［2021-09-10］．http：//www.cbirc.gov.cn/cn/view/pages/ItemDeta il.html?docId=1006629&itemId=915&generaltype=0.

中国银行保险监督管理委员会．中国银保监会发布《关于扩大养老理财产品试点范围的通知》［EB/OL］．［2022-02-25］．http：//www.cbirc.gov.cn/cn/view/pages/ItemDetail.Ht ml? docId=1040211&itemId=917&generaltype=0.

本章小结

1. 风险的客观存在是保险产生的前提，风险的发展是保险发展的客观依据。保险就是以小钱防范风险，以确定的支出防范不确定的风险，从而更稳定地规划和管理个人财务和家庭财务。

2. 保险规划是个人理财的一个部分，它是针对人生中的风险，包括死亡风险、残疾风险、医疗风险、养老风险以及财产风险等，定量分析保险需求额度，并作出最适当的财务安排，避免风险发生时给生活带来的冲击，达到财务自由的境界，从而拥有高品质的生活。保险规划的目的就在于通过对个人经济状况和保险需求的深入分析，帮助自己选择合适的保险产品并确定合理的期限和金额，免除财务上的后顾之忧。

3. 个人面临的风险主要包括人身风险和财产风险两个方面，其中保险人愿意并能够承保的风险称为可保风险。

4. 保险是一种以经济保障为基础的金融制度安排，它通过对不确定事件发生的数理预测和收取保险费的方法建立保险基金，以合同安排的形式，由大多数人来分担少数人的损失，实现保险购买者风险转移和理财计划的目标。

5. 针对人们期望规避风险的要求，保险公司开发出了许多保险产品，提供给投保客户。这些产品针对人们的不同需求，主要分为财产保险和人身保险两大类。另外，随着人们对保险产品功能多样化的要求，又附加了分红、投资等功能，这使得保险产品的种类日益丰富。我们在进行保险规划时，首先要了解保险产品，然后才能按照自己的需求购买。

6. 保险规划中应遵循根据需求购买、量力而行、足额投保、重视高额损失和综合投保的原则。

7. 保险规划就是从个人的实际情况出发，通过分析个人的经济状况，根据实际的风险保障需要来制订保险计划。因此，了解自己的保险需求就成为保险规划的前提条件。

8. 保险规划的步骤可以分为五步：确定保险需求；选择保险产品；确定保险金额；确定保险期限；选择保险公司。

复习思考题

一、简答题

1.为什么要购买保险？

2.保险规划对于个人理财有什么作用？

3.保险的基本原理是什么？

4.如何确定保险需求？

5.对于市场上的各类保险产品，你有多少了解？

6.制定保险规划应该遵循的原则是什么？

7.制定保险规划的步骤是什么？

8.请你根据自己的保险需求进行保险规划。

二、案例分析题

王医生，男，50岁，自办诊所。妻子48岁，无工作，自费缴养老保险，年缴费5 000元左右，无其他保险，两个女儿已大学毕业，都还没有找到满意的工作。诊所平均月收入20 000元，月均日常开支4 000元，月结余16 000元，家庭银行存款共计20万元。几年前投资股市10万元，现该股市值8万元，再无其他投资。王医生想60岁时退休安度晚年，不再开诊所，还要为女儿准备婚嫁金。王医生同时对自己和妻子的养老及健康保障表示担忧。

请你为王医生一家人做一份详细的保险规划。

第九章

税收筹划

第一节　税收的基本知识

一、税收的概念

税收是国家为实现其职能，凭借其政治权力，依法参与单位和个人的财富分配，强制、无偿地取得财政收入的一种形式。

（一）税收的特征

税收的特征主要有3个方面：

（1）强制性，指国家或地区政府用法律、法规等形式对征收捐税加以规定，并依照法律强制征税。

（2）无偿性，指国家征税后，税款即成为财政收入，不再归还纳税人，也不支付任何报酬。

（3）固定性，指在征税之前，以法的形式预先规定了课税对象、课税额度和课税方法等。

（二）基本术语

1.征税对象

征税对象即对什么征税，是征纳税行为所涉及的客体或标的物，如个人所得税的征税对象就是个人收入。

2.税目

税目即征税对象的具体内容，是在税法中对征税对象分类规定的具体征税品种和项目。例如，消费税对消费品共设计了11个税目，如烟、酒、高档化妆品、成品油、高档手表等，对税目中的消费品才需要征税，对税目中不包含的消费品，如香皂等普通化妆品，则不征税。

3.纳税环节

纳税环节主要指税法规定的征税对象在从生产到消费的流转过程中应当缴纳税款的环节，如流转税在生产和流通环节纳税，所得税在分配环节纳税等。

4.税率

税率是对征税对象的征税比例或征税额度。税率是计算税额的尺度，也是衡量税负轻重与否的重要标志。我国现行的税率主要有：

（1）比例税率，即对同一征税对象，不分数额大小，规定相同的征收比例。我国的增值税、个人所得税、企业所得税等采用的是比例税率。

（2）超额累进税率，即把征税对象按数额的大小分成若干等级，每一等级规定一个税率，税率依次提高，但每一纳税人的征税对象则依所属等级同时适用几个税率分别计算，将计算结果相加后得出应纳税款。目前采用这种税率的有个人所得税等。

（3）定额税率，即按征税对象确定的计算单位，直接规定一个固定的税额。目前采用定额税率的有城镇土地使用税、车船税等。

（4）超率累进税率，即以征税对象数额的相对率划分若干级距，分别规定相应的差别税率，相对率每超过一个级距的，对超过的部分就按高一级的税率计算征税。目前，采用这种税率的是土地增值税。

5.纳税期限

纳税期限是指纳税人按照税法规定缴纳税款的期限。比如，企业所得税在月份或者季度终了后15日内预缴，年度终了后4个月内汇算清缴，多退少补；增值税的纳税期限分别为5日、10日、15日或者1个月。纳税人的具体纳税期限，由主管税务机关根据纳税人应纳税额的大小分别核定，不能按照固定期限纳税的，可以按次纳税。

6.纳税地点

纳税地点主要是指根据各个税种纳税对象的纳税环节和有利于对税款的源泉控制而规定的纳税人（包括代征、代扣、代缴义务人）的具体纳税地点。

二、税收的种类

（一）按照课税对象

税收按照课税对象不同分为流转税、所得税、财产税、资源税和行为税。

现行流转税主要包括增值税、消费税、关税等；所得税主要包括企业所得税、个人所得税；财产税主要包括房产税、车船税、城镇土地使用税等；资源税则分为一般资源税和级差资源税；行为税包括城市维护建设税、印花税、耕地占用税、契税、土地增值税等。

（二）按照征收管理体系

税收按照征收管理体系不同分为工商税、关税以及农业税。

工商税具体包括增值税、消费税、资源税、企业所得税、个人所得税、城市维护建设税、房产税、城市房地产税、车船税、土地增值税、城镇土地使用税、印花税等税种，其占税收总额的比重超过90%，一般由税务机关负责征收管理。

关税以进出境的货物、物品为课税对象。

农业税主要是指农（牧）业税（包括农业特产税）、耕地占用税和契税。

（三）按照税收管理权限

税收按税收管理和使用权限不同可分为中央税、地方税、中央与地方共享税。中央税是指税收管理和使用的权限在中央的税种，如消费税等；地方税是指税收管理和使用的权限在地方的税种，如房产税、车船税等；中央与地方共享税是指税收管理和使用权限属于中央和地方政府分享的税种，如增值税等。

以上分类归纳如图9-1所示。

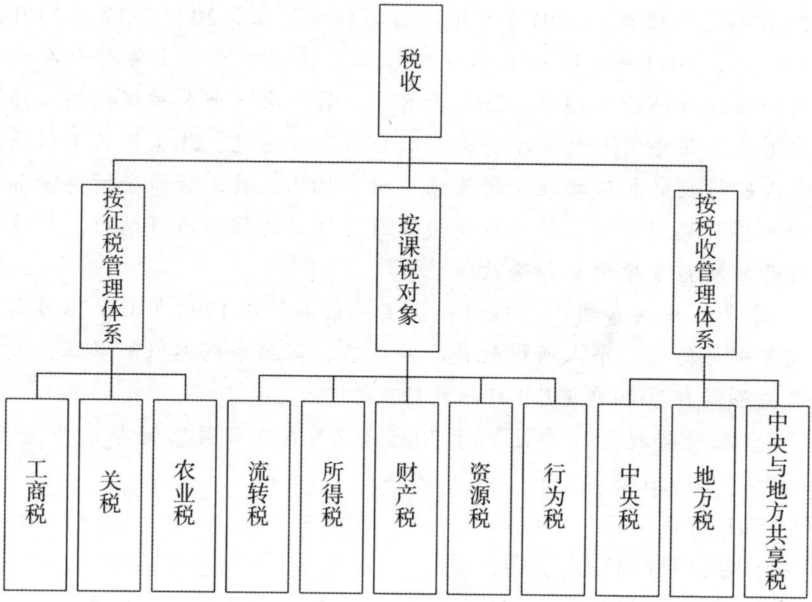

图9-1 税收的种类

对于个人理财而言，涉及的税种包括个人所得税、车辆购置税、车船税、契税、印花税等。如果办企业、开餐馆、搞运输或从事其他生产经营活动，根据具体经营内容和场所情况，还应该分别缴纳增值税、消费税、资源税、城建税、房产税、城镇土地使用税、印花税等，其中最主要的就是针对个人收入征收的个人所得税，本章以下内容即针对个人所得税展开。

三、个人所得税概述

（一）概念

个人所得税是对个人（自然人）取得的各项应税所得征收的一种税。

资料9-1

我国关于个人所得税的法律法规

《中华人民共和国个人所得税法》（以下简称《个人所得税法》）于1980年9月10日由第五届全国人民代表大会第三次会议通过。其后，

1993年10月31日第一次修正，1999年8月30日第二次修正，2005年10月27日第三次修正，2007年6月29日第四次修正，2007年12月29日第五次修正，2011年6月30日第六次修正，这六次修正主要对个人所得税的扣除标准进行了调整。2018年8月，第七次《个人所得税法》修正案经第十三届全国人大常委会第三次会议审议通过，此次修正不仅提高了个人所得税的扣除标准，还优化了税率机构，将工资薪金所得、劳务报酬所得、稿酬所得、特许权使用费所得合并为综合所得纳税，从这次修订开始实施专项附加扣除政策。

《中华人民共和国个人所得税法实施条例》于1994年1月28日由国务院发布并施行。个人所得税每次修正后，实施条例亦跟随修正，最新的实施条例自2019年1月1日起施行。

《个人所得税管理办法》于2005年7月6日由国家税务总局发布，自2005年10月1日起施行。

（二）特点

个人所得税的特点包括：

（1）实行分类征收；

（2）累进税率与比例税率并用；

（3）费用扣除额较宽；

（4）采用源泉扣缴和自行申报两种征收方法。

（5）个人所得税实行预扣预缴、年底汇算清缴。

（三）个人所得税的纳税义务人

个人所得税的纳税义务人是指在中国境内有住所，或者无住所而在境内居住累计满183天，并从中国境内和境外取得所得的个人；在中国境内无住所又不居住或者无住所而在境内居住不满183天，但从中国境内取得所得的个人。纳税义务人具体包括：中国公民、个体工商户；外籍个人；中国香港、澳门和台湾同胞。

（四）个人所得税的扣缴义务人

个人所得税以支付所得的单位或者个人为扣缴义务人，即税法规定负有代税务机关扣缴税款义务的单位或者个人。

（五）个人所得税的征税项目

个人所得税的征税项目包括下列9项：

（1）工资、薪金所得；

（2）劳务报酬所得；

（3）稿酬所得；

（4）特许权使用费所得；

（5）经营所得；

（6）利息、股息、红利所得；

（7）财产租赁所得；

（8）财产转让所得；

（9）偶然所得。

（六）个人所得税的起征额

起征额就是免征税的部分。工资、薪金收入的起征额为5 000元。举例来说，5 000元以下工资是不收税的，如果工资是6 000元，则1 000元为应纳税所得额，对这部分才需征税。

（七）个人所得税的适用税率

（1）工资、薪金所得包含在综合所得中，适用7级超额累进税率，税率为3%～45%，见表9-1。

表9-1　　个人所得税税率表（综合所得适用）

级数	全年应纳税所得额	税率（%）	速算扣除数
1	不超过36 000元的	3	0
2	超过36 000元至144 000元的部分	10	2 520
3	超过144 000元至300 000元的部分	20	16 920
4	超过300 000元至420 000元的部分	25	31 920
5	超过420 000元至660 000元的部分	30	52 920
6	超过660 000元至960 000元的部分	35	85 920
7	超过960 000元的部分	45	181 920

（2）经营所得，适用5级超额累进税率，税率为5%～35%，见表9-2。

（3）稿酬所得，适用比例税率，税率为20%，并按应纳税额减征30%。

表9-2　　个人所得税税率表（经营所得适用）

级数	全年应纳税所得额	税率（%）	速算扣除数
1	不超过30 000元的	5	0
2	超过30 000元至90 000元的部分	10	750
3	超过90 000元至300 000元的部分	20	3 750
4	超过300 000元至500 000元的部分	30	9 750
5	超过500 000元的部分	35	14 750

注：

本表所称全年应纳税所得额是指依照《个人所得税法》第六条的规定，以每一纳税年度的收入总额减除成本、费用以及损失后的所得额。

（4）劳务报酬所得，适用比例税率，税率为20%。对劳务报酬所得一次收入畸高的，可以实行加成征收，具体办法由国务院规定，见表9-3。

表9-3　　劳务报酬所得适用预扣税率表

级数	每次应纳税所得额（含税级距）	不含税级距	税率	速算扣除数
1	不超过20 000元的	不超过16 000元的	20%	0
2	超过20 000元至50 000元的部分	超过16 000元至37 000元的部分	30%	2 000
3	超过50 000元部分	超过37 000元的部分	40%	7 000

（5）特许权使用费所得，利息、股息、红利所得，财产租赁所得，财产转让所得，偶然所得和其他所得，适用比例税率，税率为20%。

第二节　个人所得税的计算

新《个人所得税法》实施后，个人在取得所得时按所得对应的税率预扣预缴，年底汇算清缴，应纳的个人所得税额多退少补。

一、工资、薪金所得

个人取得的工资、薪金所得，是指个人因任职或者受雇而取得的工资、薪金、奖金、年终加薪、劳动分红、津贴、补贴以及与任职或受雇有关的其他所得。工资、薪金所得适用综合所得的税率纳税。

（1）工资、薪金所得按以下步骤计算缴纳个人所得税：每月取得工资收入后，先减去个人承担的基本养老保险金、医疗保险金、失业保险金，以及按省级政府规定标准缴纳的住房公积金，再减去免征额5 000元/月。以前，在免征额为3 500元/月时，对来源于境外的所得以及外籍人员、华侨和中国香港、澳门、台湾同胞，在中国境内的所得每月还可附加减除费用1 300元，新《个人所得税法》实施后，已不再作此区分。应纳税所得额，都按3%～45%的7级超额累进税率计算缴纳个人所得税。

（2）工资、薪金所得缴纳个人所得税的计算公式是：

应纳个人所得税税额=应纳税所得额×适用税率-速算扣除数

例如，王某当月工资共7 500元，当月个人承担住房公积金、基本养老保险金、医疗保险金、失业保险金共计1 000元，免征额为5 000元，不考虑专项附加扣除，则王某当月应纳税所得额为1 500元（7 500-1 000-5 000），应纳个人所得税税额为45元（1 500×3%）。

个人取得工资、薪金所得应缴纳的个人所得税，统一由支付人负责代扣代缴，支付人是税法规定的扣缴义务人。

二、全年一次性奖金或年终加薪

个人取得全年一次性奖金（包括年终加薪）的，应分两种情况计算缴纳个人所得税：

（1）个人取得全年一次性奖金且获取奖金当月个人的工资、薪金所得高于（或等于）税法规定的费用扣除额的计算方法是：用全年一次性奖金总额除以12个月，按其商数对照工资、薪金所得项目税率表，确定适用税率和对应的速算扣除数，计算缴纳个人所得税。计算公式为：

应纳个人所得税税额=个人当月取得的全年一次性奖金×适用税率-速算扣除数

个人当月工资、薪金所得与全年一次性奖金应分别计算缴纳个人所得税。

（2）个人取得全年一次性奖金且获取奖金当月个人的工资、薪金所得低于税法规定的费用扣除额的，计算方法是：用全年一次性奖金减去“个人当月工资、薪金所得与费用扣除额的差额”后的余额除以12个月，按其商数对照工资、薪金所得项目税率表，确定适用税率和对应的速算扣除数，计算缴纳个人所得税。计算公式为：

$$\frac{应纳个人}{所得税税额}=\left(\frac{个人当月取得}{全年一次性奖金}-\frac{个人当月工资、薪金所得}{与费用扣除额的差额}\right)\times\frac{适用}{税率}-\frac{速算}{扣除数}$$

由于上述计算纳税方法是一种优惠办法，在一个纳税年度内，对每一个人，该纳税办法只允许采用一次。对于全年考核，分次发放奖金的，该办法也只能采用一次。新《个人所得税法》实施后，这一优惠政策实施至2023年12月31日，全年一次性奖金不并入当月工资薪金所得。

三、劳务报酬所得

劳务报酬所得，是指个人从事设计、装潢、安装、制图、化验、测试、医疗、法律、会计、咨询、讲学、新闻、广播、翻译、审稿、书画、雕刻、影视、录音、录像、演出、表演、广告、展览、技术服务、介绍服务、经纪服务、代办服务以及其他劳务取得的所得。

劳务报酬所得的应纳税所得额为：每次劳务报酬收入减去收入额的20%。

劳务报酬所得适用20%的税率。

劳务报酬所得应纳税额的计算公式为：

应纳个人所得税税额=应纳税所得额×20%

对劳务报酬所得一次收入畸高（应纳税所得额超过20 000元）的，实行加成征收办法，具体是：一次取得劳务报酬收入，减除费用后的余额（即应纳税所得额）超过20 000元至50 000元的部分，按照税法规定计算的应纳税额，加征五成；超过50 000元的部分，加征十成。

例如，陈某一次取得劳务报酬收入40 000元，其应缴纳的个人所得税为：

应纳税所得额=40 000−40 000×20%=32 000（元）

应纳个人所得税税额=32 000×20%+（32 000−20 000）×20%×50%=6 400+1 200

=7 600（元）

四、稿酬所得

稿酬所得，是指个人因其作品以图书、报刊形式出版、发表而取得的所得。

个人获得的稿酬所得，每次收入不超过4 000元的，可减去费用800元；每次收入4 000元以上的，可减去20%的费用，其余额为应纳税所得额。稿酬所得适用20%的比例税率，并可以免纳30%的税额。计算公式为：

应纳个人所得税税额=应纳税所得额×适用税率×（1-30%）

例如，丁某在某杂志上发表一篇文章，获得稿酬3 000元，丁某应缴纳的个人所得税为：

应纳个人所得税税额=（3 000-800）×20%×（1-30%）=308（元）

五、特许权使用费所得

特许权使用费所得，是指个人提供专利权、商标权、著作权、非专利技术以及其他特许权的使用权取得的所得。提供著作权的使用权取得的所得，不包括稿酬所得。

个人取得特许权使用费所得每次收入不超过4 000元的，可以扣除费用800元；每次收入4 000元以上的，可以扣除20%的费用，其余额为应纳税所得额。特许权使用费所得适用20%的税率。计算公式为：

应纳个人所得税税额=应纳税所得额×20%

【例9-1】叶某发明一项农田专利技术，20×1年1月授予A农场使用权，使用费1.5万元，A农场4月支付使用费6 000元，5月支付使用费9 000元；5月，叶某又将该项专利使用权授予D农场，使用费8 000元。叶某取得特许权使用费所得应缴纳的个人所得税为：

叶某此项专利技术授出了两次，应分两次所得计算个人所得税。

授权A农场应纳个人所得税税额=（6 000+9 000）×（1-20%）×20%=2 400（元）

授权D农场应纳个人所得税税额=8 000×（1-20%）×20%=1 280（元）

叶某授予使用此项专利技术共须缴纳个人所得税=2 400+1 280=3 680（元）

六、利息、股息、红利所得

利息、股息、红利所得，是指个人拥有债权、股权而取得的利息、股息、红利所得。计算缴纳个人所得税的方法是：以每次利息、股息、红利所得为应纳税所得额，适用20%的税率。计算公式为：

应纳个人所得税税额=应纳税所得额×20%

例如，卫某年初取得单位集资款的利息收入1 000元，应缴纳的个人所得税为：

应纳个人所得税税额=1 000×20%=200（元）

另外，国务院决定2008年10月9日起对储蓄存款利息所得暂免征收个人所得税。

七、财产租赁所得

财产租赁所得，是指个人出租建筑物、土地使用权、机器设备、车船以及其他财产取得的所得。计算公式为：

财产租赁的应纳税所得额=每次取得的财产租赁收入-合理费用-费用扣除标准

合理费用包括以下项目：

（1）纳税人在出租财产过程中缴纳的税金、教育费附加，可凭完税凭证从财产租赁收入中扣除。

（2）由纳税人负担的该出租财产实际开支的修缮费用，必须是实际发生并能够提供有效准确凭证的支出，以每次扣除800元为限，一次扣除不完的，可以继续扣除，直至扣完为止。

费用扣除标准为：每次收入不超过4 000元的，可以扣除800元；每次收入超过4 000元的，可以扣除收入的20%。

财产租赁所得的个人所得税的适用税率为20%。

计算公式为：

应纳个人所得税税额=应纳税所得额×20%

八、财产转让所得

财产转让所得，是指个人转让有价证券、股权、建筑物、土地使用权、机器设备、车船以及其他财产取得的所得。以一次转让财产收入额（不管分多少次支付，均应合并为一次转让财产收入）减去财产原值和合理费用后的余额为应纳税所得额，适用20%的税率计算缴纳个人所得税。

财产转让所得应纳税额的计算公式为：

应纳个人所得税税额=应纳税所得额×20%

应纳税所得额=每次转让财产收入额-财产原值-合理费用

确定财产原值，有以下几种情况：

一是有价证券，为买入价以及买入时按照规定缴纳的有关费用。

二是建筑物，为建造费或者购进价格以及其他有关费用。

三是土地使用权，为取得土地使用权所支付的金额、开发土地的费用以及其他有关费用。

四是机器设备、车船，为购进价格、运输费、安装费以及其他有关费用。

五是其他财产原值，参照以上四种办法确定。

上述财产原值的确定，个人必须提供有关的合法凭证。对未能提供完整、准确的财产原值合法凭证而不能正确计算财产原值的，税务部门可根据当地实际情况核定其财产原值或实行核定征收。例如，房产转让，如果纳税人不能准确提供房产原值和有关税费凭证，无法确定房产原值时，税务机关可以综合考虑该项房产的坐落地、建造时间、当地房价、面积等因素，按房产转让收入额的一定比例核定征收个人所得税。

合理费用是指个人在卖出财产时按有关规定所支付的费用，如增值税及其附加、中介服务费、资产评估费等。

九、偶然所得

偶然所得是指个人得奖、中奖、中彩以及其他偶然性质的所得。偶然所得以每次收入额为应纳税所得额，适用20%的税率。计算公式为：

应纳个人所得税税额=应纳税所得额×20%

例如，叶某参加网站举办的有奖竞猜活动中奖，获一台价值8 000元的电脑，应缴纳的个人所得税为：

应纳个人所得税税额=8 000×20%=1 600（元）

十、经营所得

经营所得，是指：

（1）个体工商户从事工业、手工业、建筑业、交通运输业、商业、饮食业、服务业、修理业以及其他行业生产、经营取得的所得；

（2）个人经政府有关部门批准，取得执照，从事教育、医疗、咨询以及其他有偿服务活动取得的所得；

（3）其他个人从事个体工商业生产、经营取得的所得；

（4）上述个体工商户和个人取得的与生产、经营有关的各项应纳税所得。

$$\text{个体工商户生产、经营所得的应纳税所得额}=\text{每一纳税年度的收入总额}-\text{成本、费用及损失}$$

其中，收入总额是指个体工商户从事生产、经营以及与生产、经营有关的活动所取得的各项收入，包括商品（产品）销售收入、营运收入、劳务服务收入、工程价款收入、财产出租或转让收入、利息收入、其他业务收入和营业外收入等。各项收入应当按权责发生制原则确定。

成本、费用是指个体工商户从事生产经营所发生的各项直接支出和分配计入成本的间接费用以及销售费用、管理费用、财务费用。

损失是指个体工商户在生产经营过程中发生的各项营业外支出。

个体工商户生产、经营所得应纳税额的计算公式为：

应纳个人所得税税额=应纳税所得额×适用税率−速算扣除数

2019年新《个人所得税法》实施前，对个人对企事业单位的承包经营、承租经营所得单独列为一项进行说明，现已并入经营所得纳税。

十一、个人所得税的专项附加扣除

个人所得税专项附加扣除是指《个人所得税法》规定的子女教育、继续教育、大病医疗、住房贷款利息、住房租金和赡养老人等六项专项附加扣除。这是2018年个人所得税改革的重要内容。

（一）子女教育

纳税人的子女接受全日制学历教育的相关支出，按照每个子女每月1 000元的标准定额扣除。学历教育包括义务教育（小学、初中教育）、高中阶段教育（普通高中、中等职业、技工教育）、高等教育（大学专科、大学本科、硕士研究生、博士研究生教育）。

年满3岁至小学入学前处于学前教育阶段的子女，按1 000元的标准执行。

父母可以选择由其中一方按扣除标准的100%扣除，也可以选择由双方分别按扣除标准的50%扣除，具体扣除方式在一个纳税年度内不能变更。需要注意的是，扣除比例要么是100%，要么是50%，不能是80%、40%这样的比例。

纳税人子女在中国境外接受教育的，纳税人应当留存境外学校录取通知书、留学签证等相关教育的证明资料备查。

（二）继续教育

纳税人在中国境内接受学历（学位）继续教育的支出，在学历（学位）教育期间按照每月400元定额扣除。同一学历（学位）继续教育的扣除期限不能超过48个月。这主要是指纳税人参加工作后不脱产接受的学历（学位）继续教育。

纳税人接受技能人员职业资格继续教育、专业技术人员职业资格继续教育的支出，在取得相关证书的当年，按照3 600元定额扣除。这主要是指部分专业性强的岗位，按国家有关规定，必须接受继续教育方可从业，比如会计、编辑等。同时，此项扣除也是为了鼓励在职人员提高专业技能。

个人接受本科及以下学历（学位）继续教育，符合规定扣除条件的，可以选择由其父母扣除，也可以选择由本人扣除。

需要注意的是，纳税人接受技能人员职业资格继续教育、专业技术人员职业资格继续教育的，应当留存相关证书等资料备查。

（三）大病医疗

在一个纳税年度内，纳税人发生的与基本医保相关的医药费用支出，扣除医保报销后个人负担（指医保目录范围内的自付部分）累计超过15 000元的部分，由纳税人在办理年度汇算清缴时，在80 000元限额内据实扣除。

纳税人发生的医药费用支出可以选择由本人或者其配偶扣除；未成年子女发生的医药费用支出可以选择由其父母一方扣除。

纳税人及其配偶、未成年子女发生的医药费用支出，按规定分别计算扣除额。

需要注意的是，纳税人应当留存医药服务收费及医保报销相关票据原件（或者复印件）等资料备查。医疗保障部门应当向患者提供在医疗保障信息系统记录的本人年度医药费用信息查询服务。

（四）住房贷款利息

纳税人本人或者配偶单独或者共同使用商业银行或者住房公积金个人住房贷款为本人或者其配偶购买中国境内住房，发生的首套住房贷款利息支出，在实际发生贷款利息的年度，按照每月1 000元的标准定额扣除，扣除期限最长不超过240个月。纳税人只能享受一次首套住房贷款的利息扣除。

所称首套住房贷款，是指购买住房享受首套住房贷款利率的住房贷款。

经夫妻双方约定，可以选择由其中一方扣除，具体扣除方式在一个纳税年度内不能变更。

夫妻双方婚前分别购买住房发生的首套住房贷款，其贷款利息支出，婚后可以选择其中一套购买的住房，由购买方按扣除标准的100%扣除，也可以由夫妻双方对各自购买的住房分别按扣除标准的50%扣除，具体扣除方式在一个纳税年度内不能变更。

纳税人应当留存住房贷款合同、贷款还款支出凭证备查。

（五）住房租金

纳税人在主要工作城市没有自有住房而发生的住房租金支出，可以按照以下标准定额扣除：

（1）直辖市、省会（首府）城市、计划单列市以及国务院确定的其他城市，扣除标准为每月1 500元；

（2）除第一项所列城市以外，市辖区户籍人口超过100万的城市，扣除标准为每月1 100元；市辖区户籍人口不超过100万的城市，扣除标准为每月800元。

纳税人的配偶在纳税人的主要工作城市有自有住房的，视同纳税人在主要工作城市有自有住房。

市辖区户籍人口，以国家统计局公布的数据为准。

所称主要工作城市，是指纳税人任职受雇的直辖市、计划单列市、副省级城市、地级市（地区、州、盟）全部行政区域范围；纳税人无任职受雇单位的，为受理其综合所得汇算清缴的税务机关所在城市。

夫妻双方主要工作城市相同的，只能由一方扣除住房租金支出。

住房租金支出由签订租赁住房合同的承租人扣除。

纳税人及其配偶在一个纳税年度内不能同时分别享受住房贷款利息和住房租金专项附加扣除。

纳税人应当留存住房租赁合同、协议等有关资料备查。

（六）赡养老人

纳税人赡养一位及以上被赡养人的赡养支出，统一按照以下标准定额扣除：

（1）纳税人为独生子女的，按照每月2 000元的标准定额扣除；

（2）纳税人为非独生子女的，由其与兄弟姐妹分摊每月2 000元的扣除额度，每人分摊的额度不能超过每月1 000元。可以由赡养人均摊或者约定分摊，也可以由被赡养人指定分摊。约定或者指定分摊的须签订书面分摊协议，指定分摊优先于约定分摊。具体分摊方式和额度在一个纳税年度内不能变更。

所称被赡养人是指年满60岁的父母，以及子女均已去世的年满60岁的祖父母、外祖父母。

（七）婴幼儿照护

2022年3月，国务院决定，设立3岁以下婴幼儿照护个人所得税专项附加扣除，具体内容为：

（1）纳税人照护3岁以下婴幼儿子女的相关支出，按照每个婴幼儿每月1 000元的标准定额扣除。

（2）父母可以选择由其中一方按扣除标准的100%扣除，也可以选择由双方分别按扣除标准的50%扣除，具体扣除方式在一个纳税年度内不能变更。

（3）3岁以下婴幼儿照护个人所得税专项附加扣除涉及的保障措施和其他事项，参照《个人所得税专项附加扣除暂行办法》有关规定执行。

（4）3岁以下婴幼儿照护个人所得税专项附加扣除自2022年1月1日起实施。

至此，我国个税专项附加扣除政策已经完成了生命周期的全覆盖。

需注意的是，以上各项附加专项扣除一经确定，一年内不能修改。

第三节　税收筹划的内容

一、个人税收筹划的概念

个人税收筹划是个人或企业进行的旨在减轻税负的谋划与对策。税收筹划的实质是节税，但其存在的前提是不仅不违反税法条文、会计准则等的规定，而且应符合立法意图。国家在制定税法及有关制度时，往往对节税行为有所预期，并希望通过节税行为引导全社会资源的有效配置与收入的合理分配。因此，税收筹划是在税收法律许可的范围内，以税收政策为导向，通过财务活动的合理安排，为达到税后收益最大化的目标而采取的行为。税收筹划着眼于总体的决策和长期利益，谋求的利益是合法的、正当的。正确的税收筹划不仅可以避免缴纳不应该缴纳的税款，而且有助于合理安排支出。

税收筹划的基本特点之一是合法性，因此必须在法律法规允许的范围内进行，严格区分税收筹划与偷税、欠税、抗税和骗税的区别。

偷税是指纳税人采取伪造、变造、隐匿、擅自销毁账簿和记账凭证，或者在账簿上多列支出或者不列、少列收入，或者税务机关已通知申报而拒不申报，或者进行虚假的纳税申报，不缴或者少缴税款的行为。偷税的特征是非法性和欺诈性，是严重的违法行为。其法律责任包括处以追缴偷税款、滞纳金、罚金、有期徒刑或拘役等。

欠税是指纳税人超过税务机关核定的纳税期限而发生的拖欠税款的行为。这里指的是故意欠税的行为，带有主观性，遗忘或者因故不能按期缴税的不属此列。其造成的法律责任包括处以罚款、不能获得减税或免税待遇、停止领购增值税专用发票、有期徒刑或拘役。

抗税是指以暴力或威胁的方法拒不缴纳税款的行为，视情节严重承担行政责任或者刑事责任。

骗税是指采取弄虚作假或欺骗手段，骗取出口退（免）税或减免税款的行为。

二、税收筹划的特点

（一）合法性

税收筹划应在法律允许的范围内，由税收政策指导规划活动。个人要将自己的规划行为与不当避税、偷税、漏税合理地区分开来。在合法的前提下进行税收筹划，是对税法立法宗旨的有效贯彻，也体现了税收政策导向的合理性和有效性。

（二）超前性

税收筹划是个人对财务活动、投资活动等的设计和安排。在现实的经济活动中，纳税义务的发生具有滞后性，即由于特定经济事项的发生才使个人负有纳税义务，如收入实现之后才缴纳所得税等。一旦经济活动实际发生，应纳税款就已确定，再进行规划已失去现实意义。

（三）目的性

税收筹划的目的是最大限度地减轻个人的税收负担。减轻税收负担一般有两种形式：一是选择低税负方案——在多种纳税方案中选择税负最低的；二是滞延纳税时间，即在纳税总额大致相同的各方案中，选择纳税时间滞后的方案，这就意味着个人得到一笔无息贷款，通过税负减轻而达到收益最大化的目的。

（四）积极性

从宏观经济调节看，税收是调节经营者、消费者行为的一种有效经济杠杆，国家往往根据经营者和消费者的“节约税款，获取最大利润”的心态，有意通过税收优惠政策，引导和鼓励投资者和消费者采取政策导向的行为，借以实现某种特定的经济或社会目的。

（五）综合性

由于多种税基相互关联，某种税基缩减的同时，可能会引起其他税种税基的增大；某一纳税期限内少缴或不缴税款可能会在另外一个或几个纳税期内多缴。因此，税收筹划还要综合考虑，不能只注重个别税种税负的降低，或某一纳税期限内少缴或不缴税款，而要着眼于整体税负的轻重。

（六）普遍性

从世界各国的税收体制看，国家为达到某种目的或意图，总要牺牲一定的税收利益，对纳税者施以一定的税收优惠，引导和规范纳税人的经济行为，这就为个人提供了进行税收筹划、寻找低税负项目、降低税收成本的机会，这种机会是普遍存在的。

三、税收筹划的原则

税收筹划是对纳税人权利的保护，因为纳税人最大和最基本的权利是不需要缴纳比税法规定更多的税赋。税收筹划必须遵循一定原则，以免失败。

（一）合法性原则

税收筹划必须严格遵守国家的税收法律法规以及财务会计制度，偷逃税款也可减轻纳税人负担，但显然是不合法的。

（二）稳健性原则

一般而言，节税的收益越大，风险也越大。节税收益与税制变化风险、市场风险、利率风险、债务风险、汇率风险、通货膨胀风险紧密相连。税收筹划要在节税收益和节税风险之间进行权衡，以保证能够真正取得财务利益。

（三）便利性原则

当纳税人可选择的税收筹划方案有多个时，应选择简单、容易操作的方案。能够就近解决的，不舍近求远。

（四）节约性原则

税收筹划会耗费一定的人力、物力和财力，应尽量使筹划成本费用降低到最小限度，使筹划效益达到最大限度。

四、税收筹划原理

税收筹划最重要的原理是节税原理。节税原理又可细分为绝对节税原理、相对节税原理；直接节税原理、间接节税原理；横向节税原理、纵向节税原理；风险节税原理、组合节税原理和模糊节税原理等多种。

（一）绝对节税原理

绝对节税是指直接使纳税绝对总额减少。绝对节税原理很简单：在各种可供选择的纳税方案中，选择缴纳税款最少的方案，这种最少的纳税绝对总额，包括横向的和纵向的。横向绝对节税是指直接减少某一个纳税人的当期纳税总额；纵向绝对节税是指直接减少某一个纳税人在一定时期的纳税总额，比如5年的纳税总额。

绝对节税原理是使纳税人的纳税绝对总额减少，它又有直接节税原理与间接节税原理之分。

(1) 直接节税原理：指直接减少某一个纳税人税收绝对额的节税。

(2) 间接节税原理：指某一个纳税人的税收绝对额没有减少，但这个纳税人的税收客体所负担的税收绝对额减少，间接减少了另一个或一些纳税人的税收绝对额。

(二) 相对节税原理

相对节税是指一定纳税总额并没有减少，但因各个纳税期纳税总额的变化而增加了收益，从而相当于减少了税收，使税收总额相对减少。相对节税原理主要利用的是货币的时间价值。

五、税收筹划的步骤

进行税收筹划大致有以下6个基本步骤：

第一步，熟知税法，归纳相关规定。要进行税收筹划，必须要熟知税法及相关法律，全面掌握税法的若干规定，尤其是各项税收优惠、税收鼓励政策，往往都是散见于各项文件之中，有的是人大常委会、国务院颁发的，有的是财政部、国家税务总局发的，还有的可能是省市级机关发的，这些都要收集齐全、进行归类。

第二步，确立节税目标，建立备选方案。根据税收筹划内容，确立税收筹划的目标，建立多个备选方案，每一方案都包含一些特定法律安排。

第三步，建立数学模型，进行模拟决策（测算）。根据有关税法规定和纳税人预计收入情况（中、长期预算等），尽可能建立数学模型，进行演算，模拟决策，定量分析，修改备选方案。

第四步，根据税后净回报，排列选择方案。分析每一备选方案，所有备选方案的比较都要在成本最低化和利润最大化的分析框架内进行，并以此标准确立能够产生最大税后净回报的方案。另外，还要考虑财务风险、税收风险、政治风险等因素。

第五步，选择最佳方案。最佳方案是在特定环境下选择的，这些环境能有多长时间的稳定期，事先也应有所考虑，尤其是在跨地区税收筹划时，更应考虑这个问题。

第六步，付诸实践，信息反馈。付诸实践后，再运用信息反馈制度，验证实际税收筹划结果是否如当初估算，为今后税收筹划提供参考依据。

六、个人税收筹划的基本方法

顺利开展税收筹划的关键是运用各种不同的节税技术。节税技术是指合法、合理地使纳税人缴纳尽量少的税收的技术手段与运作技巧。在税收筹划理论研究与实践运作的基础上，可以把税收筹划归纳为七种技术：利用免税的方法、利用减税的方法、利用税率差异的方法、利用扣除技术的方法、利用抵免的方法、利用缓税的方法和利用税收优惠政策的方法。这七种节税方法，可以单独运用，也可以联合运用。但是，如果同时采用两种或两种以上的节税方法时，必须要注意各种节税技术之间的相互影响和相关关系。

（一）利用免税的方法

免税是国家对特定地区、行业、企业、项目或情况给予纳税人完全免征税收优惠或奖励的扶持或照顾的一种措施。免税一般分为法定免税、特定免税和临时免税三种。在这三类免税中，法定免税是主要方式，特定免税和临时免税是辅助方式，是对法定免税的补充。世界各国一般对特定免税和临时免税都有极严格的控制，尽量避免这类条款产生的随意性和不公正性。由于我国正处于转型时期，所以税法中存在大量的特定免税条款和临时免税条款。

在运用免税的过程中，应尽量注意做到以下两点：一是尽量使免税期最长化，在合法、合理的前提下，尽量使其最长化，免税期越长，节减的税就越多；二是尽量争取更多的免税待遇，在合法、合理的情况下，尽量争取免税待遇，争取尽可能多的免税项目，免税项目越多，节减的税收也就越多。

（二）利用减税的方法

税收减征，是按照税收法律、法规减除纳税人一部分应纳税款，是对某些纳税人、征税对象进行扶持、鼓励或照顾，以减轻税收负担的一种特殊规定。与免税一样，减税是税收灵活性与严肃性相结合制定的一项措施，也是各个国家尤其是中国目前采取的一种最普遍的措施。由于免税和减免在税法中经常结合使用，人们习惯上统称为减免技术。

减税技术在使用时应注意把握两点：一是尽量使减税期最长化。在合法、合理的情况下，尽量使减税期最长化，因为减税时间越长，节减的税收越多。二是尽量使减税项目最多化，减税项目越多，节减的税收越多。

（三）利用税率差异的方法

利用税率差异是指在合法、合理的情况下，利用税率的差异而直接节减税收的规划技术。个人可以利用税收中税率之间的差异来节减税收实现税务规划的目的。例如，甲地区的税率为33%，乙地区的税率为24%，丙地区的税率为15%，那么，在其他条件相似或基本相同的条件下，投资者到丙地进行投资，就会比甲、乙地区节省不少的税款。

税率差异在运用中应注意两点：一是尽可能地寻找税率最低的地区、产业，使其适用税率最低化，而且税率差异越大，个人的获利能力就越高；二是尽量寻求税率差异的稳定性和长期性。税率差异一般具有时间性和稳定性两个特征，但并不是一成不变的，随着时间的推移，税法制度会发生变化，如政策的变化和享受优惠政策时间的到期，税率也就会发生变化，因此，应想办法使税率差异的时间最长化和稳定化。

（四）利用扣除技术的方法

税前扣除是指在计算缴纳税款时，对于构成计税依据的某些项目，准予从计税依据中扣除的那一部分。扣除技术是税收制度的重要组成部分，许多税种对扣除项目、扣除多少都作了比较详细的规定。这些准予扣除的项目、扣除的范围，有些是对所有纳税人通用的，有些则只是对某些特定的纳税人或征税对象而设计的，应严格区分开来。

在运用扣除技术时，一般应注意以下三点：一是扣除金额最大化。在税法允许的情况下，尽量使各项扣除的项目按上限扣除，用足用活扣除政策，因为扣除金额的最大化，就意味着应交税基的最小化，扣除的金额越大，交税就越少。二是扣除项目最多化。个人应尽量将税法允许的扣除项目一一列出，凡是符合扣除的项目，都要依法给予扣除，因为扣除项目越多，计税基数就越小，节减的税就越多。三是扣除最早化。

在税法允许的范围之内，尽可能地使各种允许的扣除项目尽早得到扣除，因为扣除越早，缴纳的税金就越少，节省的税金就越多。

（五）利用抵免的方法

抵免是指当对纳税人来源于国内外的全部所得或财产所得课征所得税时，允许以其在国外已缴纳的所得税或财产税税款抵免应纳税款的一种税收优惠方式，是解决国际所得或财产重复征税的一种措施。例如，某纳税人源于A国的所得为10 000元，已在境外缴纳的企业所得税为2 000元（该国适用税率为20%），按照B国税率30%计算应补缴的税款则为1 000元（10 000×30%-2 000）。

抵免技术在运用时应注意以下两点：一是抵免项目最多化。在税法规定的可以抵免的范围内，尽可能地把能参与抵免的项目全部抵免，因为参加抵免的项目越多，意味着节减的税收越多。二是抵免金额最大化。在税法允许的范围内，尽可能地使参加抵免的项目的金额最大化，抵免的金额越大，应纳税额就越小，因而节省的税金就越多。

（六）利用缓税的方法

缓税，又称延期纳税，是对纳税人应纳税款的部分或全部的缴纳期限适当延长的一种特殊规定。为了照顾某些纳税人缺少资金或其他特殊原因造成纳税困难，许多国家都制定了延期纳税的条款。有的是对某个税种准予缓纳，有的则是对所有税种都准予缓纳。尽管采用缓纳技术不能使应交纳的税款免交或少交，但它使应该交纳的税款可以向后推迟一段时间，而且不需支付任何费用，这就相当于从政府手中拿到一笔无息贷款，不仅节省了利息支出，而且能享受因通货膨胀带来的好处，变相降低了应纳税额。

缓税技术在使用中应该注意两点：一是使缓纳时间最长化。在税法规定的时间内，尽量争取缓纳的时间最长，因为延长的时间越长，相对节减的税收也就越多。二是使缓纳的项目最多化。争取在税法允许的范围内，找足、找齐各种原因，经税务机关批准，使这些项目纳入缓纳项目的行列，因为缓纳的项目越多，节税也就越多。

（七）利用税收优惠政策的方法

税收优惠是国家税制的一个组成部分，是政府为了达到一定政治、社会和经济目的，而对纳税人实行的税收鼓励。个人所得税规划可以通过合理设计，享受税收优惠带来节税好处，主要应争取更多的减免税待遇，充分利用起征点、免征额、递延纳税时间、缩小纳税依据等。

资料9-2

个人所得税的优惠政策

1.按照现行税法规定，个人所得税的减免税规定包括：

省级人民政府、国务院部委和中国人民解放军军以上单位，以及外国组织、国际组织颁发的科学、教育、技术、文化、卫生、体育、环境保护等方面奖金，免征个人所得税。

乡、镇以上（含乡、镇）人民政府或经县以上（含县）人民政府主管部门批准成立的有机构、有章程的见义勇为基金会或类似组织，奖励见义勇为者的奖金或者奖品，经主管税务机关批准，免征个人所得税。

财政部发行的债券和经国务院批准发行的金融债券的利息，免征个人所得税。

按照国务院规定发给的政府特殊津贴（指国家对为社会各项事业的发展作出突出贡献的人员颁发的一项特定津贴，并非泛指国务院批准发放的其他各项补贴、津贴）和国务院规定免税的补贴、津贴（目前仅限于中国科学院和工程院院士津贴、资深院士津贴），免征个人所得税。

福利费，即由于某些特定事件或原因而给职工或其家庭的正常生活造成一定困难，企业、事业单位、国家机关、社会团体从其根据国家有关规定提留的福利费或者工会经费中支付给职工的临时性生活困难补助，免征个人所得税。下列收入不属于免税的福利费范围，应当并入工资、薪金收入计征个人所得税：从超出国家规定的比例或基数计提的福利费、工会经费中支付给个人的各种补贴、补助；从福利费和工会经费中支付给单位职工的人人有份的补贴、津贴；单位为个人购买汽车、住房、电子计算机等不属于临时性生活困难补助性质的支出。

抚恤金、救济金（指民政部门支付给个人的生活困难补助），免征个人所得税。

保险公司支付的保险赔款，免征个人所得税。

军人的转业费、复员费，免征个人所得税。

按照国家统一规定发给干部、职工的安家费、退职费（指个人符合《国务院关于工人退休、退职的暂行办法》规定的退职条件并按该办法规定的标准领取的退职费)、退休费、离休工资、离休生活补助费，免征个人所得税。

我国政府参加的国际公约、签订的协议中规定免税的所得，免征个人所得税。

企业和个人按照国家或地方政府规定的比例提取并向指定金融机构实际缴纳的住房公积金、医疗保险费、基本养老保险金，不计入个人当期的工资、薪金收入，免征个人所得税。超过国家或地方政府规定的比例缴付的住房公积金、医疗保险费、基本养老保险金，其超过规定的部分应当并入个人当期工资、薪金收入，计征个人所得税。个人领取原提存的住房公积金、医疗保险费、基本养老保险金时免征个人所得税。

经国务院规定，财政部门批准免税的所得。

根据国家赔偿法的规定，国家机关及其工作人员违法行使职权，侵犯公民的合法权益，造成损害的，对受害人依法取得的赔偿金不予征税。

2.下列不属于工资、薪金性质的补贴、津贴或者不属于纳税人本人工资、薪金所得项目的收入，不征税：

独生子女补贴；

执行公务员工资制度未纳入基本工资总额的补贴、津贴差额和家庭成员的副食补贴；

托儿补助费；

差旅费津贴、误餐补助（指按财政部门规定，个人因公在城区、郊区工作，不能在工作单位或返回就餐，确实需要在外就餐的，根据实际误餐顿数，按规定的标准发给的误餐费)；

按照规定，个人转让上市公司股票取得的所得暂免征收个人所得税；

个人购买体育彩票，凡一次中奖收入不超过1万元的暂免征收个人所得税，超过1万元的应按规定征收个人所得税。

3.按照规定，下列所得，暂免征收个人所得税：

个人举报、协查各种违法、犯罪行为而得到的奖金；

个人办理代扣代缴税款手续，按规定取得的扣缴手续费；

个人转让自用达5年以上，并且是唯一的家庭生活用房取得的所得；

达到离休、退休年龄，但确因工作需要，适当延长离休、退休年龄的高级专家（指享受国家发放的政府特殊津贴的专家、学者），其在延长离休、退休期间的工资、薪金所得，视同退休工资、离休工资免征个人所得税。

4.下列项目经批准可以减征个人所得税，减征的幅度和期限由各省、自治区、直辖市人民政府决定：

残疾、孤寡人员和烈属的所得；

因自然灾害造成重大损失的；

其他经国务院财政部门批准减免的；

稿酬所得可以按照应纳税额减征30%；

对个人从基层供销社、农村信用社取得的利息或者股息、红利收入是否征收个人所得税由省、自治区、直辖市税务局报请政府确定，报财政部、国家税务总局备案。

5.按照规定，对于从海外汇入的下列外汇收入免征个人所得税：

华侨从海外汇入我国境内赡养其家属的侨汇；

继承国外遗产从海外汇入的外汇；

取回解冻在美资金汇入的外汇。

6.按照现行税法规定，境外人员的下列所得免征个人所得税：

按照我国有关法律规定应当免税的各国驻华使馆、领事馆的外交代表、领事官员和其他人员的所得；

在中国境内无住所，但是在一个纳税年度中在中国境内连续或者累计居住不超过90天的个人，其来源于中国境内的所得，由境外雇主支付并且不由该雇主在中国境内的机构、场所负担的部分，免予缴纳个人所得税。

7.按照现行税法规定，境外人员的下列所得，暂免征收个人所得税：

外籍个人以非现金形式或者实报实销形式取得的合理的住房补贴、伙食补贴、搬迁费、洗衣费，暂免征收个人所得税。对于住房补贴、伙食补贴、洗衣费，应由纳税人在首次取得上述补贴或上述补贴数额、支付方式发生变化的月份的次月进行工资、薪金所得税申报时，向主管税务机关提供上述补贴的有效凭证，由主管税务机关核准确认免税。对于搬迁费，应由纳税人提供有效凭证，由主管税务机关审核认定，就其合理的部分免税。

外籍个人按合理标准取得的境内、境外出差补贴，暂免征收个人所得税。对此类补贴，应由纳税人提供出差的交通费、住宿费凭证（复印件）或企业安排出差的有关计划。由主管税务机关确认免税。

外籍个人取得的探亲费、语言训练费、子女教育费等，经当地税务机关审核批准为合理的部分，暂免征收个人所得税。对探亲费，应由纳税人提供探亲的交通支出凭证（复印件），由主管税务机关审核。对其实际用于本人探亲，且每年探亲的次数和支付的标准合理的部分给予免税。对于语言训练费和子女教育费，应由纳税人提供在中国境内接受上述教育的支出凭证和期限证明材料，由主管税务机关审核，对其在中国境内接受语言培训以及子女在中国境内接受教育取得的语言培训费和子女教育费补贴，且在合理数额内的部分给予免税。

外籍个人从外商投资企业取得的股息、红利所得，暂免征收个人所得税。

符合国家规定的外籍专家的工资、薪金所得，暂免征收个人所得税。其具体是指：根据世界银行专项贷款协议由世界银行直接派往我国工作的外国专家的工资、薪金所得，暂免征收个人所得税。所谓核。对其实际用于本人探亲，且每年探亲的次数和支付的标准合理的部分给予免税。对于语言训练费和子女教育费，应由纳税人提供在中国境内接受上述教育的支出凭证和期限证明

联合国组织是指联合国的有关组织，包括联合国开发计划署、联合国人口活动基金、联合国儿童基金会、联合国技术合作部、联合国工业发展组织、联合国粮食组织、世界粮食计划署、世界卫生组织、世界气象组织、联合国教科文组织等。外国专家在办理免税手续时，应当提供其与联合国组织签订的有关合同和其工资、薪金所得由联合国组织支付、负担的证明；为联合国援助项目来华工作的专家的工资、薪金所得，暂免征收个人所得税；援助国派往我国专为该国无偿援助项目工作的专家的工资、薪金所得，暂免征收个人所得税；根据两国政府签订的文化交流项目来华两年以内的文教专家，其工资、薪金所得由该国负担

的，对其工资、薪金所得，暂免征收个人所得税；根据我国大专院校国际交流项目来华工作的专家，其工资、薪金所得由该国负担的，对其工资、薪金所得，暂免征收个人所得税；通过民间科研协定来华工作的专家，其工资、薪金所得由该国政府负担的，对其工资、薪金所得，暂免征收个人所得税。

按照规定，持有B股或海外股（包括H股）的外籍个人，从发行该B股或海外股的中国境内企业所取得的股息（红利）所得，暂免征收个人所得税。

第四节　个人税收筹划实务

一、利用纳税人身份认定的税收筹划

个人所得税的纳税义务人，包括居民纳税义务人和非居民纳税义务人两种。居民纳税义务人就其来源于中国境内或境外的全部所得缴纳个人所得税；而非居民纳税义务人仅就其来源于中国境内的所得，向中国缴纳个人所得税。很明显，非居民纳税义务人将会承担较轻的税负。

居住在中国境内的外国人、海外侨胞和我国香港、澳门、台湾同胞，如果在一个纳税年度里，一次离境超过30日或多次离境累计超过90日的，将不视为全年在中国境内居住。牢牢把握这个尺度就会避免成为个人所得税的居民纳税义务人，而仅就其来源于中国境内的所得缴纳个人所得税，这称为“90天规则”。

例如，一位德国工程师受雇于德国总公司，从2021年10月起到中国境内的分公司帮助筹建某工程。2022年度内，应离境60天回国向其总公司述职，又离境50天回国探亲。这两次离境时间相加超过90天。因此，该德国工程师为非居民纳税义务人。他在中国工作期间从德国总公司取得的84 300元薪金，不是来源于中国境内的所得，不缴纳个人所得税。这就是说，该德国工程师不是居民纳税义务人。如果没有利用纳税人身份进行税收筹划，则该德国工程师应缴纳的个人所得税为：

12×［（84 300÷12−5 000）×3%−0］=729（元）

这位工程师合法地利用"非居民纳税义务人"身份，节约个人所得税729元。

二、选择不同的所得形式进行税收筹划

我国现行个人所得税实行分类课征制度，将个人所得分为9项，分别纳税，这样，当同样一笔收入被归属于不同的所得时，其税收负担是不同的，从而为纳税人进行税收筹划提供了可能性。工资、薪金所得与劳务报酬所得在这一方面表现得非常突出。

工资、薪金所得适用3%～45%的7级超额累进税率，劳务报酬所得适用的是20%、30%、40%的3级超额累进税率。显然，相同数额的工资、薪金所得与劳务报酬所得的税收负担是不相同的。这样，在一定条件下，将工资、薪金所得与劳务报酬所得分开、合并或转化，就可以达到节税的目的。

【例9-2】王先生是某高校教师，月工资收入为8 400元。6月份，王先生受学院指派到某公司讲课获得劳务报酬4 000元。

暂时不考虑专项附加扣除，如果王先生将这两项所得合并为工资、薪金所得共同纳税，则王先生6月份应纳税额为：

（8 400+4 000−5 000）×10%−210 = 530（元）

如果分别纳税，则纳税情况是：

工资、薪金所得应纳税额 =（8 400−5 000）×10%−210 = 130（元）

劳务报酬所得应纳税额 =（4 000−800）×20% = 640（元）

两项所得应纳税额合计 = 130 + 640 = 770（元）

二者相差 = 770−530 = 240（元）

显然，对于王先生而言，将两项所得合并纳税更合算，可节税240元。

【例9-3】陈先生系一高级工程师，4月从某公司（非原单位）取得技术改造收入30 000元。

如果陈先生所得按工资、薪金所得计算纳税（暂不考虑专项附加扣除），则陈先生应纳税额为：

（30 000−5 000）×20%−1 410 = 3 590（元）

如果这份所得按劳务报酬所得计算纳税，则陈先生应纳税额为：

30 000×（1−20%）×30%−2 000 = 5 200（元）

因此，如果陈先生和该公司签一份雇用合同，按工资、薪金领取报酬，则可以节税1 610元（5 200–3 590）。

一般来说，在应纳税所得额较低时（20 000元以下），工资、薪金所得适用税率比劳务报酬所得的适用税率要低，这时在可能的情况下将劳务报酬所得转化为工资、薪金所得，可以达到节税目的；而在应纳税所得额较高时（20 000元以上），如可能将工资、薪金所得转化为劳务报酬所得，则可以达到减轻税收负担的目的。

三、利用分次申报纳税的税收筹划

由于我国个人所得税对工资、薪金所得适用7级超额累进税率，因此，如果工资、薪金所得较多则会适用较高的税率，这时如果采用分摊规划法，使得每月工资、薪金不超过起征点或者尽量控制在低税率档次，则可能获得更多的实际收益，带来节税效果。

【例9–4】王先生月收入70 00元（包括各类津贴和月奖金），年终公司准备发20 000元年终奖金。

方案一：王先生在12月份一次性领取20 000元奖金，那么，应纳个人所得税为：

12月份应纳所得税税额=（总收入–免征额）×税率–速算扣除数

=（7 000+20 000–5 000）×20%–1 410=2 990（元）

第二年1月份应纳所得税税额=（总收入–免征额）×税率–速算扣除数

=（7 000–5 000）×3%–0=60（元）

两月合计纳税 = 2 990 + 60=3 050（元）

方案二：王先生将20 000元奖金分别在12月份和次年1月份各领一半，则王先生应纳个人所得税税额为：

12月份应纳所得税税额=（7 000+10 000–5 000）×3%–0=60（元）

次年1月份应纳个人所得税税额=上年12月份应纳个人所得税税额=60元

两月合计纳税=60 + 60=120（元）

由此可见，分摊收入可以降低税率档次，为王先生节税2 930元（3 050–120）。

个人所得税对纳税义务人取得的劳务报酬所得，稿酬所得，特许权使用费所得，利息、股息、红利所得，财产租赁所得，偶然所得，都是按次计算征税的。由于扣除费用依据每次应纳税所得额的大小，分别规定了定额和定率两种标准，从维护纳税义务人的合法利益的角度看，准确划分“次”就变得十分重要。

对于只有一次性收入的劳务报酬，以取得该项收入为一次。例如，接受客户委托从事装潢设计，完成后取得的收入为一次。属于同一事项连续取得劳务报酬的，以一个月内取得的收入为一次。同一作品再版取得的所得，应视为另一次稿酬所得计征个人所得税。同一作品先在报刊上连载，然后再出版，或先出版，再在报刊上连载的，应视为两次稿酬所得缴税，即连载作为一次，出版作为另一次。财产租赁所得，以一个月内取得的收入为一次。

【例 9-5】某人在一段时期内为某单位多次提供相同的劳务服务，该单位或一季、或半年、或一年，一次性地付给该人劳务报酬。这样取得的劳务报酬，虽然是一次取得，但不能按一次申报缴纳个人所得税。

假设该单位年底一次付给该人一年的咨询服务费6万元。如果该人按一次申报纳税的话，其应纳税所得额如下：

应纳税所得额＝60 000−60 000×20%=48 000（元）

属于劳务报酬一次收入畸高，应按应纳税额加征五成，其应纳税额如下：

应纳税额＝48 000×20%×（1＋50%）−2 000=12 400（元）

如果该人以每个月平均收入5 000元分别申报纳税的话，其每月应纳税额和全年应纳税额如下：

每月应纳税额＝（5 000−5 000×20%）×20%=800（元）

全年应纳税额＝800×12=9 600（元）

两者相差=12 400−9 600=2 800（元）

这样，该人按月纳税可节税2 800元。

四、利用非货币支付方式进行税收筹划

目前，我国的工资、薪金所得在征税时，按照固定的费用扣除标准做了相应的扣除，但没有考虑个人的实际支出水平。这样，在同样的税后收入条件下，生活必需费用支出多的人与支出少的人相比，就会觉得自己的工资相对较低。在科学技术日新月异，人才跨国、跨地区流动加剧等情况下，有些支出如住房支出、交通费支出、培训支出，甚至旅游

休闲支出都日益成为现代人必不可少的支出项目。既然这些支出是必需的，个人用税后工资支付又不能抵减个人所得税，如果由企业替员工个人支付，则企业可以把这些支出作为费用减少企业所得税应纳税所得额，个人在实际工资水平未下降的情况下，减少了应由个人负担的税款，这样可使双方都受益。

常用的非货币支付方式有以下几种：

（一）企业为员工提供住房

随着人才流动的加快，人才跨地区、跨国界流动的趋势越来越明显。对于大多数跨地区流动的人才而言，到另一个城市工作，一般都不会在该城市有自己的住宅，首先要解决的便是住房问题。

如果由企业给予职工一定货币性的住房补贴，由员工自己来负担租房的相应费用，由于个人住房相应的支出超过800～1 500元（因城市不同而区别的部分）不能在税前扣除，而货币性住房补贴则是要加入工资总额来计征个人所得税的，则扣除个人所得税及房屋租赁费用后的实际收入就降低了。

如果企业不把货币性住房补贴发放给职工个人，而是由企业统一购买或者租用住房，然后提供给职工居住，则住房补贴这部分收入就不必征收个人所得税。在个人支出相同的情况下，减少了个人所得税的税金支出。

这样，对企业来说，没有增加额外的税收负担，而职工本人在消费水平不变的前提下，也规避了一部分额外的税负。

由此可见，由于个人所得税是就收入总额划分档次来课征的，对个人的支出只确定一个固定的扣除额，这样收入越高，支付的税金也越多，因而企业将住房费直接支付给个人就会造成较大的个人税收负担。

企业提供住房与企业支付个人现金相比，会造成个人税收负担的收入水平的差异。一般来讲，企业发放工资中含有的住房补贴是按工资标准的一定比例发放的，而房屋是按市值计算租金的。因此，市值租金往往属于薪金收入中住房补贴所占的百分比。从这个角度来讲，如果企业提供住房，个人就可以降低个人所得税中工薪应负担的税收，从而获得更多的实惠。

（二）企业统一为职工提供旅游机会

随着人民生活水平的提高，旅游开支已经成为许多家庭必不可少的支出项目。个人支付的旅游支出同样不能抵减个人所得税。但是，企业在制订年度员工福利计划时，可以给部分员工及其家属提供一次旅游机会，而把相应的费用从原打算支付给职工的货币工资及奖励中扣除。在员工维持同等消费水平的基础上，减少了个人所得税的税金支出。当然，企业支付的职工旅游费用不能在税前扣除，可以考虑从工会会费、公益金中支出。

（三）企业给职工提供培训机会

在现代社会，知识更新的速度越来越快，为了能获取与本行业相关的新知识，参加各种学习培训已经成为个人获取知识的重要途径。如果企业每年给予员工一定费用额度的培训机会，职工在考虑个人的报酬总额时，一般也会把这些考虑进去。这样职工也可以在一定程度上减少税收负担。

（四）企业提供员工福利

由企业向职工提供的各种福利，若不能将其转化为现金，则不会视为收入，不必计算个人所得，这样，企业通过提高职工福利而大幅度加薪于职工。值得一提的是，虽然企业采取实物分配的方式可以提高职工的福利水平，但是如果企业本身资金运转困难，那么提高职工的福利就是不切实际的。

思政课堂

我国“十四五”时期个人所得税改革的核心问题

【思政元素】发展趋势。

“十四五”时期的改革部署中明确提出了健全直接税体系、提高直接税比重的要求，而作为直接税中的主要税种，个人所得税是改革的关键。个人所得税在调节收入分配、实现社会公平方面具有重要作用。“十三五”时期我国的个人所得税改革大幅降低了中低收入者的税负，一定程度上实现了公平目标。然而，社会贫富差距等问题在我国经济社会发展及收入分配格局变化的背景下仍然存在。因此，新时期个人所得税改革的核心问题在于兼顾效率与公平，既提高直接税比重，又保障税收公平。本文对以上问题进行探讨。

一、将资本所得纳入综合所得计税范围

我国2018年个人所得税改革引入的综合计税的概念，是结合当时背景对税收公平与效率作出的平衡。随着经济不断发展，税收征管能力不断提高，公平性问题日趋突出，扩大综合计税范围是未来个人所得税改革的必然趋势。而考虑到目前我国消极所得税率远低于积极所得税率这一事实，将资本所得纳入综合计税范围是推进实现税收公平的较好选择。这一措施不仅有利于改善消极所得税率过低问题，在一定程度上解决日益凸显的公平问题，还能够刺激个人的劳动积极性并促进劳动供给，从而带动经济良性发展。同时，将资本所得纳入综合所得计税范围后，随着资本所得适用税率的提高，加上税收征管的有效配合，个人所得税收入将增加，从而有助于提高个人所得税收入占税收总收入的比重。在扩大综合计税范围后，可以考虑适当减少税率级次，以统筹兼顾税收效率。

二、完善专项附加扣除政策

未来个人所得税的专项附加扣除政策应考虑设置更为科学的扣除方式，进一步降低纳税人税负，兼顾税收公平与效率。一是地区差异方面，应根据各地发展水平与物价水平不同而进行调整，一些专项附加扣除项目可适当设置一定的区域扣减加成系数，使不同区域的经济差异能够在专项附加扣除项目上联动体现；二是通货膨胀方面，应考虑通货膨胀对于专项附加扣除的影响，并根据通货膨胀定期动态调整扣除限额；三是扣除主体方面，可以进一步综合考虑家庭因素对于纳税人专项附加扣除的影响，一些专项附加扣除项目前期可以继续执行家庭成员间选择性扣除的方式，待条件成熟时可逐步过渡到以家庭为单位进行综合申报，进一步降低中低收入人群的税收负担，实现税收公平。

三、优化高端人才税收优惠政策

高端人才是促进经济社会发展的重要基础，相关财税政策应从以下方面加以考虑。第一，降低劳动所得的最高边际税率。这不仅可以增加对境内外高端人才的吸引力，还可以降低积极所得税负，促进税收公平。第二，扩大高端人才财税优惠政策的适用范围，统一境内外高端人才的认定标准，提高对其优惠力度，并对享受高端人才的补贴免征个人

所得税。第三，对于政策可持续性的问题，各地在设置人才引进计划时应首要考虑减税而非直接的财政补贴，在维持财政可持续的同时降低纳税主体税收负担，以带来增强吸引力的效果，同时建设公平的税收环境，以促进高端人才对我国高质量发展作出更大的贡献。

四、进一步推进现代化税收征管，保障个人所得税收入应收尽收

个人所得税的征管难度较大，主要原因就在于纳税人多，覆盖面广。在“十三五”时期，我国的个人所得税改革通过“一户式”归集、利用手机App预填报自动汇算等征管改革措施，于2020年圆满完成了个人所得税的第一次汇算。这充分体现了我国税收征管现代化改革的成效。根据“十四五”时期的改革部署，我国将把“金三系统”升级为“金四系统”，这将进一步提高个人所得税的数据集成及分析能力，有效防范偷税骗税行为，保障个人所得税税收收入的有效征收。因此，“十四五”时期应继续推进个人所得税的现代化征管改革，通过预缴、汇算及信息共享等措施全流程管理个人所得税收入来源，并对不同收入水平的纳税人进行针对性管理，在优化纳税服务的同时，避免税收流失，使个人所得税收入随居民收入的提高而实现良性增长，从而提高直接税的收入占比，兼顾实现个人所得税的公平职能，最终提高税收的公平与效率。

资料来源：李旭红，郭紫薇．“十四五”时期的个人所得税改革展望［J］．税务研究，2021（3）．此处为节选．

本章小结

1.税收是国家为实现其职能，凭借其政治权力，依法参与单位和个人的财富分配，强制、无偿地取得财政收入的一种形式，具有强制性、固定性和无偿性。

2.个人所得税是对个人（自然人）取得的各项应税所得征收的一种税，它是个人税收筹划的主要对象。

3.个人所得税的征税项目包括下列9项：工资、薪金所得；劳务报酬所得；稿酬所得；特许权使用费所得；经营所得；利息、股息、红利所得；财产租赁所得；财产转让所得；偶然所得。其中，前四项为综合所得，合并适用一种税率。个人在取得有关所得时按所得对应的税率预扣预缴，年底汇算清缴，应纳的个人所得税额多退少补。

4.个人所得税的专项附加扣除包括：子女教育、继续教育、大病医疗、住房贷款利息、住房租金和赡养老人6项。

5.个人税收筹划是个人或企业进行的旨在减轻个人税负的谋划与对策。税收筹划的实质是节税。税收筹划是在税收法律许可的范围内，以税收政策为导向，通过财务活动的合理安排，为达到税后收益最大化的目标而采取的行为。

6.税收筹划必须遵循合法性、稳健性、便利性和节约性原则。

7.进行税收筹划有以下6个基本步骤：熟知税法；确立节税目标，建立备选方案；建立数学模型，进行模拟决策；根据税后净回报，列示方案；选择最佳方案；付诸实践，收集反馈。

8.税收筹划最重要的原理是节税原理。节税原理又可细分为绝对节税原理、相对节税原理、直接节税原理、间接节税原理、横向节税原理、纵向节税原理、风险节税原理、组合节税原理和模糊节税原理等多种。

9.税收筹划可以归纳为七种技术：利用免税的方法、利用减税的方法、利用税率差异的方法、利用扣除技术的方法、利用抵免的方法、利用缓税的方法和利用税收优惠政策的方法。

复习思考题

1.什么是个人所得税？其特点是什么？

2.个人所得税应如何计算？

3.个人所得税专项附加扣除的限额各是多少？

4.税收筹划的原则是什么？

5.如何理解税收筹划与偷税、欠税、抗税和骗税的区别？

6.税收筹划包括哪些步骤？

7.税收筹划有哪些基本方法？

第十章

子女教育金规划

第一节　子女教育金规划的基本知识

一、子女教育金规划的概念

从内容上看，教育金规划包括本人教育金规划和子女教育金规划两种，自我完善和教育子女都是人生重要的内容。子女教育金规划是指为了实现预期教育目标所需要的费用而进行的一系列资金管理活动。以实现子女教育金规划为目的的教育理财作为理财规划的组成部分，与理财规划的其他内容一样有着重要的地位和作用。

本章讨论的是子女教育金规划，即为子女的教育费用进行规划。对子女的教育投资又可以分为基础教育投资和高等教育投资。由于绝大多数国家的高等教育都不是义务教育，因此对子女的高等教育投资通常是所有教育投资项目中花费最高的一项。

子女教育金可主要分为两大部分：一部分是确定性支出，其中，义务教育阶段以各种杂费为主，如校服费、午餐费、保险费等，非义务教育阶段包括学费和杂费；另一部分是选择性支出，包括择校费、学前班支出、才艺班支出、辅导班支出以及出国留学费用等。

二、子女教育金规划的重要性

首先，教育是一种生产性投资，用于教育的支出并不是消费支出，而是一种投资，即教育投资。它将增进子女的知识和技能，使子女未来能获得较大的职业适应性、较多的就业机会、较高的收入水平等。

其次，子女教育是一项长期的投资，从子女出生开始，一直到子女大学教育期，子女教育金规划都是理财规划的核心。因此，在这漫长的时期内做好教育金的规划是相当重要的。

最后，子女成长的每一个阶段都需要规划。无论在子女成长的哪个阶段，我们都有相应的教育目标要去实现，而这些目标的实现，都不可避免地要涉及各种费用和支出。同时，这些阶段的目标之间都有着延续关系，如果因为资金不到位导致其中某个阶段的教育目标未能实现，就可能影响下一阶段的目标。

资料10-1

子女教育费用概况

对于不同地区，子女教育费用水平差别较大，这里归纳了较普遍的费用水平

1.公办学校

（1）幼儿园：1 000元/月左右。

（2）九年义务教育：免学费，只交杂费，如校服费、午餐费等，小学每年平均教育支出1 000元左右，初中1 200元左右，对一般家庭而言负担不重。

（3）高中：重点高中每学年学费1 200～2 000元，每年学杂费等合计2 800～5 000元；普通高中每学年学费900元左右。

（4）大学本科：学费、住宿费、书本费等合计约10 000～15 000元/年。

（5）研究生：学术硕士学费8 000～10 000元/年，专业硕士12 000～30 000/年。

2. 民办学校

（1）幼儿园：普通学校1万～3万元/年。

（2）私立小学、初中、高中：多数1万～4万元/年。

（3）民办大学：学杂费至少2万元/年。

资料来源：作者整理归纳。

三、子女教育金规划的特点

子女教育金规划与一般理财规划的区别在于：子女教育金必须专款专用，不能将这笔资金挪去购房或购车；子女教育金的理财工具宜保守，保本是最高指导原则。获利性较高的理财工具，风险性也高，因此子女教育金开始累积的时间要早。具体而言，子女教育金的特点包括：

（1）没有时间弹性，子女到了一定年龄就要上学，如3岁就要上幼儿园、7岁就要上小学，不能因为没有足够的学费而延期。

（2）没有费用弹性，各阶段的学费相对固定，这些费用对每个学生都是相同的。

（3）子女的资质无法事先掌握，不同资质的子女在求学期间所花费用差距甚大。

（4）子女教育金必须靠自己来准备，对于在单位就职者，个人养老金账户用在退休方面，住房公积金账户用在购房方面，但是没有为子女教育强制储蓄的账户。

（5）子女教育支出占当年支出的金额不是最多，但子女从小到大将近20年的持续教育支出，总金额可能比购房支出还多。

（6）子女教育支出的增长率较一般的物价增幅要高，因此，对子女教育金的投资不能太保守，至少要高于学费的增长率。

基于以上特点，子女教育金规划的重点和注意事项主要包括：

（1）开始规划时子女的年龄（即准备累积期间）。利用时间复利的效果，越早规划越好。

（2）理财工具的选择。越接近学费高峰时期，投资就越需保守。

（3）所需费用。根据自身的目标和所在地区的教育消费水平，计算子女教育所需的资金数额。

四、我国子女教育金规划现状

首先，随着社会经济的发展，人们的收入水平有了很大提高，这为提高教育费用负担水平提供了基本保证。

其次，为了使子女将来能立足于竞争日益激烈的社会，家庭普遍加大了对子女教育的投入力度。

再次，教育费用急剧增加，占家庭开支的比例日益扩大，教育费用已经成为很多家庭沉重的负担，有的家庭甚至因此陷入贫困。

最后，人们对于子女教育金规划的重要性都有所认识，但对于子女教育金规划的知识了解不够，很多家庭的投资方式单一，大多投资于收益率低的储蓄，仅仅依靠积累很难在通货膨胀的影响下获得好的投资效果。

资料 10-2

教育成本：不能承受之重

上海社会科学院社会学研究所研究员徐安琪最近主持了一个名为《孩子的经济成本：转型期的结构变化和优化》的调研报告。该报告称，从直接经济成本看，0 岁至 16 岁孩子的抚养总成本将达到 25 万元左右；如估算到子女上高等院校时，则抚养总成本可高达 48 万元；如估算到子女未婚不在读（30 岁以前）时，则抚养总成本将达到 49 万元。此外，这 49 万元尚不包括孕产期的支出以及孩子从孕育到成长过程中父母因孩子误工、减少流动和升迁等自身发展损失的间接经济成本。

资料来源：佚名. 教育成本：不能承受之重［EB/OL］.［2016-01-07］. http://www.iolaw.org.cn/ showNews.asp?id=13154.

第二节　子女教育金规划的步骤及原则

一、确立子女培养目标

子女教育是一项长期而且复杂的事情，很多家庭在子女还没出生时就已经制订了很多计划。但是，实际情况往往是看到别人学什么，就安排子女学什么，宁滥勿缺，子女往往没有学到任何实质的内容，甚至可能出现逆反心理，摇摆不定、朝令夕改的计划并没有为子女带来可能会影响其一生的良好学习习惯和学习体系。

因此，我们应根据子女的兴趣爱好和实际情况，确定适合子女发展的目标，然后按照这个确定的目标进行财务规划，以做到有备无患，并能有针对性地引导子女朝着这个既定的方向发展，这才是正确的做法，如图10-1所示。

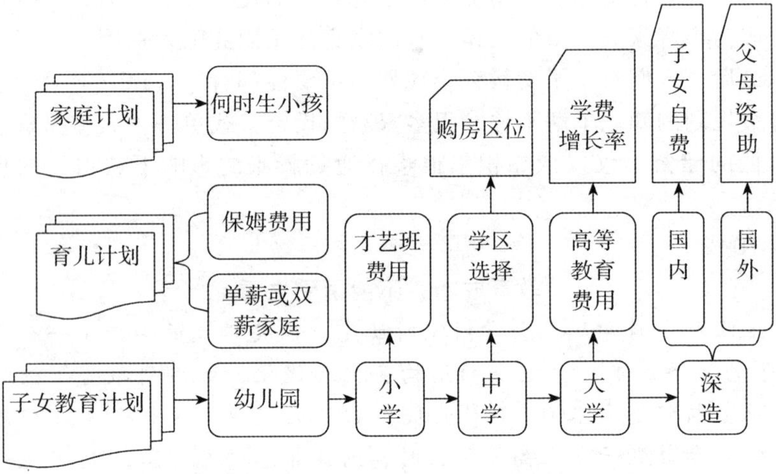

图10-1　子女教育金规划流程图[①]

二、子女教育金规划的步骤

子女教育金规划的步骤包括设定投资目标、制订投资组合计划和执行与定期检查，如图10-2所示。

图10-2　子女教育金规划的步骤

（一）设定投资目标

子女教育金规划的目标设定主要包括3个方面的内容：

（1）计算子女教育金缺口。通过对比现有资产及达成教育目标所需要的资金，就可以计算出子女教育金的缺口。

---

① 张颖. 个人理财基础［M］. 北京：对外经济贸易大学出版社，2005：198.

（2）设定投资期间（准备累积期间）。这取决于两个因素：一是开始进行教育投资的时间；二是未来需要支付教育费用的时间。这两个时点之间的时间，即为投资期间。

（3）设定期望报酬率。按照计算出来的资金缺口，以及可以利用的投资期间，可以计算出需要的期望报酬率。如果不能达到期望报酬率，就不能积累到足够的教育资金，教育目标也就难以实现。

有人估算，现在一个小孩在国内读到大学毕业，不包括生活费，学费在15万元左右；如果出国留学，仅学费就在30万～60万元不等（主要留学国家的留学费用情况见表10-1）。然而，这些仅仅是现在的数字，假设学费以每年3%的速度增长，那么10年后，在国内读到大学毕业的费用将在20万元左右，如果出国留学，总费用应达60万～90万元，不少人会被这样的数字吓倒。我们换个角度举例：如果规划期限为20年，年回报率为4%，届时需90万元。不考虑中间取用因素，每月投资额需要2 500元。如果规划期限为25年，每月投资额仅需1 700元。因此，我们应该设定投资期间及期望报酬率。只要计算出必需的子女教育投资支出及最大的子女教育投资支出，然后求得它们与家庭实际教育费用支出的差额，就可以推算出教育储备金的数额，再配合相应的期望报酬率，就能做好子女教育金规划。

表10-1　**主要留学国家的留学费用情况**

留学国家	费用（万元人民币/年）
美国	25
加拿大	12
法国	9
英国	17
澳大利亚	15
新西兰	8
日本	15

（二）制订投资组合计划

为了获得期望的报酬，我们应该制订相应的投资计划，根据自己的风险承受能力设定投资组合，在追求收益的同时关注安全性。

其实，在子女不同的年龄段，家长应选择不同的投资产品。子女年龄较小或尚未出生时，其教育费用的支出还不多，这时家长可以考虑较积极的投资方案，如以股票和股票型基金配合一定的储蓄型保险产品；随着子女不断长大，家长可以考虑逐步减少股票的投资比重，加入平衡型基金和保本保息的银行类理财产品，以提高资金的安全性和流动性，避免盲目追求收益率；对于一次性大额支付，如大学学费或出国留学费用，家长应考虑投资期限的合理组合。

（三）执行与定期检查

一份好的理财规划需要不断地评估和修改。对于子女教育费用的筹备，最好每年做一次评估，计算当年的投资总额和投资收益，将结果和预期进行比较，以达到预期目标为准。如果未达到预期目标，就应适当提高来年的投资额或者提高相应的收益率，以保证目标如期实现。

三、子女教育金规划的原则

（一）协调发展需求，注意与子女沟通

父母的期望与子女的兴趣能力可能有差距。在小学和初中阶段，子女的兴趣和爱好转换快，这时准备的教育金要能够应对子女不同的选择。在深造阶段，父母应与已成年的子女沟通，因为子女可以考虑几年后再确定自己深造的意愿，也可以自筹部分经费来减轻父母的负担。

（二）尽早进行规划

开始规划时子女的年龄越小，或准备累积的期间越长，时间复利的收益就越高。没有时间弹性，没有费用弹性，是子女教育金的两大特点。学校一开学就会要求交纳学费，面对高学费的挑战，时间是你最好的朋友，越早开始规划，效果越好。

例如，每月投入1 000元，在4%的期望报酬率下，可产生的效果见表10-2。

表10-2　　不同长度的时间下子女教育金规划的效果

开始规划的时间	教育金累积期间	教育金终值
子女出生时	18年	31.7万元
学龄前教育结束时	12年	18.5万元

（三）灵活宽松，具有前瞻性

如果子女独立性较强，尤其是成年后，可能会在寒暑假打工赚取学费，或申请奖学金，这时家庭的负担可大大降低。但这属于不确定的因素，因此不能事先做这样的假定，在筹集教育经费的时候还是以宽松为好。就算筹集多了资金，也可以将已准备的钱当作自己未来的退休金，降低退休后自己对子女的依赖程度。因为对一般家庭而言，退休金与子女教育金规划很难兼顾，培养子女的独立性才有可能以有限的投资与储蓄，在父母的退休金与子女的教育金之间取得平衡。

（四）充分利用定期定额计划

上面举的例子中都用了定期定额计划，别小看这样的计划，正是这样的计划，才为子女教育打下了坚实的基础。目前，很多基金都推出了这样的产品，如年金型保险、缴费期满一次领回的储蓄险、医疗险（日额型）、意外险等。

（五）切忌孤注一掷

任何投资都是有风险的，因此我们需要理智地进行子女教育金规划，不能孤注一掷、不计后果地进行投资。

第三节　子女教育金规划工具

子女教育金规划的重点在于拥有足够的学费，因此资产配置是关键。目前，子女教育金规划工具主要包括蓝筹股票、债券/债券基金、银行定期存款、房地产及保险等，理想的资产组合与配置也因人而异。子女教育金规划工具可以分为传统教育投资工具和其他教育投资工具。

一、传统教育投资工具

传统教育投资工具主要包括个人储蓄、定息债券和人寿保险等。这些投资工具的优点是风险相对较低和有稳定的收益。

（一）个人储蓄

定期储蓄一定的资金，当子女在每个阶段开学时，就能有一笔资金支付其费用。但采用个人储蓄的方式要求个人能自觉并且有能力定期进行储蓄，这对不少人来说有一定的难度，尤其是在有其他需求时，这一储蓄常常被挪用并且不能按期归还。其中，教育储蓄特别重要，我们在第四章已经对此做了介绍。教育储蓄较其他储种的优势主要有：一是利率优惠，1年期、3年期教育储蓄按同档次整存整取定期存款利率计息，6年期按5年整存整取定期存款利率计息，可以说是以零存整取的存法享受整存整取的利率；二是参加教育储蓄的学生，将来上大学可以优先办理助学贷款。

（二）定息债券

投资者定期购买一定数额的定息债券，然后在需要的时候卖出债券，就可以获得资金。在美国，定息债券的种类很多，子女教育金规划中常用的是储蓄债券。客户可以设立一个专门的投资账户，存入一定的资金，该账户每月可以自动为客户购买债券，这种投资工具不仅节约了客户的时间，而且能够帮助客户持之以恒地对子女教育金规划进行操作。但定息债券的缺点也是很明显的，由于定息债券是以单利计息，因此其投资成本要高于个人储蓄。

（三）人寿保险

由于人寿保险产品也可以作为一种投资，特别是一些投资型的寿险，因此人寿保险也可以作为子女教育金规划的工具之一。保险公司有专门的教育保险产品可供选择，这些产品一般包括按期支付教育金、投保人意外身故保费豁免等，都很适合父母为子女投保。

二、其他教育投资工具

其他教育投资工具主要有政府债券、股票、公司债券、大额可转让存单、教育信托基金和共同基金等，这些投资工具的价格会随着供求关系和通货膨胀的变化而变化，从而为客户提供一定的保障。

（一）国债

国债一般由中央政府发行，它的收益具有稳定性和安全性，因此是子女教育金规划的重要投资工具。

（二）股票

一般而言，子女教育金规划并不鼓励客户采用风险太高的投资工具，如股票。但如果子女教育金规划期较长，这些工具则可以采用，它们较高的回报率可以帮助客户较早地完成子女教育金规划。

（三）大额可转让存单

大额可转让存单与整存整取定期储蓄基本相同，但利率一般可上浮一定比例，因此回报率相对较高，安全性和收益性的协调是其成为较好的子女教育金规划工具的主要原因。

（四）教育信托基金

教育信托基金由客户购买，受益人是客户的子女，但子女在成年之前对资金没有支配权。在许多国家，该基金的收益可以享受税收优惠。客户在投资此类基金之前，必须先按照有关法律将资金转到子女的名下，这样才能保证将来基金的收益用于教育。如果子女未能上大学，则基金的收益应按照合同的规定转为子女的不动产或其他资产。

（五）共同基金

这种投资方式的最大优点就是风险分担、变现灵活、安全性高。

三、短期子女教育金规划工具

如果子女教育金规划进行得比较晚，在短期内就需要一笔资金来支付子女的教育费用，这时可考虑通过贷款来实现目标。采用贷款这种方式很容易占用退休规划资金，所以在做决定之前要慎重考虑，并确保不会影响退休规划和其他安排。一般情况下，可以首先考虑让子女就读学费较低的学校。其次，可以将债务归在子女的名下，家长作为债务的担保人或第三方，只有当子女的财务状况显示其无法偿还债务时，才需要为其承担此债务。

不少大学为了吸引更多的优秀学生，为本校学生提供低息贷款。此外，还可以争取政府和资助性机构的贷款，如我国的政策性助学贷款，但这类贷款有严格的限制，不容易取得。当然，也可以选择银行贷款，银行贷款一般没有特别的要求和限制，但必须支付较高的利息。

资料10-3

子女教育金规划案例一：经济型家庭的子女教育金规划

吴女士40岁，离异，女儿17岁，再过1年就要上大学。家庭资产状况是：一套价值100万元的自住房产；储蓄10万元；股票投资2万元。目前的收支状况是：吴女士本人月收入8 000元，孩子的父亲每月支付抚养费1 000元；吴女士及女儿每月生活费为4 000元，每月给吴女士父母赡养费500元。

一、家庭资产分析

吴女士每月收支状况见表10-3。

表10-3　**吴女士每月收支状况**　单位：万元

收入		支出	
本人工资	0.8	生活费	0.4
子女抚养费	0.1	赡养父母	0.05
收入合计	0.9	支出合计	0.45
每月节余 0.45			

吴女士资产负债状况见表10-4。

表10-4　**吴女士资产负债状况**　单位：万元

资产		负债	
房产	100		
储蓄	10		
股票	2		
资产合计	112	负债合计	0
净资产 112			

二、子女教育金规划

吴女士的总资产为112万元，但主要是房产，且生活负担较重，日常收支节余少，女儿很快就要上大学。因此，对吴女士来说，近几年的主要理财目标是子女教育和家庭的财务安全，理财的主要原则是资产保值并保持较好的流动性，以满足日常开支、突发事件及女儿1年后大学教育的资金需要。

假设女儿大学4年费用共计8万元，具体规划安排如下：

（1）教育储蓄：用户口本以吴女士女儿的名字开设教育储蓄账户，从现在开始为孩子进行为期3年的教育储蓄。从储蓄账户中每月自动转存1 111元到教育储蓄账户，3年共存4万元，到大学三年级开始时取出。教育储蓄作为零存整取储蓄将享受整存整取利息，利率优惠幅度在25%以上。

（2）教育助学贷款：在大学一年级入学时，可凭学校入学证明，用100万元的住房抵押向银行申请2万元教育助学贷款，用来支付大学一、二年级的学费、生活费，此项贷款每季度扣息，毕业后6年内归还本金。

子女教育金规划案例二：富裕型家庭的子女教育金规划

李先生，40岁，儿子14岁，2年后（20×1年）想去国外留学读高中直到硕士毕业。李先生家庭经济实力较强，已准备200万元作为出国留学费用。李先生全家都有较充足的保险保障。

第一步：教育资金需求。

按现在的费用水平，小孩到国外读书的资金需求为：高中3年，每年约12万元；本科4年，每年约12万元；硕士2年，每年约15万元。但该数据为现在的数据，以后的费用可能增长，我们按年均3%的增长率规划将来的教育费用，则将来小孩在加拿大留学的费用见表10-5。

表10-5　**李先生儿子留学预计费用**

留学阶段	高中			本科				硕士	
年份	20×1	20×2	20×3	20×4	20×5	20×6	20×7	20×8	20×9
子女年龄	16	17	18	19	20	21	22	23	24
费用（万元）	12.7	13.1	13.5	13.9	14.3	14.8	15.2	19.6	20.2

第二步：已有教育资金安排。

李先生已经为小孩准备了200万元的出国留学费用，建议将该笔资金安排为子女留学前4年的教育费用的需要——前4年的教育费用合计53.2万元。

考虑到2年后小孩就要出国读高中，将已有的这笔资金进行保守的储蓄投资安排：将现有的50万元等分为4笔定期存款，每笔12.5万元，考虑到现在利率偏低，可以都安排为1年的定期存款，避免存期过长而造成利率损失。

小孩出国留学当年，支取其中最快到期的一笔定期存款。

特别说明：

该笔资金的定期储蓄投资收益率假设为年均2%。如果能保持2%的收益率，到小孩留学后的第4年年末，还可以剩余0.4万元。

第三步：不足教育资金安排。

已有50万元教育资金只能满足孩子前4年（高中3年、本科第1年）教育费用的需要，本科后3年和硕士2年的费用需要另行筹备。按3%考虑教育费用的增长率，后5年的教育费用累计需要84万元。

如果从现在开始积累不足的教育资金，还剩余约6年时间。如果该笔资金积累能保持年均5%的收益率，6年内要积累84万元资金，每年需要追加教育资金约12.4万元。

该笔资金要达到5%的年均收益率，按中国金融市场相关投资品种的历史表现，比较有效的投资安排是银行存款60%、债券10%、基金25%、股票5%，即每年初将7.44万元、1.24万元、3.1万元和0.62万元分别投资到银行存款、债券、基金和股票。

考虑到资金的安全性，建议将该笔资金分成5等份，全部转移到基本没有风险的储蓄或债券产品。

特别说明：前6年的预期收益率为5%，后5年的预期收益率为2%。

上述投资能否最终实现年均5%或2%的收益率，取决于未来国内市场表现。6年后，如果该笔资金未达到目标累计金额——84万元，不足部分可以一次性从当年的收入或家庭已有财富积累中支取补足，也可以在费用支取当期分次从当年收入或已有财富积累中支取弥补。

特别说明：

如果费用增加，某笔定期存款的支取不能满足当期孩子教育费用时，可用财富积累或当期收入弥补。

该安排未考虑人民币对外汇的汇率变化，如考虑人民币升值或贬值趋势，还需动态调整。

思政课堂

个税子女教育“专项附加扣除”详解

【思政元素】惠民政策。

1.子女教育专项附加扣除范围有哪些?

答：有子女处于学前教育和学历教育阶段的纳税人，不论子女在境内、境外接受教育，不论接受公办、民办教育，都可以按照规定享受子女教育扣除。具体可扣除的教育阶段包括学前教育（年满3岁至小学入学前)、义务教育（小学、初中教育)、高中阶段教育（普通高中、中等职业、技工教育)、高等教育（高职高专、大学本科、硕士研究生、博士研究生教育)。

2.子女教育专项附加扣除主体是谁?

答：子女教育的扣除主体是子女的法定监护人，包括生父母、继父母、养父母，父母之外的其他人担任未成年人的监护人的，比照执行。

3.对于寒暑假是否中断享受?

答：不中断享受。只要纳税人不填写终止受教育时间，当年一经采集，全年不中断享受。

4.子女教育专项附加扣除标准是多少?

答：按照每个子女每月1 000元的标准定额扣除。

5.子女教育专项附加扣除是什么方式?

答：由子女的法定监护人扣除。法定监护人为受教育子女父母的，可选择分别按扣除标准的50%扣除，也可选择由其中一方按扣除标准的100%扣除，具体扣除方式一经约定，在一个纳税年度内不能变更。纳税人对扣除方式的约定未达成一致意见的，不得扣除。法定监护人不是受教育子女父母的，比照上述原则扣除。

6.可以享受子女教育专项附加扣除政策的起止时间是什么?

答：如果是学前教育，可以享受子女教育专项附加扣除政策的起止时间为：子女年满3周岁的当月至小学入学前一月；如果是全日制学历教育，则起止时间为子女接受义务教育、高中教育、高等教育的入学当月至教育结束的当月。

7. 多个子女的情况可以累加吗？

答：纳税人的子女接受全日制学历教育的相关支出，每个子女，每月可扣除1 000元。如果有多个符合扣除条件的子女，每个子女均可享受扣除。比如，有2个子女，则每月可以扣除2 000元，以此类推。

8. 在境外学校接受教育可以享受扣除吗？

答：可以。无论子女在境内学校还是境外学校接受教育都可以享受扣除。

9. 孩子在私立学校念书，能享受子女教育扣除吗？

答：可以。根据《个人所得税专项附加扣除暂行办法》的规定，对于接受学历教育的未成年子女，无论在公立学校学习，还是在私立学校学习，其父母都可以享受子女教育扣除。父母可以选择由其中一方按每月1 000元扣除，也可以选择由夫妻双方分别按照每月500元扣除。具体扣除方式在一个纳税年度内不能变更。

10. 子女教育扣除支出是否需要留存资料？

答：纳税人享受子女教育附加扣除的，应当填报配偶及子女的姓名、身份证件类型及号码、子女当前受教育阶段及起止时间、子女就读学校以及本人与配偶之间扣除分配比例等信息。纳税人需要留存的备查资料方面，子女在境外接受教育的，应当留存境外学校录取通知书、留学签证等境外教育佐证资料。

资料来源：佚名. 新个税“专项附加扣除”子女教育篇［EB/OL］.［2019-01-10］. http: //epaper.Hljnews.cn/hljrb/20190110/402377.html.

本章小结

1. 子女教育金规划是指为了实现预期教育目标所需要的费用而进行的一系列资金管理活动。本章主要讨论的是子女教育金规划，即为子女将来的教育费用进行规划和投资。对子女的教育投资又可以分为基础教育投资和高等教育投资。

2. 子女教育金规划的重要性在于：首先，教育是一种生产性投资；其次，子女教育是一项长期的投资；最后，子女成长的每一个阶段都需要规划。

3. 子女教育金规划与一般理财规划的区别在于：子女教育金必须专款专用，不能将这笔资金挪去购房或购车；子女教育金的理财工具宜保守，保本是最高指导原则。

4. 根据子女的兴趣爱好和实际情况，确定适合子女发展的目标，然后按照这个确定的目标进行财务规划，以做到有备无患，并能有针对性地引导子女朝着这个既定的方向发展，这才是正确的做法。

5. 子女教育金规划的步骤包括设定投资目标、制定投资组合计划、执行与定期检查。

6. 子女教育金规划的原则包括：协调发展需求，注意与子女沟通；尽早进行规划；灵活宽松，具有前瞻性；充分利用定期定额计划；切忌孤注一掷。

7. 子女教育金规划工具分为传统教育投资工具和其他教育投资工具。

复习思考题

一、简答题

1. 什么是子女教育金规划？它在理财规划中起什么作用？

2. 子女教育金规划在人生的哪个阶段是最重要的？

3. 子女教育金规划应遵循哪些原则？

4. 子女教育金规划如何与投资规划协调？

5. 子女教育金规划的投资工具有哪些？各自的特点是什么？

6. 子女教育金规划有哪些步骤？

二、案例分析题

魏先生今年34岁，在北京一家研究院工作，每月除固定收入16 000元外，还有津贴4 000元，年绩效奖金收入约6万元，年可计提公积金27 000元，年收入可达到32万元左右。单位为他缴纳有养老、医疗、工伤、失业、意外险（交通），另有一份商业终身寿险（万能型），包括20万元寿险保额、20万元重疾保额、10万元残疾意外保额、5万元意外伤害保额。

妻子王女士今年34岁，是某高校老师，年收入10万元，年可计提公积金9 000元，加上各种补贴，年收入达到12万元，拥有养老、医疗、失业、生育险。

女儿今年2岁，拥有一份癌症保险单，保额15万元。

夫妇俩有自住房1套，市价310万元，目前尚有贷款93万元，月供6 000元；轿车1辆，市价14万元；投资类资产约10万元（股票）。每月基本生活开销4 000元，社交、休闲、健身2 000元，孩子入托等教育费3 000元，每年物业、水、电、燃气费2万元，其他开支1.2万元，保险支出0.74万元，汽车费用每年2.8万元。

他们计划为女儿积蓄教育基金，到高中毕业大约需35万元。

请根据以上情况为魏先生夫妇设计子女教育金规划。

第十一章

退休规划和遗产规划

第一节　退休规划的基本知识

一、退休规划的含义

通俗地说，退休规划就是为了保证将来有一个自尊、自立、保持水准的退休生活，从现在起就开始实施的财务方案。现在，许多退休老人需要依靠退休金维持日常生活的开支，只有少部分退休老人有足够的金钱来完成人生中尚未实现的梦想，过有质量的生活。如果老人罹患疾病，又没有足够的保险保障，就会给自己和子女造成极大的财务压力。所以，如果自己手里没有一笔丰厚的养老基金，想要维持有尊严而体面的晚年生活并不现实，甚至无法满足自己对安全与幸福感的需要。

退休规划主要包括退休后的消费、其他需求及如何在不工作的情况下满足这些需求。单纯靠政府的社会养老保险，只能满足一般意义上的养老生活。要想退休后生活得舒适、独立，一方面可以在有工作能力时积累一笔退休基金作为补充，另一方面可在退休后选择适当的业余性工作为自己谋得补贴性收入。

二、退休规划的必要性

退休生活是充分享受人生的最好时期，安排好退休生活是达到财务自由的最终目标。从某种意义上讲，所有个人理财规划，最终都是为富足养老服务的。忽略退休规划的重要性和紧迫性，就可能会陷入严重的困境，晚年生活将得不到保障。如果想晚年活得有尊严，过上高品质的生活，那么及早设计自己的人生理财规划，主动地面对问题而非被动地等待是非常必要的。

（一）退休生活在延长

随着生活水平和医疗水平的提高，个人的平均寿命与以往相比有了快速的增长，如此一来，造成的结果就是现代人的退休生活大幅延长，如图 11-1 所示。不言而喻，更长的退休生活需要人们在退休之前积攒起更多的财富。因此，如何未雨绸缪地进行更好的退休规划就变得非常重要了。

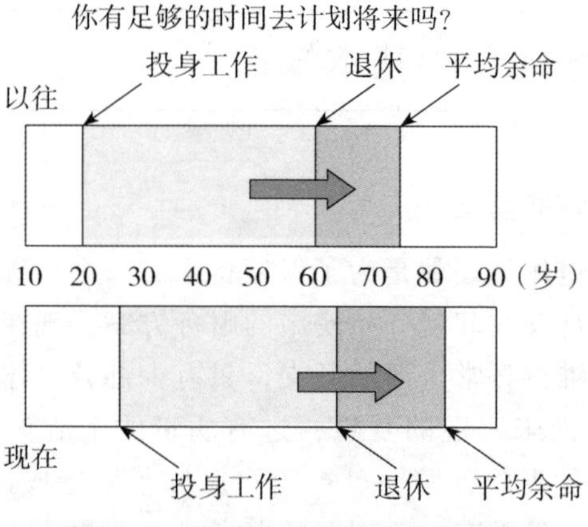

图 11-1　现代人的退休生活在延长

（二）老龄化趋势不可逆转

一份关于美国的调查报告显示，在美国，100 位老人中，只有 9 位老人退休后会有富足的财产，46 位老人过着普通大众的生活，有 20 位老人处于贫困状态，还有 25 位老人早早就过世了。按照国际通行划分标准，当一个国家或地区65岁及以上人口占比超过7%时，意味着进入老龄化；达到14%，为深度老龄化；超过20%，则进入超老龄化社会。数据显示，截至2020年，149个地级及以上市65岁及以上人口占比已经超过了14%，进入到深度老龄化。人口老龄化现象日趋严重，已成为中国未来人口发展过程中不可逆转的趋势。因此，如何在未来谋求一种令人满意的退休生活，就成了我们要提前考虑并计划的事情了。

资料11-1

中国已经进入老龄化社会

2015年，我国60岁以上的人口已经超过2.22亿人，60岁以上人口占总人口的比重达到16.15%。2020年，老年人口突破2.5亿人，60岁以上人口占总人口的比重达到17.17%。预计到2025年，60岁以上的人口将会突破3亿人，中国也将成为超老年型国家。可以看出中国人口老龄化的问题已经迫在眉睫，老年人口所占总人口的比重，已经远远超过了国际通用的老龄化标准。

中国进入老龄化社会的速度明显快于进入现代化的速度，发达国家进入老龄化社会时，人均GDP已经达到5 000～10 000美元，也就是先富后老；2017年中国人均国内生产总值才达到9 482美元，属于未富先老。在经济发展水平没有达到一定程度的时候，老龄化会给中国带来许多问题，整个社会的消费结构、劳动力总量、社会保障等都面临巨大变化和挑战。

到2050年，中国老龄化程度将达到30%。报告指出，中国已于1999年进入老龄化社会，是较早进入老龄化社会的发展中国家之一。从2001年到2020年是快速老龄化阶段；从2021年到2050年是加速老龄化阶段；从2051年到2100年是稳定的重度老龄化阶段，这一阶段，老年人口的规模将稳定在3亿～4亿人，80岁以上高龄老人占老年总人口的比重将保持在30%左右，中国将进入一个高度老龄化的平台期。

资料来源：作者整理.

（三）观念的转变

俗话说“养儿防老”，无数人把他们晚年的幸福寄托在“子女孝顺”这个因素上。然而，随着社会的发展，这种养老模式越来越显露出它的弊端，许多老年人正用他们自身的悲剧否定了这种养老模式。

据调查，目前我国老年人的空巢率已经达到26.4%，这就意味着有1/4的老人身边无子女照料。随着我国家庭人口数量的减少，“空巢”家庭增多是必然趋势。

据统计，目前我国80%的家庭都属于独生子女家庭，虽然全面二孩、三孩政策已经实施，但独生子女家庭仍占有很大比例。独生子女们有的已长大成人，一个子女要赡养两位老人，成家后两人要赡养四位老人甚至更多，还要养育自己的子女，更要努力工作，为社会做贡献，如此重的压力让他们不堪重负。现代为人父母者恐怕还要提防“养老防儿”的现象，因为越来越多的子女晚婚、不婚、失业或无力购房，父母退休后还得供子女吃住，或者子女收入有限，养儿不但无法养老，还要分摊养儿孙的责任，甚至出现父母退休金被不孝子女花光的情况。

因此，对于未来退休生活的安排，“养钱防老”观念已取代“养儿防老”观念，成为新的趋势。

（四）通货膨胀的形势严峻

在不断通货膨胀的社会环境中，人们在退休后不再工作，从而失去了稳定的收入来源，仅仅依靠统筹的社会保障系统来度过漫长的晚年生活是非常危险的。历史经验已经给我们带来警告，随着时间的推移，通货膨胀对物价水平以及日常生活的影响日益加重，如果不能很好地保持增值水平，辛苦攒下的退休金也许就会被通货膨胀吞噬。

（五）退休后的医疗费用增加

无论年轻时多么强壮，随着年龄的增加，身体的机能都会衰退，体质变弱，各种疾病接踵而至。按照一般的统计，老年人所花医疗费用是年轻人的3倍以上。随着医疗体制的改革和医疗技术的发展，医疗费用的上涨速度惊人。有资料表明，我国医疗服务费用近年来增长速度过快，超过了人均收入的增长，医药卫生消费支出已成为我国居民继家庭食品、教育支出后的第三大消费。因此，退休后的医疗费用支出将成为退休规划的重要组成部分。

（六）退休保障制度不完善

各国都有自己的退休保障制度，其制度体系各不相同。一般来说，社会保障体系提供的退休金只能维持生存，按照目前的养老金提取比例，在未来社会平均工资稳定提升的前提下，不论现在工资多少，最后拿到的退休金数额差别并不大，因为社会统筹的养老保险保障的是老年人的基本生活。但是，并非每个人都希望在“温饱”状态下度过余生，尤其是薪水较高的人，更担忧自己能否适应“由丰入俭”的生活。要想仅仅通过某项独立的退休保障制度获得足够的退休费用是不现实的。因此，建立多渠道、多层次的个人退休保障计划是非常必要的。

资料11-2

打造退休后黄金岁月的六大误区

国际认证财务顾问师协会执行长认为：

民众能否获得富足的退休生活，要看政府财政有无能力及民众有无准备，不论哪个国家的政府，随着国民平均寿命的延长及社会福利支出的扩大，几乎都出现财政日见吃紧的现象。可以预见的是，政府能提供的退休金相当有限，所以民众必须自求多福。

根据研究显示，民众面对退休规划时常存在许多误区，接下来针对这些误区做逐一分析。

误区一：起步太晚。

大部分的人在青壮年时都会将收入用来支付房贷、车贷、子女教育经费及日常生活费用，就算有了节余，也有不少比重是花在玩乐享受上，待年近中年后才想到退休规划，殊不知可能为时已晚，除了距退休年龄已近有较大的准备压力外，还失去了时间复利的效果，所以退休规划应趁早，在尽可能大的范围内选择适当的投资工具，才能收获较好的财富累积效果。

误区二：准备太少。

许多人进行退休规划时，都忽略了平均寿命延长的问题，导致退休准备不足。世界卫生组织（WHO）于2015年5月13日发布了2015年版《世界卫生统计》报告。报告指出，从总体上看，全世界人口的寿命都较以往有所增加。中国在此次报告中的人口平均寿命为：男性74岁，女性77岁。随着生化科技的不断进步，20年后人类的平均寿命不排除会达到100岁。以平均寿命80岁为例，假设今年60岁退休的人，在工作30余年后，养自己20年应该还够；可是20年后才退休的人，万一平均寿命为100岁，在工作30余年后，养自己40年就不知道够不够了。所以说，退休金若准备太少，必定无法应付平均寿命延长的问题。

误区三：低估物价上涨率。

稳定物价是任何政府都重视的政策，可是物价常受到景气、气候、供需、战争、投机等多种因素影响而波动，谁也不能排除物价逐年上涨的可能性。因此，退休准备金若未随着调高，到时候可能不敷使用。

误区四：投资错误。

每个人都希望能够通过各种投资规划致富，当然也包含退休规划在内，却经常被各种投资风险弄得血本无归，最后落得一场空。投资风险有许多，如投资时机的风险、财务杠杆的风险、转投资的风险、汇率的风险、利率的风险、通货膨胀的风险、被骗的风险等，这些都是运用投资工具进行退休规划时要注意的事项。

误区五：忽略风险变数。

进行退休规划的误区中，这种情况最严重，风险变数应考量到失业、失能、重大伤病、巨大灾害、侵权行为等，因为任何风险都可能破坏原本进行的退休规划，倘若不事先做好防范，到头来就别侈谈退休，反而可能是“休退”！

误区六：退休早期花费过多。

以往有些人刚从职场退休时领有一笔退休金，因当时手头宽裕，很容易花钱无节制，若未适当控制，很快就会将退休金花费殆尽，退休后的生活品质自然会大幅下降。

三、退休规划的原则

退休规划的总原则是：本金安全，适度收益，抵御生活费增长和通货膨胀。具体而言包括以下几个方面：

（一）尽早开始计划

许多人发现很难为退休打算。房贷、生活开销、孩子的教育占据了极大比重的支出，结果直到40岁左右或更晚，他们才意识到养老安排需要提上议程，可惜为时已晚。越早开始为退休规划，实现退休生活目标的可能性越大。

（二）投资讲究安全

相对于年轻的时候，人们在退休之后已经没有时间接受失败重新开始了，所以针对退休所做的投资应该倾向于安全性，在此基础上尽量追求收益性。如果规划时间长，可选择收益和风险相对较高的产品，时间会摊平风险；如果规划时间短，则可选择储蓄和短期债券，以确保本金安全。

（三）满足不同的养老需求，有一定弹性

受通货膨胀以及其他不确定因素的影响，人们在进行退休规划时，对未来收入和支出的估计不要太过乐观，很多人往往高估了退休之后的收入而低估了退休之后的开支，在退休规划上过于吝啬，不愿意动用太多的财务资源。所以，应该制定一个比期望略高的退休理财目标，多做财务上的准备，以应付意料之外的退休费用增长，宁多勿少。

四、现阶段我国居民个人退休规划的缺陷

我国正处于经济转轨时期，由于旧经济体制的遗留影响和人们观念更新的滞后，个人退休规划的意识还很淡薄。众所周知，经济转轨之前，我国实行的是相当严格的计划经济体制，在计划经济体制下生活的人们习惯了生老病死都由国家包干，长此以往，人们自然而然地形成了依赖思想，再加上观念的落后以及国家立法和制度建设的不完善等其他具体原因，导致了我国个人退休规划尚存在许多缺陷，具体表现如下：

首先，多数人没有建立起应有的退休准备。造成这种局面的原因除了长期以来依靠政府的心理外，还受到中国传统观念的影响，如“养儿防老”仍然是许多国人的执着信念。另外，许多经济基础较好的人也因为退休规划意识淡薄而未能进行有效的退休规划，许多人将本应用于退休规划的资金投向一些高风险的投资领域，一旦投资失败，退休生活也就没了保障。

其次，退休规划过于单一和保守。据央行资料显示，截至2020年底，我国居民储蓄总额为93.44万亿元。这一方面说明我国的金融市场尚不发达，人们的投资渠道狭窄；另一方面说明人们的理财观念和知识落后。面对日趋严峻的通货膨胀环境和未来的诸多不确定因素，多数人将退休资金聚集于收益率相当低的储蓄，不得不令人担忧。

最后，政策的变动使个人退休规划压力剧增。一方面，我国退休金制度改革后，原有的国家统包的退休金制度被社会养老保险制度所取代，退休人员的养老费用由国家负担转变为由社会负担，其本质是靠个

人在退休之前储备；另一方面，我国目前的社会保障体系不但保障水平低、保障范围小，而且仍在不断变动中，这无疑会进一步加剧个人退休规划的难度。

资料 11-3

中国居民退休准备概况

有关研究发现，2021 年，中国居民退休准备指数上升至 6.78，达到近五年来的最高水平。

为对中国居民的退休准备情况进行评价，我们选取了退休责任意识、财务规划认知水平、财务问题理解能力、退休计划完善度、退休储蓄充分度以及对取得期望收入的信心六个指标，赋予相应权重，构建了中国居民退休准备指数。退休准备指数的取值在 0～10 之间，数值越大表明退休准备越充分，其中 8～10 为高准备指数，6～7.9 为中等准备指数，6 以下为低准备指数。

2021 年中国居民退休准备指数为 6.78，比 2019 年的 6.15 和 2020 年的 6.23 均有所提升，达到 2016 年以来的最高水平。从各构成指标看，除“取得期望收入的信心”稍有下降，其他指标均有所上升。我们还能发现，大部分指标获高分段（4～5 分）的受访者人数占比也明显增多，但仍未达到理想水平，在财务能力、退休计划和退休储蓄方面仍有较大的提升空间；在具体退休准备行动方面，受访者的准备程度有所下降。

从国际比较来看，2021 年中国居民退休准备指数在参与调查的 15 个国家中仅次于印度和美国，名列第三位，相较 2020 年的第四位有所上升。值得注意的是，2021 年全球各国居民退休准备指数较 2020 年整体上升，代表国家的平均值由 2020 年的 5.95 升至 2021 年的 6.15。从全球发展的大背景而言，这可能是经济快速发展和生活水平提高所致，也可能是受 2020 年新冠肺炎疫情的影响，人们在应对重大突发性事件的过程中提高了危机意识，从而更多地在退休计划、退休责任、财务规划等方面提高了退休准备程度。

此外，中国高退休准备指数人群具有部分相似特征：男性居民的退休准备指数高于女性，但差异较小；从地域分布来看，全国各地区退休准备指数的差异较大，从整体上看经济欠发达地区的水平更高；从收入水平来看，高准备指数人群更多的是在高层级岗位就业，具有稳定的、可以满足基本生活需求的收入；从教育背景看，高指数人群具有较高的受教育水平；从健康方面看，高指数居民具有更好的健康习惯，且更重视退休后的医疗储蓄。

资料来源：清华大学经济管理学院中国保险与风险管理研究中心，同方全球人寿保险有限公司. 我国居民退休准备状况分析——基于《2021中国居民退休准备指数调研报告》的主要发现［J］. 保险理论与实践，2021（11）. 此处为节选内容.

五、退休规划需要考虑的因素

（一）预期寿命

预期寿命的长短意味着个人退休后生活时间的长短，总体来说，越长的预期寿命，花费的养老费用越多，这会直接影响退休规划的目标与策略。

（二）性别差异

尽管男女平等是社会日益进步的表现，但是不可否认，性别差异始终存在。一般而言，女性的寿命比男性长，而在很多国家，女性的退休年龄要比男性提前，再加上一些其他原因，这就造成了很多情况下女性的退休生活状况要差于男性。

（三）退休年龄

退休年龄对退休规划会产生两个方面的影响：一方面会影响个人工作赚取收入的时间（积累时间）；另一方面会影响个人退休后生活的时间长短。有些人会因为种种原因而提前退休，如工作太过劳累、对工作的热情不高、健康状况不佳、家庭问题或是为了提前享受等。此外，在某些情况下（如经济不景气等），雇主可能出于降低成本的考虑而推出提前退休计划，鼓励员工提前退休（见资料11-4）。当然，延迟退休也会影响退休规划，在工业化国家，应对人口老龄化的主要方法是延迟退休和使劳动力队伍老龄化。美国目前的法定退休年龄是67岁，欧盟一般是65岁。有专家表示，随着社会的发展，对中年人、老年人的年龄定义已经发生了很大的变化。按照现行的退休年龄，许多人其实还正处在知识储备最丰富的时期，此时退休，无疑是一种人才浪费。最重要的是，推迟退休年龄可大大缓解养老金不足的现状，大大减轻政府压力。但是，延迟退休将产生的负面影响也是可以预期的。中国仍面临劳动力总量过剩的矛盾，延长退休年龄，意味着有一批中老年人要推迟“交班”，可能会导致一批年轻人得不到工作岗位，使本已严峻的就业压力雪上加霜。正是出于对这些负面影响的考虑，各国对延迟退休都采取谨慎、渐进的做法。

资料11-4

退休年龄

有研究显示，全社会所有退休人员的实际退休年龄普遍低于法定退休年龄。对北京、上海、成都、大连和西安5个城市人口的抽样调查统计显示，1997—1999年，5个城市当年退休人员的平均退休年龄都低于法定退休年龄。其中，男性职工平均退休年龄低于法定退休年龄2.4~2.7岁，女性职工平均退休年龄低于法定退休年龄2.5~2.9岁。《中国社会保障》杂志社2002年进行的问卷调查也证实了这一点，调查结果显示，男性平均退休年龄为57.25岁，女性平均退休年龄为51.06岁。有40.9%的人是在法定退休年龄之前退休的，其中男性职工退休时未达到60岁者占44.2%，女性职工未达55岁者占70.7%，未达到50岁者占23.6%。

（四）经济运行周期

显然，在经济处于繁荣期积累退休储备是有利的；反之，则是不利的。对于已经开始退休生活的人而言，经济周期的更替将改变其相对经济地位，进而影响其社会地位。从中国经济增长的长期趋势来看，中国经济转轨所实现的静态增长过程将逐渐结束，显然这种情形对正处于积累退休储蓄的个人而言是有利的。因此，这也可能正是当前我国居民进行个人退休规划时最有利的外部条件。

（五）利率及通货膨胀的长期走势

根据简单的复利（或贴现）公式，利率对投资品种价值的影响是不言而喻的，有时甚至是最主要的决定因素。此外，由于利率常常与通货膨胀联动，因此利率的长期走势还将与物价因素一起影响个人退休后的生活品质。

（六）其他不确定因素

其他不确定因素包括通货膨胀、个人和家庭成员的健康因素、医疗保险制度的变化等。

第二节　退休收入来源分析

目前，在中国，个人退休收入的来源可以概括为4个方面：一是社会保障，主要包括社会养老保险和医疗保险；二是商业养老保险，主要是商业年金保险；三是个人为退休准备的资金，包括储蓄、基金等；四是子女孝敬的养老金。其中，子女孝敬长辈的养老金没有一定之规，道德层面因素更多，在此不做讨论，本节主要介绍前3个方面的内容。

一、社会保障

（一）社会保障概述

社会保障是指当劳动者因年老、患病、生育、伤残、死亡等原因暂时或永久丧失劳动能力或者失业时，从国家或社会获得物质帮助的社会制度。

社会保障体系包括社会保险、社会救助、社会优抚和社会福利四大部分（图11-2）。社会保障体系中最重要的是社会保险，对于个人退休规划而言，要关注的是其中的养老保险和医疗保险。

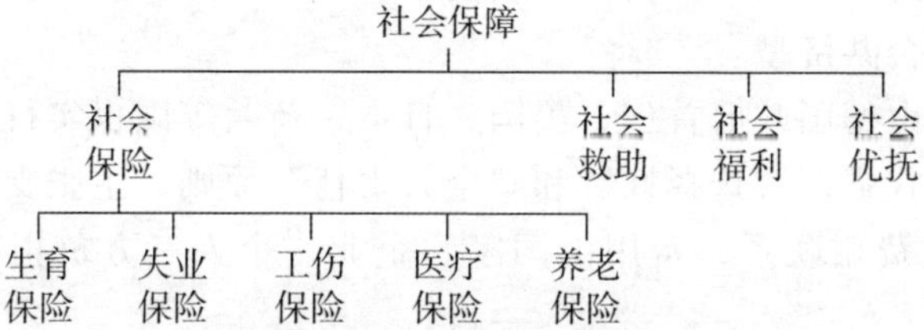

图11-2　社会保障体系

（二）社会保障规划的要点

首先，最大限度地利用有关社会保障体系进行退休规划。社会保障制度作为国家的一项政策，带有一定的补助性和非营利性，因此其相对于商业保障手段而言投入成本更低，如果有条件应该参加。

其次，不要轻易退保或者提前支取个人账户上的资金。社会保障个人账户的资金归属个人，即使死亡，其个人账户部分也是可以继承的。因此，退保或提前支取不但不能增加个人财富，反而大大降低了个人受保障的程度。

最后，尽量开辟更多的资金来源。

（三）养老保险

1.养老保险的概念

养老保险是国家通过立法对劳动者因达到规定的年龄界限而解除劳动义务，由国家提供一定的物质帮助，以维持其基本生活的一种社会保险。

我国的养老保险制度包括3部分内容：（1）享受条件，包括年龄条件、工龄条件，以及是否完全丧失劳动能力、身体健康条件等；（2）离休、退休、退职待遇标准，不同的离退休条件下，享有不同的保障水平；（3）退休养老金的筹措、基金管理办法以及监督检查等制度。

2.世界各国养老保险制度介绍

当今，世界各国养老保险制度一般可分为4类：

（1）福利型。

福利型是以英国的庇古、凯恩斯和贝费里奇的经济理论为基础构建的一种以国家为主的全民保障模式。其特点是强调全民性和公平性原则，以及统一缴费、统一给付，资金主要由国家承担。西欧和北欧的一些国家实行这一模式的社会保障制度。

（2）社会共济型。

该模式由德国政府首创，美国、日本、荷兰等国也实行此模式。社会共济型模式强调“选择性”和“个人责任”原则，主张支付标准与个人收入、交费相联系，费用由国家、企业、个人三方负担或其中两方负担。

（3）国家保障型。

该模式的理论根据是马克思在《哥达纲领批判》中关于“必要劳动”和“剩余劳动”的划分以及列宁提出的“最好的工人保险形式是国家保险”，即国家责任主体说。其突出特点是社会保障资金完全由国家承担，个人不交纳任何保险费。苏联和东欧社会主义国家，以及中国传统的社会保障制度都采用这一模式。由于苏联解体、东欧国家政治经济体制变化，以及其他社会主义国家市场经济体制的改革，该模式发生很大变革。

（4）个人储蓄型。

以新加坡为代表的一些东南亚国家实行该模式，其特点是国家立法强制性地规定雇主和雇员交费，以职工个人名义进行储蓄。

上述各种养老保险模式的运作都面临着新的问题和挑战：人口结构的变化及人口老龄化的加快；经济发展速度减慢和通货膨胀加剧；国民需求提高及政府开支增大，国家财政负担过重；福利国家的高福利和高税收政策削弱了市场对劳动力供求关系的调节等。因此，世界各国都在积极探索养老保险制度的新模式。

3.我国的养老保险体系

养老保险制度改革后，我国的养老保险体系分为3个层次：一是基本养老保险；二是企业补充养老保险；三是个人储蓄养老保险。在后两个层次中，企业和个人既可以将养老保险费按规定存入社会保险机构设立的养老保险基金账户，也可以选择在商业保险公司投保。

我国的基本养老保险制度就是通常所说的社会统筹与个人账户相结合。该制度在养老保险基金的筹集上采用国家、企业和个人共同负担的形式，社会统筹部分由国家和企业共同筹集，个人账户部分则由企业和个人按一定比例共同缴纳。基本养老保险是由国家强制实施的，其目的是保障离退休人员的基本生活需要。企业补充养老保险（企业年金）现在尚处于开始阶段，不为大多数员工所拥有，所以养老资金的来源主要集中在另外两者。

（1）基本养老保险。

基本养老保险是为满足离退休人员基本生活的需要而设定的保险，它属于多层次养老保险制度中的第一层次。它由国家政策统一指导，强制实施，覆盖面广，适用于各类企业。基本养老保险基金由国家、企业、职工个人三方共同负担，其统筹办法是由政府根据支付费用的实际需要和企业、职工的承受能力，按照以支定收、各有结余、留有部分积累的原则统一筹集。目前，按照国家对基本养老保险制度的总体思路，未来基本养老保险目标替代率确定为58.5%。由此可以看出，今后基本养老金的主要目的在于保障广大退休人员的晚年基本生活。

（2）企业补充养老保险。

企业补充养老保险又称企业年金，是由企业根据自身经济实力为本企业职工所建立的一种辅助性养老保险，它属于多层次养老保险制度中的第二层次。效益好的企业可以多保，效益差、亏损企业可以暂不投保。该保险由国家宏观指导，企业内部决策执行，所需费用从企业自有资金中的奖励、福利基金中提取。与基本养老保险强制投保不同，企业年金采取的是自愿（企业自愿、职工自愿）原则，是由企业、员工共同出钱建立并存入职工个人账户，满期后归员工所有的保障制度。企业建立年金，目的既是为员工创造更好的福利，也是为留住优秀人才而采取的奖励措施。因此，如果人才贡献大，岗位工资势必比他人高，缴付基数就大，企业帮其缴费就多。

（3）个人储蓄养老保险。

职工个人储蓄养老保险是由职工自愿参加、自愿选择经办机构的一种补充保险形式。它居于我国多层次养老保险的第三层次。参加与否完全自愿，保险管理机构由自己选择，储蓄多少由个人根据收入和负担能力而定，个人按规定缴纳储蓄金，存入当地社会保险机构在有关银行开设的个人账户，并应按不低于或高于同期城乡居民储蓄存款利率计息，以提倡和鼓励职工个人参加，所得利息存入个人账户，本息一并归职工个人所有。职工达到法定退休年龄经批准退休后，凭个人账户由社会保险机构将储蓄金一次总付或分次支付给本人。职工跨地区流动，个人账户的储蓄金应随之转移。职工未到退休年龄而死亡，存入个人账户的储蓄金应由其指定人或法定继承人继承。实行职工个人储蓄养老保险的目的在于扩大经费来源，多渠道筹集资金，以减轻国家和企业的负担。其有利于消除长期形成的保险费用完全由国家“包下来”的观念，增强职工的自我保障意识和参与社会保险的主动性，也能够促进对社会保险工作实行广泛的群众监督。

资料11-5

社会基本养老金有多少

社会基本养老金由社会统筹基金支付的基础养老金和个人账户养老金组成。按我国的社会保险养老政策，职工达到法定退休年龄且个人缴费满15年的，基础养老金月标准为退休时社会上年度平均工资的20%；个人账户养老金由个人账户资金支付，月发放标准为本人账户储存额除以120，个人账户储存额按本人缴费工资8%的数额建立。

如上，我们可以简单算一下一个职工退休后的社会基本养老金有多少（不计利息和通货膨胀因素）。

一个25岁的职员，现在开始参加社会基本养老保险，60岁退休，社保年度35年（忽略中断）。假设他月均缴费工资为2 500元，退休时社会上年度平均工资为5 000元，则其领取的社会基本养老保险金额度为：

基础养老金1 000元（5 000×20%）+个人账户养老金700元（个人账户储存额（2 500元×8%×12个月×35年）÷120）=1 700（元）

每月1 700元的养老金在35年后是微不足道的，因此仅靠社会基本养老保险解决养老问题远远不够。

（四）医疗保险

医疗保险是社会保险制度的重要组成部分。医疗保险是指由国家立法，通过强制性社会保险原则和方法筹集建立医疗保险基金，当参加医疗保险的人员因疾病需要必需的医疗服务时，由经办医疗保险的社会保险机构按规定提供医疗费用补偿的一种社会保险制度。

我国的医疗保险体系由基本医疗保险（包括个人账户和统筹基金）、大额医疗费用互助制度、公务员医疗补助、补充医疗保险、社会医疗救助基金和商业医疗保险六部分组成。

1.基本医疗保险

基本医疗保险是社会保障体系中重要的组成部分，是由政府制定、用人单位和职工共同参加的一种社会保险。基本医疗保险按照用人单位和职工的承受能力确定个人的基本医疗保障水平，具有广泛性、共济性、强制性。基本医疗保险是医疗保障体系的基础，实行个人账户与统筹基金相结合，能够保障广大参保人员的基本医疗需求，主要用于支付一般的门诊、急诊、住院费用。

2.大额医疗费用互助制度

大额医疗费用互助制度是指参保人员因病住院发生的医疗费用超过基本医疗保险统筹基金最高支付限额而建立的一种补充医疗保险制度。

3.补充医疗保险

补充医疗保险是相对于基本医疗保险而言的一个概念。国家的基本医疗保险只能满足参保人的基本医疗需求，超过基本医疗保险范围的医疗需求要以其他形式的医疗保险予以补充。显然，补充医疗保险是基本医疗保险的一种补充形式，也是我国建立多层次医疗保障的重要组成部分之一。与基本医疗保险不同，补充医疗保险不是通过国家立法强制实施的，而是用人单位和个人自愿参加的。补充医疗保险一般有两种方式：一种是由某一行业组织按照保险的原则筹集补充医疗保险基金，自行管理的自保形式；另一种是由商业保险公司来操作管理的商保形式。

二、商业养老保险

商业养老保险是以获得养老金为主要目的的长期人身险，它是年金保险的一种特殊形式，又称为退休金保险。商业养老保险的被保险人在交纳了一定的保险费以后，就可以从一定的年龄开始领取养老金。这样，尽管被保险人在退休之后收入下降，但由于有养老金的帮助，他仍然能保持退休前的生活水平。

（一）年金的原理

年金保险是指保险公司每隔一定时期向被保险人给付一次保险金的保险。退休年金保险是指在年金受领者达到退休年龄时开始给付年金的一种年金保险。如果年金受领者在达到退休年龄之前死亡，保险公司会退还积累的保险费（计息或不计息）或现金价值，根据二者金额较大者而定。在积累期内，年金受领者可以终止保险合同，领取退保金。在到期开始给付年金时，年金受领者有权选择年金给付方式，即可选择一次性给付或选择分期给付。分期给付年金的，每次领取的只是部分，避免了一次领取全部之后容易发生的不良管理结果，因此特别适合退休费用的支付。

对于一般人来说，在事业奋斗期，收入会大于支出，年轻的时候很少有人能够看到自己未来二三十年的现金流状况，因此往往倾向于把节余的钱花光，导致当退休后真正需要用钱的时候面临极大的困境。而如果换一种方式，在奋斗期现金比较充裕的时候，把节余的钱用于养老年金保险缴费，等到退休时再从账户中按月领取养老金，就可以补充由于不工作导致的现金不足。所以，养老年金能够帮助我们对一生的现金流进行主动管理，确保每时每刻现金流都能保持稳定和健康，这是理财规划的重要内容之一。

（二）年金保险的分类

1.按被保险人的人数分类

单人年金即只向一个人支付年金，向两个人或更多的人支付年金则称为联合年金。联合年金的两种重要形式是联合生存年金、联合及生存者年金。

2.按保险费缴付方式分类

年金保险可以用一次缴清保险费（趸缴保费）方式购买，也可以用分期缴费方式购买。个人可以动用储蓄使用趸缴保费方式购买年金保险。分期缴费方式可以是定期缴费，如在一个规定的时间内按年缴费，也可以是灵活缴费。

3.按年金开始给付的日期分类

年金保险可以分为即期年金和延期年金。即期年金是从购买日期后的一个给付间隔期（月、季、半年或年）后开始给付第一次年金，它必须用趸缴保费方式购买。个人年金保险的一个基本原则是，在缴清全部年金保险的保险费之后才会给付年金。延期年金是在隔了一定时期后开始给付年金，这个一定时期必须比一个给付间隔期长。

4.按偿还特征分类

年金保险可以分为纯粹终身年金和偿还式年金。纯粹终身年金是典型的年金保险，只要年金受领者生存，就持续给付年金。偿还式年金是保证给付一定次数或金额的年金，在年金受领者死亡后要继续向其受益人给付剩余年金。

5.按年金给付金额是否变动分类

年金保险可以分为定额年金和变额年金。前者的年金给付金额是固定的；后者的年金给付金额是按照投资收益调整的，以保持年金的实际购买力，应对通货膨胀。

（三）年金规划的要点

1.注意年金的购买渠道

除了作为主要渠道的保险公司，目前，基金管理公司、银行、储蓄贷款机构和财务公司等都已开始经营由保险公司签发的年金产品。

2. 对比选择

受购买者的年龄、给付手段、性别等因素的影响，在不同的公司购买年金的费用不同，有必要进行比较再做决定。

3. 考虑交易成本

年费、管理费、合同费等交易成本会影响到年金的回报率。

4. 长远考虑

年金是分期支付的，每次只能支取一笔较少的金额，因此必须精打细算，将其作为一项长期投资来看待。

5. 对年金经营企业进行了解

对年金经营企业进行了解主要包括年金保险公司的财务状况、理念、投资收益率等。

三、个人为退休准备的资金

自筹退休金的来源包括：一是运用过去的积蓄投资；二是运用从现在到退休前的剩余工作生涯中的储蓄来累积。

资料 11-6

美国的退休养老金

1. 美国退休人员有三大经济来源

美国退休人员的经济来源主要有：第一，美国政府的社会福利保障金，退休后只要符合条件就可以领取，约占一般人退休后收入的1/3；第二，个人储蓄；第三，政府推行的个人退休计划，也就是投资者通过投资获得回报，作为自己退休金的一部分。

个人退休计划分为两种：一种是投资人自己在金融机构设立，投资方向没有任何限制的IRA计划；另一种是401K计划，由雇主通过金融机构为员工设立，主要投资于各种开放式基金，也可投资于本公司的股票，基本原则是回报率稳定。个人退休计划的参与完全是自愿的，并且受到政府和雇主的鼓励。参与退休计划的全部投资所得都可免缴所得税。另外，雇主会补贴员工的401K计划，在一些福利好的企业，补贴能达到员工基本工资的10%。进入个人退休计划的钱只能在投资人年满60岁并退休之后才可以提取，但401K计划允许投资者将自己账户里的钱短期借出。在这些政策的鼓励下，一般美国人的手头上有了闲钱都会尽量将钱放进退休账户里。

2.很多人选择推迟退休

在美国，没有法定退休年龄，美国政府发放社会福利保障金的最低年龄是全额65岁左右，减额62岁左右，所以许多人都选择在这个岁数前后退休。但是，如果想在退休后过得舒适一些，许多人就会选择推迟退休。

3.公务员退休待遇优厚

美国公务员退休后的生活要好过得多。在美国，公务员的平均退休金占公务员原工资的56%；而私营部门工作人员的退休金只占职工原工资的30%左右。公务员在政府部门工作30年以上，退休时将拿到退休前工资的50%，如果加上联邦政府发放的退休金，工资替代率将达到80%左右。退休2年后，养老金将根据物价指数每年予以调整。另外，根据美国有关规定，公务员任职20年就可以退休，由政府提供退休金。对一些公务员来说，工作20年后，收入增幅已不会太大，若职务晋升无望，一般就会考虑退休。

第三节　如何建立退休规划

个完整的退休规划包括工作生涯设计、退休后生活设计及自筹退休金的储蓄投资设计，由退休后生活设计推算出退休后到底需要花费多少钱，由工作生涯设计估算出可领多少退休金（企业年金或团体年金），退休后需要花费的资金和可受领的资金之间的差距，就是应该自筹的退休资金。因此，退休规划的一般步骤包括5个环节，如图11-3所示。

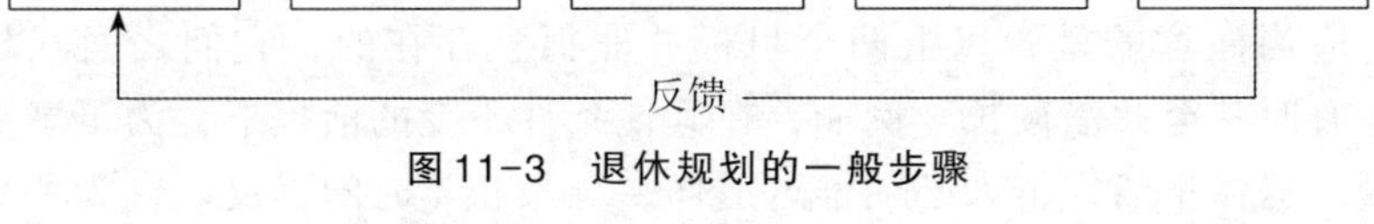

图11-3　退休规划的一般步骤

一、确定退休目标

退休目标也是个人退休规划所要实现的目标，它包括人们期望的退休年龄和退休后的生活状态。

（一）退休年龄

期望的退休年龄是个人退休规划的起点，在个人预期寿命不变的情况下，积累退休收入的时间（退休前）与退休后的生活时间此消彼长。对于希望提早退休的人而言，较短的积累期和较长的消耗期需要较高的积累比例来维持，见表11-1。这就意味着要大幅缩减当前消费，甚至降低当前消费质量，同时个人的紧急备用金储备也将缩减；反之，个人在积累期的生活就比较从容。

表11-1 **退休本金积累表** 单位：元

积累期（60岁退休）	每年积累20 000元				每年积累50 000元			
	收益率				收益率			
	4%	6%	8%	10%	4%	6%	8%	10%
10年（50）	24 010	26 360	28 970	31 870	60 030	65 900	72 440	79 690
20年（40）	59 560	73 570	91 520	114 560	148 890	183 930	228 810	286 370
30年（30）	112 170	158 110	226 560	328 980	280 420	395 290	566 410	822 460
40年（20）	190 050	309 502	518 100	885 160	475 120	773 790	1 295 260	2 212 900

（二）退休后的生活状态

虽然退休规划的目标是实现甚至提高个人退休后的生活质量，但个人期望的生活方式和生活质量不能脱离现实，仍然应当建立在对收入和支出进行合理规划的基础上，因为毕竟退休规划所能实现的额外收益是有限的。

应当注意的是，以上两个目标并非孤立存在的，它们之间互相关联，有时甚至此消彼长。例如，在其他条件不变的前提下，为了享受高质量的退休生活，个人必须推迟退休，延长积累时间；反之，为了更早地享受退休生活，有时不得不降低对退休后生活状态的预期。

二、预测资金需求

不同的退休目标对应着不同的资金需求，因此我们在确定自己的退休目标后，接着要考虑的就是将退休目标财务化。有一个简单的方法可以实现这个工作，就是以当前的支出为基础，仔细分析退休前后支出结构的变化，然后按差额进行调整，即可得到退休后的支出额，见表11-2。

表11-2　**退休后支出变化表**

退休后增加的开支	退休后减少的开支
水电及杂费	衣服、化妆、首饰
家居保养	交通费
旅游及娱乐	按揭贷款
医疗费用	税费
⋮	⋮

一般来说，退休之后我们日常的消费支出会相应减少，基本维持退休生活的月费用占到退休前月支出的70%～75%。这样也就可以算出退休后的年支出。

计算退休养老费用，我们要综合考虑以下几个方面：

（1）预期退休后第一年的月或年生活费用。

（2）通货膨胀率，更精确地说是各项费用成长率。

（3）投资回报率。

（4）目前到退休时的年限。

（5）退休后的预期余寿。

具体计算方法如下：

（1）按目前的物价估计退休后第一年的月费用（A）。

（2）根据费用成长率（C）以及目前到退休所经历的年限（n）计算出按退休时物价水平第一年所需的生活费用（E）。

（3）根据第一年所需的生活费用（E）、费用成长率（C）、投资回报率（R）和退休后的预期余寿（N）计算出退休时需要准备的养老总费用（T）。

下面给出具体计算公式：

$$E = A \times 12 \times (1 + C)^n$$

退休后第一年所需的生活费用：

$$E = A \times 12 \times (1 + C)$$

退休时需准备的养老金总额：

$$T = E\frac{1 - (\frac{1 + C}{1 + R})^N}{R - C}$$

按目前的生活水平，将个人生活需求水平分以下几个等级（以普通地级市为例）：

（1）基本水平需求：每月2 000元。

（2）平均水平需求：每月3 000元。

（3）舒适水平需求：每月5 000元。

（4）满意水平需求：每月8 000元。

【例11-1】小刘今年36岁，计划60岁时退休，预期寿命80岁。他想在退休后拥有一个相当于现在的每月6 000元的生活，即每年72 000元。根据我国目前的物价增长水平及投资回报情况，我们假设年费用成长率（C）为5%，年投资回报率（R）为6%，根据公式计算：

退休后所需的生活费用：

$$E = A \times 12 \times (1 + C)^n = 6\,000 \times 12 \times (1+5\%)^{60-36} = 232\,206\text{（元）}$$

退休时需准备的养老金总额：

$$T = E\frac{1 - (\frac{1 + C}{1 + R})^N}{R - C} = 232\,206 \times \frac{1 - (\frac{1 + 5\%}{1 + 6\%})^{80-60}}{6\% - 5\%} = 4\,009\,947\text{（元）}$$

仔细算一下，养老金总额的确是非常庞大的，所以及早准备是十分必要的。如果能选择较好的投资回报工具，养老费用准备起来并不十分困难。每个人都拥有安度晚年的权利，但不是每个人都能在年轻时给自己创造出这个条件的。

三、预测退休收入

实现退休目标的基础是有一定的收入来源，本章第二节已经介绍了构成退休收入主要来源的社会保障体系、年金保险和个人自筹资金。所以，我们预测退休收入主要是由社会保障收入、雇主退休金、补贴、儿女孝敬、投资回报和其他收入组成的。同样，最简单的方法还是通过考查退休后收入的变化来估算，见表11-3。

表11-3 **退休后收入变化表**

退休后收入增加项	退休后收入减少项
公积金	工薪收入
存款利息	交通补贴
投资收入	奖金
房租收入	在职福利
⋮	⋮

四、计算退休后资金缺口

对比预测的退休后收支差额，就可以知道退休资金缺口，即个人需要弥补的部分。如果收支差额为正，意味着收入足以满足实现退休目标，那么注意资金的安全是首要的；如果收支差额为负，则要制订出相应的计划，赚取收入来弥补。需要注意的是，要考虑利率变动和通货膨胀的影响。

资料11-7

退休时需要多少养老金来弥补缺口

如果计划55岁就退休，早早地享受生活，目前月收入3 000元，按照3%的通货膨胀率计算，那么在55岁那年要维持原有的生活水平大概一年需要54 000元。而在退休的20年中，这笔消费支出每年都在以3%的通货膨胀率增长，如图11-4所示，20年的总和大约是160万元。

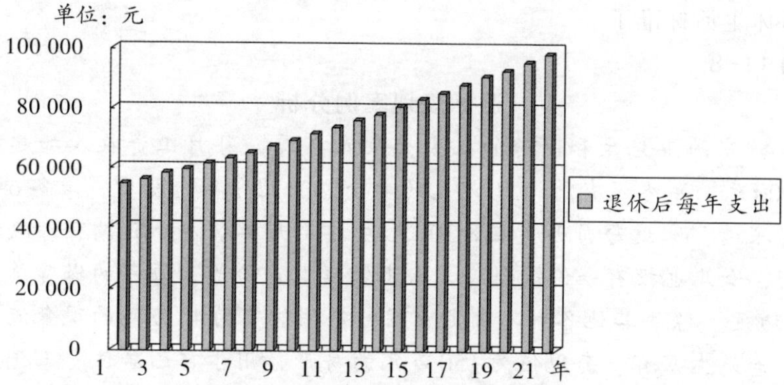

图11-4 退休后每年的支出

如果退休的第一年将从社会保障中得到养老金19 632元，55岁退休时的缺口约为35 000元（54 000-19 632=34 368），在退休后的20年中，假设年通货膨胀率为3%，那么这个缺口会以每年3%的速度继续增大，20年后总计大概是100万元，如图11-5所示。

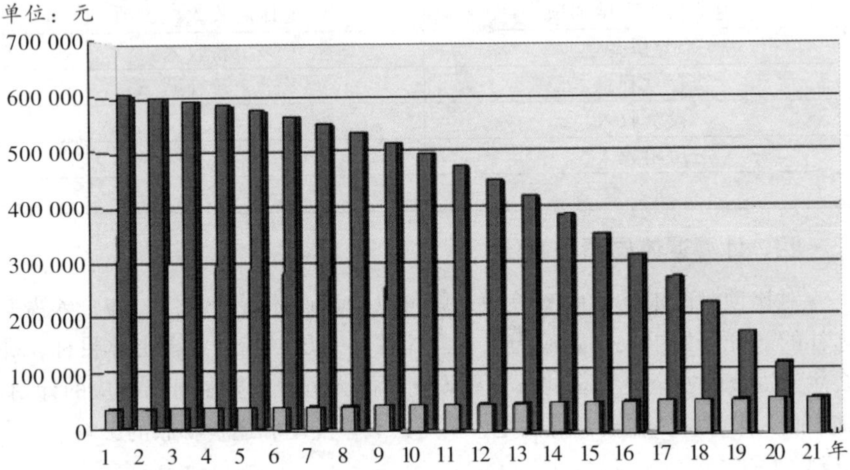

图11-5 养老金缺口

五、弥补退休资金缺口

为估算的退休资金缺口寻找资金来源是退休规划的最后步骤，应该制订一个相应的计划来实现，这个计划包括寻找额外收入、参加具有更大收益的保障计划、扩大投资额等。如果计划不成功，那么就不得不降低退休生活标准了。

资料11-8

退休规划案例分析

43岁的王先生和同龄的王太太收入丰厚，每月工资收入加起来为22 000元，年终还有总计50万元的奖金。女儿今年念初中，准备6年后出国深造。家庭每月开支在8 300元左右，夫妻双方分别投有寿险和意外险，女儿也投有一份综合险，加上家庭财产险等，每年的保费总支出为3万元。除去其他各种不确定费用，每年能有约44万元的现金流入。

王先生家有一套现值为150万元的房产，用于自己居住。王先生夫妇没有炒过股，也没有买过基金或债券，余钱基本上都存进了银行，现有活期存款5万元，定期存款40万元。王先生夫妇对养老生活要求较高，希望至少不低于现在的生活质量，并且由于两人身体都不好，他们希望10年后能够提前退休。

一、养老规划分析

进入40岁，家庭一般处于成长期，工作和生活已经步入正轨。对于此前已经通过投资积累了相当多财富、净资产比较丰厚的家庭来说，不断增长的子女培养费用不会成为生活的负担，一般性的家庭开支和风险也完全有能力应付。因此，这类家庭可以抽出较多的余钱来发展大的投资，努力通过多种投资组合使现有资产尽可能地增值，以不断充实自己的养老金账户。但是，养老规划总的来说应该以稳健为主，稳步前进。针对这一年龄阶段的特点，专家指出，应该分三步制订未来的养老计划。

第一步：估算需要储备的养老金。

日常开支：王先生家庭目前每月的基本生活开支为8 300元。假定通货膨胀率保持年均3%的增长幅度，按年金终值计算法，退休后王先生家庭要保持现在的购买力不降低的话，总共需要支付167万元的费用。

医疗开支：由于王先生夫妇的身体都不好，又没有购买任何商业保险，因此医疗方面的开支将是他们最重要的一项开支。假定他们退休后平均每人每年生病4次，每次平均花费3 000元，那么27年看病的总花销就是64.8万元。每月的护理费更是少不了的，假定每人每月护理费为1 000元，那么27年总共需要护理费64.8万元。如此一来，王先生夫妇的养老金中仅医疗需求就达到了130万元。

旅游开支：假如平均一年旅游2次，每次平均花费1.5万元，总共需要的旅游费用为81万元。

因此，王先生家庭需要的养老费用大约是378万元。

第二步：估算未来能积累的养老金。

我们来看看王先生夫妇从现在到80岁总共能拥有多少养老资产。

王先生夫妇的收入来源比较简单，主要来源于以下两个方面：

工资收入：王先生夫妇目前离退休还有10年，10年中能积累的工资收入为264万元（22 000元×12个月×10年），加上10年的年终奖500万元（50万元×10年），总共是764万元。

存款收入：假定年平均利率为3%，按照复利计算，王先生的定期存款和活期存款共计45万元，存37年后本息总计为134万元。

王先生夫妇的收入虽然比较高，但是支出也较大，还有女儿留学等大笔费用需要支付，因此，我们假定上述共计943万元的总收入中有30%可以留存下来用于养老，那么王先生夫妇能够为自己积累的养老金就是283万元。

另外，王先生夫妇目前住的房子虽然市值高达150万元，但因为该套房仅用于自住，并不是投资性房产，所以不计入养老金中。

第三步：估算养老金的缺口。

需要储备的养老金减去能够积累的养老金，得出的结果是相差95万元。

二、养老建议

1. 王先生家庭的所有结余基本上都沉睡在银行里。如此丰厚的收入却不让钱为自己打工，实在可惜。假如从现在起到退休前每年从结余中提取10万元投资，收益率为7%，10年以后便能拥有138万元的金融资产。如果在以后的年月里继续追加投资，王先生家的资产将会达到天文数字。

2. 如果王先生对金融产品不感兴趣，建议王先生做一些房产投资，从长期来看，房产投资比较稳健，收益率也较好，退休后以房养老也是一个很不错的选择。

所谓"量入为出"，即根据收入水平来决定支出水平。从上述案例我们可以看出：王先生一家虽然资产雄厚，但要高质量养老，仍有不小的资金缺口。这就提醒我们，无论您目前的家庭财务状况多么好，花钱不愁，但如果不能做一些提前规划的话，仍有可能达不到真正的"财务自由"的境界。

第四节　遗产规划

一、什么是遗产规划

（一）遗产的概念

遗产是个人死亡时遗留的个人所有财产和法律规定可以被继承的各

种财产权益，包括积极遗产和消极遗产。积极遗产是指死者生前个人享有的财物和可以继承的其他合法权益，包括所有现金、证券、公司股权、不动产和收藏品等。消极遗产是指死者生前所欠的个人债务，包括贷款、应付医疗费用和税收支出等。遗产具有如下法律特征：

（1）遗产是个人死亡时遗留的财产。人活着时，其财产不是遗产。

（2）遗产是个人财产。公民个人财产包括个人单独所有的财产，也包括个人与他人共有财产中应属该人所有的份额。

（3）遗产是个人的合法财产。非法侵占的国家的、集体的或者其他个人的财产，以及依照法律规定不允许个人所有的财产，不能成为遗产。

（二）遗产规划的概念

遗产规划是将个人财产从一代人转移给另一代人，以实现个人为其家庭所确定的目标而进行的一种合理财产安排。其主要目标是帮助投资者高效率地管理遗产，并将遗产顺利地转移到继承人手中。

二、为什么要进行遗产规划

人总不免一死，怎样才能使财产最大限度地留给后人呢？当重病的时候，又怎样来保证后续的治疗费用呢？又由谁来安排好配偶和子女等亲人的未来生活呢？遗产规划可以起到很好的帮助作用，为一生的财产规划画上一个圆满的句号。

概括而言，遗产规划起码有两个作用：一是通过规划尽可能顺利地将遗产传承给希望的继承人，避免纠纷。如果事先有周密的遗产计划和善后安排，就可以尽可能多地将财产遗留给自己愿意分配的对象。二是通过规划以尽可能少的成本将遗产传承下去，避免耗损。合理的遗产规划可以减少遗产转移过程中的费用。首先是遗产税，在国外也叫“死亡税”。目前，全世界有一百多个的国家和地区征收这种税，很多国家都对遗产制定了很高的税率。其次，有的国家虽然没有开征遗产税，但是在进行遗产处理的时候仍然需要缴纳公证、判决等费用。

遗产规划是个人理财规划中不可缺少的一部分，也是一个家庭的财产得以世代相传的切实保障。西方国家对公民的遗产传承有着严格的管理和税收规定，所以其国民对于遗产规划有着很高的需求和认识。我国虽然还未正式开征遗产税，但在不久的将来也有可能将遗产税提上议事日程，所以学习遗产规划的知识对于我们来说是非常必要的。

资料11-9

世界各国（地区）遗产税概况

目前，世界上开征遗产税的国家和地区有一百多个。大多数经济发达国家和新兴工业化国家都征收遗产税和赠与税。

世界上的遗产税制度可以分为总遗产税制（对遗产总数征税）、分遗产税制（在遗产分割时按继承人继承财产总数分别征税）和混合遗产税制（在遗产分割前征税并对分割后继承财产征收继承税），且以前两者居多。

1.美国

美国的遗产税制属于总遗产税制，遗产税和赠与税合并采用统一的累进税率。其中，最高税率适用于遗产额达到2 500万美元以上（包括其个人在世界各地的所有资产）的纳税人，遗产额在60万美元以下者免征遗产税。对于非居民，仅就其在美国本土内的资产支付遗产税，最低税率为6%，最高税率为30%。2009年，美国遗产税税率约为45%；2010年，遗产税被取消；2011年，恢复遗产税，遗产税税率高达55%！在2017年12月美国参众两院通过的税改法案中，遗产税被保留，而此前传言将取消，同时，税改法案将遗产税免税额提高了一倍，从每人550万美元增加到1 100万美元。美国的遗产税免税额是动态调整的。截至2020年，对于个人，超过1 158万美元、夫妻超过2 316万美元的部分须缴遗产税也就是说，个人遗产税免税额为1 158万美元、夫妻为2 316万美元。在征收遗产税上，美国公民和永久居民的全球资产都会被计算在内。

2.日本

日本采取继承税制，即根据继承遗产数额的多少课税，是典型的分遗产税制。对于居民，不论其继承的遗产是在境内还是在境外，都要对其遗产征税；对于非居民，仅就其在日本继承的遗产承担纳税义务。日本继承税税率共分13个档次，从10%到70%。

3.意大利

意大利实行混合遗产税制，其征税方法是先按遗产总额征收遗产税，然后按不同亲属关系征收比例不一的继承税。纳税人分为两类：一类是遗嘱执行人和遗产管理人；另一类是继承人或受赠人。对第一类纳税人统一采用第一种累进税率，对第二类纳税人则根据其与死者的亲疏关系采用不同的累进税率。

4. 英国

英国居民在世界各地的所有资产都需要支付遗产税，而非英国籍人士只有在英国国内拥有的资产才需要支付遗产税。目前的遗产税税率是40%。

5. 德国

德国采用分遗产税制，实行7级超额累进税率，其税率从7%到50%不等。

6. 中国香港

中国香港立法会于2005年11月2日通过的《2005年收入（取消遗产税）条例》于2006年2月11日正式生效，遗产税被取消。2006年2月11日零时以后去世的中国香港人，其遗产不再被征收遗产税。

三、遗产规划工具介绍

遗产规划的工具很多，如保险、亲人借贷、年金、信托等。有些很容易做，有些代价非常昂贵，但因为有些工具可以节省巨额遗产税，所以还是应该了解。如果遗产完全免税，那么这些节税工具都会失去效用；如果合约不能废除，损失是很大的。所以，在做遗产规划时，要把遗产规划工具的成本和废除条款都列入考虑之中。

（一）遗嘱

遗嘱是遗产规划中最重要的工具，但因传统上比较忌讳谈及死亡而常常被我们所忽视。许多人由于没有制定遗嘱或及时更新遗嘱而无法实现其目标。我们需要依照一定的程序订立遗嘱，明确如何分配自己的遗产，然后签字认可，遗嘱即可生效。一般来说，遗嘱中应指明各项遗产的受益人。

遗嘱给予了个人很大的遗产分配权力。遗嘱可以分为正式遗嘱、手写遗嘱和口述遗嘱三种。正式遗嘱最常用，法律效力也最强。它一般由当事人的律师来办理，经过起草、签字和见证等若干程序后，由个人签字认可，也可以由夫妻共同签署生效。手写遗嘱是指由当事人在没有律师的协助下手写完成，并签上本人姓名和日期的遗嘱。由于此类遗嘱容易被伪造，因此其在相当一部分国家较难得到认可。口述遗嘱是指当事人在病危的情况下向他人口头表达的遗嘱，除非有两个以上的见证人在场，否则多数国家也不认可此类遗嘱的法律效力。为了确保遗嘱的有效性，一般建议采用正式遗嘱的形式，并及早拟定有关文件。

（二）遗产委任书

遗产委任书是遗产规划的另一种工具，它授权当事人指定的一方在一定条件下代表当事人指定其遗嘱的订立人，或直接对当事人的遗产进行分配。当事人通过遗产委任书授权他人代表自己安排和分配自己的财产，从而不必亲自办理有关的遗产手续。被授权代表当事人处理当事人遗产的一方称为代理人。在遗产委任书中，当事人一般要明确代理人的权利范围，代理人只能在此范围内行使其权利。

遗产规划涉及的遗产委任书有两种：普通遗产委任书和永久遗产委任书。如果当事人去世或丧失行为能力，普通遗产委任书就不再有效。所以必要时，当事人可以拟定永久遗产委任书，以防范突发事件对遗产委任书有效性的影响。永久遗产委任书的代理人，在当事人去世或丧失行为能力后，仍有权处理当事人的有关遗产事宜。所以，永久遗产委任书的法律效力要高于普通遗产委任书。许多国家都对永久遗产委任书有着严格的法律规定。

（三）遗嘱信托

遗嘱信托（probate trust）也叫死后信托，是指通过遗嘱这种法律行为而设立的信托。委托人预先以立遗嘱的方式，将财产的规划内容，包括交付信托后遗产的管理、分配、运用及给付等，详订于遗嘱中；等到遗嘱生效时，再将信托财产转移给受托人，由受托人依据信托的内容，也就是委托人遗嘱所交办的事项，管理处分信托财产。与金钱、不动产或有价证券等个人信托业务相比，遗嘱信托最大的不同点在于，遗嘱信托在委托人死亡后才生效。

遗嘱信托有时可以解决其他法律制度无法解决的问题，特别是在遗产处理方面，更具有独特的作用。遗嘱信托规划在国外早已普及，但是由于我国忌讳谈及身后之事，加之信托制度不普及，从而造成了诸多的遗产纠纷，既损害亲情，又不利于社会安定。2001年10月1日，《中华人民共和国信托法》生效，它标志着我国信托制度的正式确立。

遗嘱信托的架构详见图11-6。

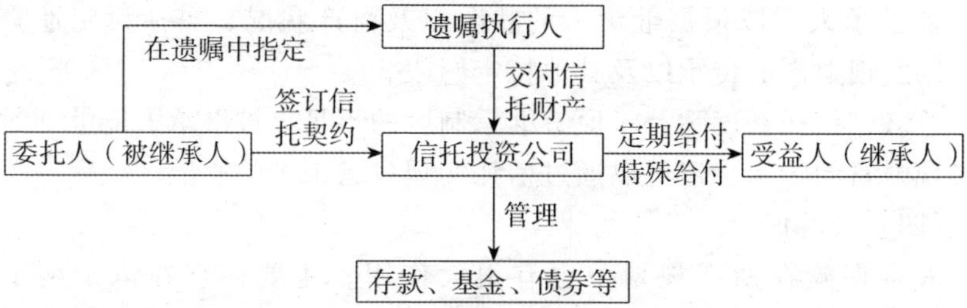

图11-6　遗嘱信托的架构

遗嘱信托适合以下人群：一是欲立遗嘱却不知如何规划的人；二是对遗产管理及配置有专业需求的人；三是欲避免家族争产，妥善照顾遗族的人。

遗嘱信托的特点：一是延伸个人意志，妥善规划财产；二是以专业知识及技术规划遗产配置；三是避免继承人争产、兴讼；四是结合信托，避免传统继承事务处理的缺点。

通过遗嘱信托，受托人依照当事人的意愿分配遗产，并为特定人员编制财产规划，不但能有效防止纷争，还因结合了信托的规划方式，而使该遗产及继承人更有保障。因此，遗嘱信托具有以下功能：

（1）可以很好地解决财产传承问题，使家族保持富有和荣耀。采用遗嘱信托的方式，既可以使财产顺利地传给后代，也可以通过遗嘱执行人的理财能力弥补继承人无力理财的缺陷。

（2）可以减少遗产纷争。遗嘱信托具有法律约束力，可以使遗产的清算和分配更公平。

（3）可以避免巨额的遗产税。遗产税开征后，一旦发生继承，就会产生巨额的遗产税，但是如果设定遗嘱信托，由于信托财产的独立性，因此可以合法规避遗产税。

由于遗嘱信托的设定灵活，在不同的情况下有不同的信托安排，因此遗嘱信托的执行方式也不同。被继承人可以安排在其去世后由遗嘱执行人清算其财产，然后按照其在遗嘱中的安排分配给继承人，在遗产分配后，信托关系终结。被继承人可以安排由遗嘱执行人经营管理财产，指定继承人为受益人，这种安排一般是继承人年龄尚小或者出于某种原因无理财能力，在特定条件成就或信托目的实现后，信托关系终结。当然，被继承人可以根据继承人的状况以及财产状况，灵活设定遗嘱信托，以实现财产的传承以及其他特定愿望。

总之，信托制度弥补了原有继承制度的不足。被继承人能够通过信托实现财富的传承，还可以通过信托实现自己未了的心愿。

（四）人寿保险

人寿保险在遗产规划中也有很大作用，主要体现在以下两个方面：一是可以用身故保险金支付遗产税，防止因无钱支付遗产税而被迫廉价出售企业或不动产；二是在许多国家（包括我国），身故保险金属于免税资产，终身寿险具有规避遗产税的功能，能减少遗产转移的成本。

我们举一个简单的例子来说明人寿保险是怎样规避遗产税的。

【例 11-2】王先生，40岁，男性。现有的资产在进行遗产税可扣除项目计算之后，需要缴税的资产刚好1 000万元。如果适用的税率是50%，也就是说，如果其本人身故，家人要缴纳高达500万元的遗产税。

我们帮助他购买500万元的终身人寿保险，每年保费是7.76万元。假设在第10个年头，王先生因意外身故。

如果资产总值没有变化，仍然是1 000万元，那么缴税基数变为：

1 000−7.76×10=922.4（万元）

此时如适用的税率变为40%，可以计算出：

应缴纳的遗产税=922.4×40%=368.96（万元）

同时，王先生可获得保险公司500万元的赔付。

此时的家庭总资产为=1 000 +500−77.6−368.96 =1 053.44（万元）

经过规划，财产不但没有缩水，反而增加了53.44万元。

（五）赠与

赠与是指当事人为了实现某种目标，将某项财产作为礼物赠送给他人，从而使该项财产不再出现在遗嘱条款中。采取这种方式一般是为了减少税收支出，因为很多国家对于赠与财产的征税要远低于对遗产的征税。这种方法的缺点在于，一旦财产赠与他人，当事人就失去了对该财产的控制权，一般无法将其收回。

四、遗产规划策略

遗产规划工具可以帮助我们减少遗产传承过程中的成本，在进行遗产规划的过程中，我们还要制定一些有效的策略。

（1）审查遗嘱和财产规划，以确定需要进行哪些调整，从而可以受益于遗产税、赠与税方面的变化，避免代价高昂的潜在陷阱，尤其要考虑是否需要改变或取消现有的免税信托的安排。

（2）利用可以最大限度节省遗产税的资产所有权形式，如有限责任公司或有限合伙公司的股权。

（3）审查对合资企业所有权的利用情况，确保配偶中每一方的名下都有足够的资产放在免税信托或其他遗产避税工具中。

（4）不要浪费政策中规定的每年免税赠与（如美国2020年为每人1 158万美元）。

（5）将预期能够增值的资产赠与子孙辈，因为他们的收入税率较低（如在美国，对于这样的资产的长期增值部分，未成年人只须按5%缴纳收入税）。

（6）为受赠者直接向教育机构支付学费或直接向保健提供商支付保健费。如果有可能，可以考虑多年学费赠与方式。

（7）将现有的寿险保单转换成寿险信托。购买任何寿险保单都通过寿险信托来进行。

（8）将迅速增值的资产放入让渡人持有的年金信托，或将这类资产出售给一个有意缺陷信托（intentionally defective trust）。

（9）重新考虑信托资产的组合情况，以利用较低的股利和资本收入税率。

（10）利用资产所有权的估值折价。

五、遗产规划的步骤

遗产规划的步骤包括计算和评估个人的遗产价值、确定遗产规划的目标、制订遗产计划、定期检查和修改4个方面，如图11-7所示。

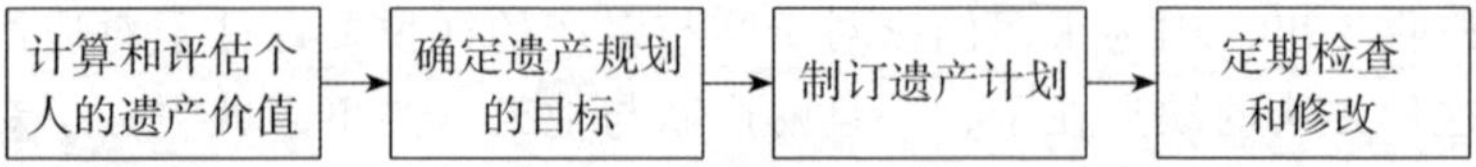

图 11-7　遗产规划的步骤

（一）计算和评估个人的遗产价值

遗产规划的首要工作是计算和评估个人的遗产价值。计算和评估个人的遗产价值，可以帮助个人了解自己拥有资产的种类和价值，了解与遗产有关的税收规定，为制订遗产计划奠定基础。

（二）确定遗产规划的目标

在了解了个人的遗产价值之后，就要根据个人的目标期望、价值取向、投资偏好等确定遗产目标，以下因素会影响遗产规划目标的确定：

（1）年龄；

（2）家庭成员和其他受益人的年龄；

（3）受益人的需要；

（4）遗产的现值；

（5）受益人的其他资产；

（6）受益人自己处理财务的能力。

具体的遗产目标包括：

（1）确定谁是遗产继承人，以及各自的遗产份额；

（2）确定遗产转移的方式；

（3）在与遗产的其他目标不冲突的情况下，尽量降低遗产转移的成本；

（4）为遗产提供足够的流动性资产，以偿还其债务；

（5）保持遗产规划的可变性；

（6）确定遗产清算人员的构成以及遗嘱执行人等；

（7）计划慈善赠与。

遗产规划目标的特别之处在于：这一目标只有在当事人去世之后才能实现，而且必须通过相应的遗产清算人员和遗嘱继承人的帮助才能完成。

（三）制订遗产计划

制订遗产计划是遗产规划的关键步骤，一个合适的遗产计划既能确保个人未来的意愿得以实现，也能继续满足个人目前的需要。制订遗产计划的作用在于：

(1) 确保妥善分配资产；

(2) 尽量降低遗产税与其他开支；

(3) 避免遗嘱认证以及监护权聆讯所导致的费用、资料公开及延误。

在制订遗产计划时，应该针对不同的个人，采用不同的遗产规划工具组合。一般来说，应该注意以下几个原则：首先要保证遗产计划的可变性；其次要确保遗产计划中现金的流动性；最后要尽量减少遗产纳税金额。

(四) 定期检查和修改

个人的财务状况和遗产规划目标不会一成不变，遗产计划必须能够满足个人不同时期的需求，所以对遗产计划进行定期检查和修改是必需的，这样才能保证遗产计划的可变性。一般而言，应该每年或每半年对遗产计划进行一次重新修订。下面列出了一些常见的事件，当这些事件发生时，遗产计划常常需要进行调整：

(1) 子女的出生或死亡；

(2) 配偶或其他继承者的死亡；

(3) 结婚或离异；

(4) 本人或亲友身患重病；

(5) 家庭成员成年；

(6) 继承遗产；

(7) 房地产的出售；

(8) 财富的变化；

(9) 有关税制和遗产法律发生变化。

思政课堂

小步快走、弹性退休

【思政元素】“十四五”规划；延迟退休。

“小步调整、弹性实施、分类推进、统筹兼顾”——《“十四五”规划和2035年远景目标纲要》中提出的四项基本原则在政策落地时将怎样体现呢？

关于小步调整，人社部中国劳动和社会保障科学研究院院长金维刚在接受新华社采访时表示，简单理解就是延迟退休改革不会“一步到位”，而是采取渐进式改革，用较小的幅度逐步实施到位，每年延迟几个月或每几个月延迟1个月，节奏总体平缓。

“可以确定的是，改革前期，临近退休的人，只会延迟1个月或几个月，不会出现一下子晚退休几年的情况。对年轻人来说，延长的退休年龄幅度会大一些，但未来有很长的过渡期和适应期。”金维刚称。

实行弹性退休制，则可以探索在法定退休年龄基础上让劳动者自行决定退休时间。中国养老金融50人论坛秘书长董克用教授在接受21世纪经济报道记者采访时指出，退休时间与领取养老金的时间是两个概念，在弹性实施的过程中应分头考虑。

董克用表示，在制定法定退休年龄方面，除公职人员需要遵从硬性规定外，对于从事重体力劳动、有毒有害工种的劳动者应给予政策倾斜。在此基础上，何时退休的选择权可以交由个人决定，工龄较长者可以选择早退休，而从事脑力劳动或受教育时限长的人员可以选择迟退休。相应地，应出台全额领取养老金的法定年龄，早于此年龄退休的，可以按比例减少其领取金额；迟于此年龄退休的，可以按比例增加金额，保证劳动者在缴费时根据继承人的状领取时“早减晚增”。

而分类推进，则是为了让改革与现有政策完成平稳过渡与衔接。董登新告诉21世纪经济报道记者，我国现行的退休年龄政策是碎片化的，性别、地区、从业身份间都有差异。为保持政策的延续性，可以探索渐进式地推进差异化人群的退休年龄。

“分类推进，则是为了50岁退休的女工人而言，她们可能要‘小步快走’，推进的步伐要快一些；而对于60岁退休的男性职工及城乡居民而言，他们延迟退休的节奏则要放缓一些，等待目前退休年龄较小的群体跟上来。这样在若干年后实现碎片化退休年龄制度的大统一。”董登新说道。

资料来源：尤方明.“十四五”规划明确 延迟退休方向：弹性实施，就业托育需配套跟进［N］. 21世纪经济报道，2021-03-18.此处为节选.

本章小结

1.退休规划是为了保证将来有一个自尊、自立、保持水准的退休生活，从现在起就开始实施的财务方案。

2.安排好退休生活是达到财务自由的最终目标。从某种意义上讲，所有个人理财规划，最终都是为富足养老服务的。忽略退休规划的重要性和紧迫性，就可能会陷入严重的困境，晚年生活将得不到保障。如果想晚年活得有尊严，过上高品质的生活，那么及早设计自己的人生理财规划、主动地面对问题而非被动地等待是非常必要的。

3.退休规划的总原则是：本金安全，适度收益，抵御生活费增长和通货膨胀。

4.退休规划需要考虑的因素包括预期寿命、性别差异、退休年龄、经济运行周期、利率及通货膨胀的长期走势、其他不确定因素。

5.个人退休收入的来源可以概括为3个方面：一是社会保障，主要包括社会养老保险和医疗保险；二是商业养老保险，主要是商业年金保险；三是个人为退休准备的资金，包括储蓄、基金等。

6.社会保障是指当劳动者因年老、患病、生育、伤残、死亡等原因暂时或永久丧失劳动能力或者失业时，从国家或者社会获得物质帮助的社会制度。社会保障体系包括社会保险、社会救助、社会优抚和社会福利四大部分。社会保障体系中最重要的是社会保险，对于个人退休规划而言，要关注的是其中的养老保险和医疗保险。

7.年金保险是指保险公司每隔一定时期向被保险人给付一次保险金的保险。退休年金保险是指在年金受领者达到退休年龄时开始给付年金的一种年金保险。如果年金受领者在达到退休年龄之前死亡，保险公司会退还积累的保险费（计息或不计息）或现金价值，根据二者金额较大者而定。在积累期内，年金受领者可以终止保险合同，领取退保金。在到期开始给付年金时，年金受领者有权选择年金给付方式，即可选择一次性给付或选择分期给付。分期给付年金的，每次领取的只是部分，避免了一次领取全部之后容易造成的不良管理结果，因此特别适合退休费用的支付。

8.退休规划的一般步骤包括确定退休目标、预测资金需求、预测退休收入、计算退休资金缺口、弥补退休资金缺口5个环节。

9.遗产规划是将个人财产从一代人转移给另一代人，以实现个人为其家庭所确定的目标而进行的一种合理财产安排。其主要目标是帮助投资者高效率地管理遗产，并将遗产顺利地转移到继承人手中。

10.遗产规划的工具包括遗嘱、遗产委任书、遗嘱信托、人寿保险和赠与。

11.遗产规划的步骤包括计算和评估个人的遗产价值、确定遗产规划的目标、制订遗产计划、定期检查和修改4个方面。

复习思考题

一、简答题

1.什么是退休规划？为什么要进行退休规划？

2.退休规划的原则是什么？

3.退休规划受到哪些因素的影响？

4.退休收入的来源有哪些？

5.你对我国的社会保障体系了解多少？

6.应如何进行退休规划？

7.为什么要进行遗产规划？

8.遗产规划的工具有哪些？

9.应如何进行遗产规划？

10.你考虑过自己的退休目标吗？你有什么计划？

二、案例分析题

陈女士31岁，在北京某事业单位工作，基本保险齐全，年薪总计8.4万元。其爱人是北京某金融企业的中层管理者，32岁，年薪14.6万元，基本保险齐全。陈女士女儿1岁。家有90平方米住宅1套，现市场价值约700万元；另有1辆价值10万元的小汽车；还有基金资产13万元，股票19万元，银行理财产品20万元。

请问陈女士需要攒多少退休金、需要多少年才可以退休？退休后，陈女士该如何理财？

参考文献

[1] 贺学会. 证券投资学 [M]. 3版. 大连：东北财经大学出版社，2018.

[2] 孙开焕，刘旸. 金融学概论 [M]. 大连：东北财经大学出版社，2016.

[3] 魏丽，李朝锋. 保险学 [M]. 大连：东北财经大学出版社，2015.

[4] 北京当代金融培训有限公司. 金融理财原理 [M]. 北京：中信出版社，2014.

[5] 北京当代金融培训有限公司. 金融理财综合案例 [M]. 北京：中信出版社，2014.

[6] 北京当代金融培训有限公司. 个人税务与遗传规划 [M]. 北京：中信出版社，2014.

[7] 中国银行业从业人员资格认证办公室. 个人理财——银行业从业人员资格认证考试教材 [M]. 北京：中国金融出版社，2013.

[8] 苏世伟. 保险学原理与实务 [M]. 北京：科学出版社，2011.

[9] 林奇. 彼得·林奇教你理财 [M]. 宋三江，罗志芳，译. 北京：机械工业出版社，2010.

[10] 李善民，毛丹平. 个人理财规划与实践 [M]. 北京：中国财政经济出版社，2009.

[11] 林功实. 个人投资理财 [M]. 北京：清华大学出版社，

2009.

［12］张颖．个人理财基础［M］．北京：对外经济贸易大学出版社，2008.

［13］卡普尔，等．个人理财［M］．马苏芹，达兵，译．6版．上海：上海人民出版社，2004.

附录 1

理财规划信息来源

“股市上涨。”

“国家推出个人所得税专项扣除。”

“银行理财不保本了。”

以上只是每天影响个人理财决策的各种因素中的少数几种，本书虽然提供了成功进行个人理财规划的基础，但是经济环境、社会状况以及技术变化等因素都会影响你的理财决策。你必须不断更新并补充各种知识，需要进行毕业的学习，也是你一生持续成功理财的基石。

能够帮助你进行个人理财规划的信息和资源包括文字资料、金融机构、各种讲座和课程培训、互联网、计算机软件以及理财专家。

● **最新的期刊**

各种理财期刊、各类期刊中的理财专栏以及各类理财专业书籍等，都可以扩大和更新你的理财知识面和提供最新的理财信息，你可以在图书馆、报刊亭、书报栏以及各种场所找到它们。

● **金融机构**

一些金融咨询专家，如保险代理人、银行的理财顾问以及投资中介等都隶属于销售金融服务的机构和公司。各类银行、保险公司、证券公司、投资中介公司、理财协会以及房地产投资中介公司等通过全国或者地区范围的营销、展销活动提供各种有关理财的预算、储蓄、投资等信息。这些组织经常提供各种小手册、宣传资料、理财规划工作表、电话咨询服务、网站以及其他资料和信息。

● 课程和讲座培训

很多大专院校提供有关证券投资、房地产、保险、税收以及遗产规划等的课程及专题讲座，以增加你对个人理财规划知识的了解，大多数时候这些服务是要收费的。

政府、有关机构和行业协会组织也会提供社区讲座、家庭理财、住房、健康护理等持续性教育课程和宣传活动，并且能够带来最新和最权威的理财信息和政策解读。当然，最关键的是这些帮助大多属于免费性质的公益活动，值得关注并参与。

各类民间组织、志愿者和社区企业组织也会定期举办免费或低价格的各类演讲和工作会议，介绍职业规划、小企业管理、预算、证券投资、保险、纳税申报等理财知识。

金融机构和金融服务协会也经常为现有客户和潜在客户以及会员提供各种讲座。

● 个人理财软件

各种计算机软件能够帮助你执行从理财记录到撰写遗嘱等各类个人理财规划活动。这些软件能将常见的理财规划步骤用系统的方式表示出来，并且能够提供人性化的功能。通过运用各种理财软件，你可以从繁重的理财记录和分析计算中解脱出来，更好地运用你的头脑进行理财决策。要注意的是，理财软件只是帮助你进行理财规划的工具和手段，能够提高你的理财效率而已，并不意味着一切理财工作都可以依赖软件进行，关键还是靠你自己。

这些理财软件包括工作表软件（如常见的Excel）、资金管理和理财规划软件、个人理财记录软件、税收筹划软件、证券投资理财分析软件等，这些软件可以从软件商店、互联网等渠道获得。要注意的是，请尊重作者的劳动和版权，不要使用盗版。

● 互联网

互联网使你在办公室或者家中就可以获得比图书馆更多的理财信息和资料。你可以使用互联网进行各类个人理财规划活动，包括：（1）获取和研究最新理财信息；（2）获得计算机理财软件；（3）浏览最新的股票和投资价值；（4）通过咨询热线、公告板服务以及相关理财论坛获得专家咨询服务。

你可以使用搜索引擎寻找特定主题的网站和理财信息。不同搜索引擎的运行方式各异，特色不同，一些搜索引擎只寻找主题，另一些搜索引擎通过内容特定词搜索。在进行网络搜索时，一定要注意研究和掌握搜索技巧。例如，如果要了解住房的借贷成本，用“住房+贷款+利息”的搜索组合就比单纯使用“利息”进行搜索的准确性高。需要注意的是，有的搜索引擎搜索后提供的前若干项链接都是广告，是付费取得的搜索排名靠前，这容易误导使用者。在搜索时，需要加以甄别。

另外，网络上还有很多专业的理财网站，提供大量的理财信息和理财咨询服务，下面介绍几个比较有特色的理财网站：

新浪财经——个人理财版：http：//finance.sina.com.cn/money；

网易财经——理财频道：https：//money.163.com/special/licainews/；

搜狐理财：http：//money.business.sohu.com；

和讯理财：http：//money.hexun.com；

中国理财网：http：//www.chinawealth.com.cn；

中华理财网：http：//www.12818.com。

● 理财规划专家

各类理财专家也提供特定的理财协助和建议：

会计师主要负责税务和理财文件；

银行家主要提供各类理财服务和信托；

信贷咨询专家提供各种减少开支、消除信用问题的方法；

注册理财规划师将各种理财决策整合成一个计划；

保险代理人和经纪人帮助你购买保障你的人身和财富安全的保险产品；

投资中介提供股票、债券以及其他投资信息，并代理交易；

律师提供遗嘱准备、遗产规划、税务问题以及其他法律事务问题解答；

房地产中介协助你购买或出售住房；

税务专家提供纳税申报以及其他税收服务。

许多专家提供各类理财规划服务，理财规划专家的背景和代表的母公司是衡量其主要专业领域的尺度，保险代理人可能会强调保险的重要性，而律师则可能会为你解决各种法律问题，没有通晓所有理财规划知识的专家，因此在选择理财专家进行咨询和帮助时应该区别对待。

附录2

常见的理财规划认证考试

※国际金融理财师考试

一、中国金融教育发展基金会金融理财标准委员会简介

国际金融理财标准委员会（Certified Financial Planning Standards Board，以下简称国际CFP组织）是在全球范围内受到广泛认可的金融理财师认证机构。由其认证的CFP是国际上最具权威和最有价值的金融理财师资格。

2004年9月1日，中国金融教育发展基金会金融理财标准委员会（以下简称标准委员会）正式成立。标准委员会是国际CFP组织在中国内地的唯一联系机构，由金融界和学术界有丰富从业经验和学术造诣、有社会责任感并热心金融理财事业的人士组成。首任主任为刘鸿儒教授，副主任为中国工商银行原副行长张福荣、北京大学经济学院原院长刘伟教授，秘书长为蔡重直博士。标准委员会是旨在在中国建立金融理财师制度、确立资格标准、组织资格考试、认证专业人才、规范职业道德、维护行业秩序的非政府、非营利组织。

二、金融理财师（AFP）资格考试简介

标准委员会采用多数国际CFP组织正式成员的做法，在中国实施金融理财师（Associate Financial Planner，AFP）和国际金融理财师（Certified Financial Planner，CFP）两级资格认证制度。标准委员会目前只进行AFP的资格认证，在成为国际CFP组织正式成员后，除进行AFP的资格认证外，同时进行CFP的资格认证。

参加AFP资格考试，并获得标准委员会颁发的“金融理财师资格考试全科合格证书”，是AFP资格申请人取得AFP资格的必要条件。只有获得AFP资格，才可申请参加CFP的教育、考试，最终申请CFP资格。

2004年12月11日，标准委员会全体会议讨论并原则通过了《金融理财师资格认证暂行办法》，该办法决定在2005年5月14日、15日举办首届AFP资格考试。

（一）考试科目和范围

金融理财基础；

投资规划；

个人风险管理与保险规划；

员工福利与退休计划；

个人税务与遗产筹划。

（二）考试题型和题量

考试题型是单项选择题，具体分为概念题和计算题。

（三）各科题型的分配比例和题量分布

金融理财基础：90道单项选择题，其中概念题占40%，计算题占60%左右。

投资规划：60道单项选择题，其中概念题占40%，计算题占60%左右。

个人风险管理与保险规划：60道单项选择题，其中概念题占50%，计算题占50%左右。

员工福利与退休计划：45道单项选择题，其中概念题占60%，计算题占40%左右。

个人税务与遗产筹划：45道单项选择题，其中概念题占40%，计算题占60%左右。

（四）官方网址

官方网址为http：//www.fpcc.cn/。

※特许金融分析师（CFA）考试

认证单位：有“全球金融第一考”之称的CFA证书是由美国投资管理与研究协会（AIMR）于1963年设立的，是目前世界上规模最大的职业考试，是美国以及全世界公认的金融证券业最高认证书，也是全美重量级财务金融机构分析从业人员必备之证书。

职业前景：美国CFA的平均年薪是19万美元，英国CFA的平均年薪是20万美元，中国香港CFA的平均年薪是13.6万美元。据保守估计，京沪深的CFA早已晋升百万年薪之列。CFA在全世界有70 000多人，而我国目前获得CFA证书的人很少。

培训和考试：申请者除了需要通过3个等级全英文的资格认证考试（每年每人只能报考一个等级，而且3年至7年内必须通过全部3个级别的考试）之外，还必须具有3年或3年以上被美国投资管理与研究协会所认可的从业经验，遵守该协会公布的职业操守和道德准则，并申请成为该协会的一名成员，具备这些条件后申请者才可获得CFA资格证书。目前我国北京、上海、香港均有CFA资格认证机构。

适合对象：相比较而言，CFA考试侧重于投资和财务分析理论，基本上是教科书里的内容，参加考试者多是金融机构研究和投资管埋人员、金融专业的博士或硕士。

※香港注册财务策划师（RFP）考试

认证单位：香港注册财务策划师协会。

培训和考试：这一培训全部按照“香港注册财务策划师协会”的要求设置，课程的师资来自“香港注册财务策划协会”资深的财务策划专家和顾问，全英文授课。通过考试者可获得上海紧缺人才培训工程联席会议办公室颁发的《注册财务策划师》岗位资格证书和香港注册财务策划师协会颁发的《注册财务策划师》证书，成为其正式会员。获得香港《注册财务策划师》证书后，学员提出申请，由香港注册财务策划师协会负责申报，通过两门课程考试，取得英国财务会计师公会（IFA）会员资格。持有IFA证书的人可从事财务会计、管理会计、会计经理及税务等工作。

※国际认证财务顾问师（RFC）考试

认证单位：证书由美国国际认证财务顾问师协会（IARFC）颁发。

进入中国时间：2003年。2003年12月，来自国内5家人寿保险公司的40位寿险代理人首批获得这一证书。

培训和考试：RFC的课程教育共计96个小时，主要分成基础理论和实务操作课程两部分。协会对会员的要求有7项标准：教育、考试、工作经验、工作执照、商业道德、遵循严格的品德操守、维持每年至少40小时与财务规划相关的继续教育。通过这7项，考证者才能成为认证财务顾问师。

※特许财富管理师（CWM）考试

认证单位：美国金融管理学会。其证书是美国三大理财规划证书之一。

进入中国时间：2004年2月11日。

培训和考试：CWM课程围绕保险计划、投资计划、退休计划、地产计划、税务计划和财务规划基本原则这6个方面的理财师核心知识内容而设置。中央财经大学在4月开设首期以国外资深专家为主要授课阵容的CWM培训班，学习结束，考试合格并通过资历审核者，可以获得由美国金融管理学会颁发的CWM证书。

※国家理财规划师考试

认证单位：中华人民共和国人力资源和社会保障部。

理财规划师国家职业资格分为三级：一级为高级理财规划师，二级为中级理财规划师，三级为助理理财规划师。

凡报考国家职业资格三级的，只要具备以下条件中的一条即可：

（1）连续从事本职业工作6年以上。

（2）具有以高级技能为培养目标的技工学校、技师学院和职业技术学院本专业或相关专业毕业证书。

（3）具有本专业或相关专业大学专科及以上学历证书。

（4）具有其他专业大学专科及以上学历证书，连续从事本职业工作1年以上。

（5）具有其他专业大学专科及以上学历证书，经本职业三级正规培训达规定标准学时数，并取得结业证书。

凡报考国家职业资格二级的，只要具备以下条件中的一条即可：

（1）连续从事本职业工作13年以上。

（2）取得本职业三级职业资格证书后，连续从事本职业工作5年以上。

（3）取得本职业三级职业资格证书后，连续从事本职业工作4年以上，经本职业二级正规培训达规定标准学时数，并取得结业证书。

（4）取得本专业或相关专业大学本科学历证书后，连续从事本职业工作5年以上。

（5）具有本专业或相关专业大学本科学历证书，取得本职业三级职业资格证书后，连续从事本职业工作4年以上。

（6）具有本专业或相关专业大学本科学历证书，取得本职业三级职业资格证书后，连续从事本职业工作3年以上，经本职业二级正规培训达规定标准学时数，并取得结业证书。

（7）取得硕士研究生及以上学历证书后，连续从事本职业工作2年以上。

凡报考国家职业资格一级的，只要具备以下条件中的一条即可：

（1）连续从事本职业工作19年以上。

（2）取得本职业二级职业资格证书后，连续从事本职业工作4年以上。

（3）取得本职业二级职业资格证书后，连续从事本职业工作3年以上，经本职业一级正规培训达规定标准学时数，并取得结业证书。

考试内容：理论知识、专业能力、职业道德。

1.理论知识

项目		助理理财规划师（%）	理财规划师（%）
基本要求	职业道德	5	5
相关知识	基础知识	70	60
	现金规划	3	—
	消费支出规划	5	—
	子女教育金规划	3	—
	风险管理和保险规划	4	9
	投资规划	4	9
	税收筹划	—	5
	退休养老规划	3	7
	财产分配与传承规划	3	5
	指导与创新	—	—
合计		100	100

2.专业能力

项目		助理理财规划师（%）	理财规划师（%）
能力要求	现金规划	5	3
	消费支出规划	15	10
	子女教育金规划	10	5
	风险管理和保险规划	20	20
	投资规划	25	20
	税收筹划	—	12
	退休养老规划	15	12
	财产分配与传承规划	10	18
	指导与创新	—	—
合计		100	100

3.题型设置

<table>
<tr><th>等级</th><th>科目</th><th>考试时长</th><th>鉴定内容</th><th>题型</th><th>答题方式</th></tr>
<tr><td rowspan="3">助理理财规划师
（三级）</td><td rowspan="2">理论知识
（共125题）</td><td rowspan="2">90分钟</td><td>职业道德</td><td>单选：16题
多选：9题</td><td>答题卡</td></tr>
<tr><td>理论知识</td><td>单选：60题
多选：30题
判断：10题</td><td>答题卡</td></tr>
<tr><td>实操知识
（共100题）</td><td>120分钟</td><td>专业能力</td><td>单选：100题</td><td>答题卡</td></tr>
<tr><td rowspan="4">理财规划师
（二级）</td><td rowspan="2">理论知识
（共125题）</td><td rowspan="2">90分钟</td><td>职业道德</td><td>单选：16题
多选：9题</td><td>答题卡</td></tr>
<tr><td>理论知识</td><td>单选：60题
多选：30题
判断：10题</td><td>答题卡</td></tr>
<tr><td>实操知识
（共100题）</td><td>120分钟</td><td>专业能力</td><td>单选：100题</td><td>答题卡</td></tr>
<tr><td>综合评审</td><td>90分钟</td><td>案例分析</td><td>主观题</td><td>纸笔作答</td></tr>
</table>